SÉRIE CRÔNICAS DA TERRA
O fim da escuridão, vol. 1 | *Os nephilins*, vol. 2
O agênere, vol. 3 | *Os abduzidos*, vol. 4

1ª edição | novembro de 2014
7ª reimpressão | agosto de 2025

casadosespíritos

CASA DOS ESPÍRITOS
Avenida Ordem e Progresso, 157, sala 801
São Paulo | sp | 01141-030 | Brasil
editor@bookone.com.br
www.casadosespiritos.com.br

EDIÇÃO, PREPARAÇÃO E NOTAS Leonardo Möller
CAPA, PROJETO GRÁFICO E DIAGRAMAÇÃO Andrei Polessi
FOTO DO AUTOR Leonardo Möller
REVISÃO Laura Martins e Naísa Santos
IMPRESSÃO E ACABAMENTO Plena Print

DADOS INTERNACIONAIS DE CATALOGAÇÃO NA PUBLICAÇÃO (CIP)
ANGÉLICA ILACQUA CRB-8/7057

I32n Inácio, Ângelo (espírito)
Os nephilins : a origem / obra psicografada por Robson Pinheiro. — São Paulo : Casa dos Espíritos, 2025.
480 p. (Série Crônicas da Terra ; vol. 2)
ISBN 978-65-987297-4-5
1. Literatura espírita 2. Obras psicografadas I. Título II. Pinheiro, Robson III. Série

25-2479 CDD 133.93

OS NEPHILINS

A ORIGEM

ROBSON

PELO ESPÍRITO ÂNGELO INÁCIO

PINHEIRO

SÉRIE CRÔNICAS DA TERRA, vol. 2

"Naqueles dias estavam os *nephilins* na Terra, e também depois, quando os filhos de Deus conheceram as filhas dos homens, as quais lhes deram filhos. Esses *nephilins* eram os valentes, os homens de renome, que houve na antiguidade."

GÊNESIS 6:4

"Também vimos ali os *nephilins*, isto é, os filhos de Anaque, que são descendentes dos *nephilins*; éramos aos nossos olhos como gafanhotos; e assim também éramos aos seus olhos."

NÚMEROS 13:33

SUMÁRIO

PREFÁCIO
PELO ESPÍRITO ÂNGELO INÁCIO

A PRIMEIRA DÉCADA DO SÉCULO XXI atesta um avanço significativo da humanidade do planeta Terra, herdeira do progresso do século XX e das duas grandes guerras que o mancharam de barbárie antes que se apagassem. As conquistas e os desafios desse tempo persistem nesta alvorada do novo milênio; novas conquistas não demoram muito mais do que meses e ou mesmo semanas para serem levadas ao público em variadas áreas do conhecimento. A humanidade avançou desde as sombras das eras remotas, varreu o pó das civilizações antigas à proporção que marcava com suas pegadas os diversos continentes, onde floresceram a vida e a construção de reinos, povos e poderes. Despontaram as novas eras do iluminismo, da revolução industrial, do espiritualismo, do magnetismo, da genética, da informática e da astronáutica. A indagação permanece válida, entretanto: Para onde caminha a humanidade? E de onde veio? Há muito, os homens do planeta ultrapassaram o estágio em que as respostas viriam de livros pseudoinspirados, de deidades incompreensíveis e de supostos donos da verdade. Contudo, a história está repleta de fatos ainda hoje incompreendidos, não estudados plenamente, nem sequer admitidos oficialmente.

Este livro trata de um conhecimento inspirado nos livros sagrados apenas; não se trata de ficção nem de fantasia, embora, para muita gente, a história da humanidade, tal como é conhecida do lado de cá da vida, possa levar a conclusões inevitáveis que muitos podem considerar incríveis ou de difícil assimilação. Outros, por sua vez, poderão ler esta obra considerando-a fruto de imaginação fértil ou, quem sabe, julgando suas implicações e seus desdobramentos muito sérios e, de certa forma, perturbadores demais para serem admitidos. Contudo, trata-se da mais genuína expressão da verdade. Das brumas do tempo, de eras remotas, surgem fatos registrados nos anais do mundo que os sábios se recusam a examinar, mas que atingem de perto a humanidade atual. Não obstante, os sinais acendem-se por todo lado, entre luzes distantes, objetos voadores cuja existência desafia o conhecimento da humanidade terrestre e seres que se materializam nas diversas latitudes do planeta para dar as mãos a seus irmãos, os filhos e espíritos da Terra, dizendo: “Não estais sós no universo”.

As implicações desta verdade, aqui apresentada em forma de romance, não podem mais ser ignoradas. Em breve, os filhos das estrelas retornarão para apreciar o fruto semeado há milênios. Que encontrarão? Uma humanidade em guerra, em conflitos intestinos, em confronto entre irmãos. Que farão nesse momento?

Corre-se o risco de acontecer algo análogo ao que se viu na época da colonização do continente americano pelos europeus. Entretanto, em comparação com aquela eventualidade, os índios seriam a humanidade inteira. Que fazer diante dessa realidade?

A história aqui escrita não é apresentada de maneira linear. Isso se deve a meu jeito de fazer literatura, o que poucos compreendem. Todavia, os fatos são reais, não imaginários, e muita coisa foi mencionada ou narrada tão somente com o intuito de levantar dúvidas e instigar reflexões, em vez de dar respostas prontas, o que descaracterizaria o exercício literário. Portanto, caro leitor, não espere respostas apenas. Permita-se duvidar, questionar, refletir e tirar suas próprias conclusões.

Troquei intencionalmente alguns nomes de personagens, invertendo o papel que lhes coube no curso dos acontecimentos, a fim de evitar problemas a meu editor e àquele que me serve de instrumento para externar o pensamento. Contudo, nos relatos, fui fiel ao que presenciei pessoalmente junto aos guardiões da humanidade. Muitos lances serão complementados em livros futuros, e alguns pontos, ainda obscuros, pretendo abordá-los em outro momento, para isso, aguardando que os leitores reflitam, pesquisem, debatam e cheguem à própria conclusão, embora a opinião de qualquer um de nós seja incapaz de modificar os fatos.

Manipulação genética, exobiologia, vida extraterrestre, viagens a outros mundos e outras dimensões, universos paralelos, protogênese; eis apenas alguns dos temas que desfilam nas páginas deste volume, sem deixarem de fazer jus à seriedade que compete a um trabalho de origem espiritual. Os espíritos não mais se atêm a ensinamentos religiosos ou a revelações de cunho moralista; o mundo progrediu, e o mundo espiritual, também. Aliás, Allan Kardec deveria ser visto como um marco nesse sentido. Juntamos nossas vozes às vozes dos homens de bem em toda a Terra — não somente os religiosos, mas todos os de coragem e boa vontade — a fim de proclamar que os tempos são chegados e que, em breve, o mundo passará por uma revolução tão intensa quanto inusitada nesta era em que vive.

Aproximam-se do planeta os filhos das estrelas; seu conhecimento e sua tecnologia, há muito compartilhados com habitantes de outras dimensões da vida, estão prestes a ser revelados aos orgulhosos e aos que pretendem deter toda a sabedoria. Brevemente, os homens da Terra serão confrontados com verdades que não mais poderão ser ofuscadas; as bases, os alicerces da civilização serão sacudidos, antes mesmo que o ser humano destrua a morada planetária. Eles estão voltando!

A fim de compreender a atuação dos filhos das estrelas junto às nações da Terra, precisamos entender como tudo começou, como, desde as eras antigas, eles têm interferido, interagido e orientado ou desorientado os destinos da humanidade terrestre, auxiliando-nos a erguer civilizações, romper os mares e elevar-nos às estrelas. Em certo sentido, este livro trata da origem, mas também do destino de todos os seres humanos, mesmo daqueles que, em breve, abandonarão a psicosfera do planeta no processo irreversível e imediato de relocamento a que serão submetidos, exilando-se em outra morada planetária. Aborda, ainda, a viabilidade da vida no planeta Terra e seu destino inevitável. Em última instância, fala de você, leitor: de sua família, seu país, sua gente. Desde a antiga Suméria, desde os primeiros visitantes do espaço até os dias atuais, ressoam as vozes das estrelas: "Somos seus irmãos, somos humanos como vocês, e, ademais, aqueles que amam jamais estão sós".

ÂNGELO INÁCIO

Belo Horizonte, 13 de outubro de 2014

AS SETE CASTAS DOS DEGREDADOS "ANNUNAKIS"[1]

"Antes haviam habitado nela os emins, povo grande e numeroso, e alto como os anaquins; eles também são considerados refains como os anaquins; mas os moabitas lhes chamam emins."

DEUTERONÔMIO 2:10-11

[1] Termo de origem suméria para *filhos de Ananaque*, mais comumente vertido para o português como *Enaque* (Nm 13:22,33), *Anaque* (cf. Js 15:13-14) ou *anunaque*.

Cherubs — Eram os mais graduados mentores dos rebeldes entre os *annunakis*. Consideravam-se os principais seres entre os povos degredados, os próprios donos e arquitetos do poder. Cegos pelo ódio e pelo vício de dominar, eram altamente inteligentes, vivazes, perspicazes.

Refains — Consideravam-se nobres, autocratas. Dominavam artifícios de linguagem a ponto de convencerem facilmente seus ouvintes acerca de suas habilidades e intenções. Manipuladores do pensamento e das emoções, eram temidos por sua capacidade de subjugar com a força da persuasão e da mente.

Eloins — Peritos na manipulação genética. Cientistas da natureza, eram conhecedores de exobiologia e bastante hábeis no trato com inteligências de várias etnias e famílias siderais.

Emins — Dominadores, voltaram-se à condução dos povos, especializando-se em intrigas políticas e domínio de massas.

Anaquins — Destruidores, arrogantes e soberbos, punham rebeliões em movimento como ninguém. Notáveis em táticas de guerra, eram implacáveis com seus inimigos. Considerados assassinos cósmicos por natureza e vocação.

Olmalains — Especialistas em dominar as forças da natureza, eram exímios manipuladores da energia elemental e de formas-pensamento. Devido às suas habilidades, fizeram-se necessários em todos os territórios controlados pelos demais.

Marducai — Cientistas amorais, não nutriam nenhum respeito pelas humanidades e pelo cosmo. Manipulavam raças quase que por instinto, usando-as como cobaias de suas experiências. Transformavam-nas a ponto de se tornarem irreconhecíveis, pelo simples prazer de praticar ciência à sua maneira. Desafiavam o Altíssimo com experimentos que visavam adulterar forças gravitacionais e evolutivas, interferindo sem qualquer pudor ou limite no mundo, a ponto de destruí-lo, caso julgassem conveniente.

SATÃ JAMAIS FOI TÃO *somente um personagem bíblico ou mitológico. Antes, é o resultado de forças contrárias à ordem universal, ao progresso dos povos. Trata-se de uma corrente mental de ordem inversa, um engodo que escraviza seres e populações que sintonizam com tal força, que imbeciliza à medida que se alimenta mentalmente do poder. Do poder pelo poder, da força bruta pela força bruta. Representa o máximo de degradação moral a que se pode admitir chegar, como contraponto às leis universais de progresso e evolução. Essa força antagônica forja uma corrente mentomagnética, à qual se unem aqueles que acabam por dar origem a uma cadeia de vontades, geralmente personificada em uma figura que melhor expresse essa atitude de profunda revolta e dominação. Os seres que mais se afinam a essa corrente magnética ínfera constituem os representantes maiores de tais princípios. Podem chegar ao ponto de desenvolver impérios mundiais, ou mesmo estelares, onde, em meio a sua sede de mando, domínio e poder, arvoram-se no próprio Deus. O processo intitulado diabo e satanás nada mais é que o império de forças cegas, titânicas e tirânicas, que podem significar a derrocada da consciência no mais alto grau.*

ESTÊVÃO [espírito]

1
EM ERAS MAIS REMOTAS

UM ABALO ESTRUTURAL, de grandes proporções, ocorreu naquele instante. Se houvesse qualquer ser vivo consciente naquele sistema, certamente teria sentido uma onda de choque inenarrável, uma vertigem seguida de uma intrusão mental e emocional de dimensões aterradoras. Tratava-se de uma energia consciencial intrusa; aliás, eram milhões de consciências desajustadas, cuja vibração chegava como um raio através do espaço e atingiria toda a população que ali habitasse.

A viagem pelo hiperespaço terminara. Num átimo, rompera-se a membrana sutil que colocava fim ao salto quântico entre dimensões. Sem ele, a viagem teria durado quase uma eternidade. Com o salto dimensional, todo o percurso durara apenas alguns segundos, desde o momento em que se atiraram para dentro da fornalha energética, das trilhas de energia que rasgavam o universo e as dimensões, cuja autoria ninguém saberia dizer, nem mesmo se ali estavam desde o começo da criação.

O delicado tecido entre dimensões foi rompido quando centenas, quem sabe milhares de naves se materializaram nas franjas do Sistema Solar, tendo atravessado as trilhas energéticas que cruzavam o espaço sideral. Mais tarde, cerca de 470 mil anos depois, elas seriam batizadas de *buracos de verme* ou *buracos de minhoca*.

Um, dois, dez, mil; uma quantidade incrível de comboios estruturados na matéria etérica rasgou a membrana psíquica que separa o universo paralelo do mundo visível e material. O abalo provocou uma onda de choque gravitacional, que se fez sentir em todo o sistema, assemelhando-se às emissões do vento solar, as quais varriam de tempos em tempos a aura magnética dos planetas. No momento em que as naves etéricas se condensaram num tipo de aparição e existência quase material, ocorreu o motim. Ali mesmo, antes de chegarem ao terceiro mundo do sistema, bem antes de se aproximarem do mais gigante dos mundos, a rebelião aconteceu, patrocinada pelas forças da insensatez, do orgulho e do poder desmedido. E novamente as legiões do Sheol, os filhos de Nibiru se rebelaram, embora já estivessem inexoravelmente imersos na realidade daqueles orbes e não mais pudessem regressar à casa do pai, à morada dos semideuses, ao paraíso entre as estrelas. Estavam cativos, indefinidamente, da força gravitacional que os agrilhoava aos seus destinos, nos milênios quase sem fim que os aguardavam no mundo-prisão. Não conseguiriam, por força própria, romper a membrana espacial e dar o salto quântico em direção ao infinito, a outros sistemas siderais. As forças da escuridão estavam circunscritas àquele recanto obscuro da Via Láctea em caráter definitivo, ou ao menos até que o poder superior que governava o universo lhes determinasse uma nova morada. Ou, então, que essas forças se regenerassem, reparassem o caos e retornassem à ordem universal.

O SER INUMANO SE ERGUEU, espreguiçando-se acima de seu trono de ouro. Esse era um elemento preciosíssimo, e dele dependia para levar a cabo sua técnica de comunicação, além de ser um poderoso meio de transmitir energias tanto elétrica quanto gerada por processos atômicos. A arca onde se encontrava não era tão grande assim, e tinha mesmo uma aparência inocente, como se fosse um brinquedo de criança. Tal aspecto era proposital; tinha por objetivo evitar que possíveis e prováveis inimigos descobrissem seu arsenal, escondido com relativa segurança no interior da misteriosa arca, sobre a qual se assentava com grande orgulho. No entanto, a mesma arca ou esquife de ouro também constituía sua prisão temporária.

O crânio ovalado parecia ocultar os poderes de uma

inteligência portentosa, mas também era um artefato elaborado com a finalidade de que ninguém lhe pudesse conhecer os pensamentos que irradiavam da mente perversa. Era possível imaginar que ali, no cérebro da estranha criatura, estivessem sendo engendrados pensamentos e conceitos os mais abstratos, detentores de uma sapiência quase infinita. Era um querubim ungido, um *cherub*, uma casta cujos integrantes eram dominadores implacáveis. Sua aparência quase angelical era produto da evolução de sua raça, o *Homo capensis*, conforme se denominava a espécie em seu mundo.

Estava concentrado, naquele momento, o ser divino. Sobre sua arca, irradiava-se uma luz dourada, que o envolvia em luminosidade quase mística, lembrando asas. Na verdade, eram vibrações magnéticas, que formavam um potente campo de forças em torno da medonha criatura, que se autointitulava *deus*, por ser o primeiro de sua raça a conseguir se libertar dos conceitos castradores, conforme acreditava, da ética que regia os seres de seu sistema. O campo de forças fazia com que, no interior da urna, a atmosfera fosse sempre agradável, segundo os parâmetros daquele ser sem par naquele mundo. O local onde se assentava a criatura era muito mais aconchegante do que qualquer outro lugar do planeta. Simplesmente deixava-o suspenso sobre campos flutuantes de antigravidade. Isso lhe causava uma sensação das mais agradáveis. Era um gigante, com mais de 3m de altura, alto até mesmo para os padrões de seu povo. Outras castas da mesma espécie apresentavam estatura menor. O traje que vestia não era muito vistoso, contudo era elaborado a partir de material desconhecido da maioria, o qual acentuava as energias psíquicas do estranho ser inumano.

Os dons paranormais, comuns a uma parcela de sua gente, deviam-se ao desenvolvimento de um segundo cérebro, que ficava na base do crânio. Porém, o formato cônico que esse órgão adquirira não era natural. Fora um experimento necessário, visando dotá-los de equipamento que erguia um campo protetor conta investidas mentais e forças paranormais ou psi.

Sofria, a horrenda criatura, de profundo complexo de culpa. Mesmo disfarçando esse sentimento, quase se aniquilara psiquicamente ante a enormidade da culpa que, de tempos em tempos, ameaçava vir à tona. Trazia a alma marcada e maculada indelevelmente por ter sido o autor de inúmeros crimes contra humanidades inteiras, em diversos quadrantes do espaço. Avançando-se mais de 440 mil anos no futuro, a partir dessa época, talvez fosse catalogado por um dos ramos da psicologia ou da psiquiatria como louco, em crises constantes de megalomania, surtos psicóticos e outras doenças da alma, numa dimensão assustadora e aparentemente incurável. Aquela alma era atormentada diariamente, de modo quase infinito, estando à beira de um processo de loucura que, certamente, caso tivesse se instalado em sua mente, o induziria a um estágio do qual seria difícil retroceder.

O sofisticado aparato técnico evitava que isso viesse a acontecer. Se porventura não lançasse mão desse artifício, teria de transferir sua consciência, seu corpo mental quase degenerado pela culpa, a corpos artificiais, onde talvez pudesse abrigar-se, esquivar-se dos clamores de vingança que ouvia de modo mais ou menos constante. Eram ecos dos pensamentos de milhões de seres que perderam suas vidas por meio da ação desse inumano ser, que transitava em seu mundo ou entre mundos conhecidos da Via Láctea. Sua sede de poder, de dominar por dominar, levou-o a uma situação quase irremediável. Por isso, empregando suas habilidades mentais e extrassensoriais, conseguiu induzir um grupo de cientistas dos mais brilhantes de seu povo a desenvolver aquele equipamento. Eram 12 os que o compunham, e todos também precisavam do artefato para se livrar dos apelos mentais, que caracterizavam um tipo de obsessão coletiva dirigida contra o ser medonho e seus correligionários. Eram todos partícipes dos mesmos crimes, mas submissos à estranha criatura, que nenhum deles conhecia cara a cara, mas apenas lhe recebiam as ordens. Se o conhecessem, logo teriam suas mentes apagadas e aniquiladas, numa explosão de seus corpos, com a consequente submissão total à vontade férrea daquele ser medonho.

De um momento para outro, a arca movimentou-se, dando a impressão de que obedecia à vontade do seu dono. Voava sobre campos de antigravidade, levitando sobre o aposento onde ele se encontrava. O ser alimentava-se do plasma roubado de suas vítimas, mas também sobrevivia sugando o produto de emoções alheias — emoções de medo, terror e dor, que sabia muito bem inspirar e impingir em seus alvos. Não era nenhum adolescente que mal sabia o que desejava. Não! Ele o sabia perfeitamente. Queria dominar, governar, manipular mentes, consciências e emoções. Não lhe interessavam bens materiais; nem mesmo ouro ou qualquer outra coisa que se assemelhasse às riquezas tão sedutoras àqueles que buscam poder, de forma geral. Não, mesmo! Interessava-lhe apenas acumular poder, aplacar a sede de dominar outras inteligências. Com isso, reunia em torno de si os mais abjetos e instintivos pensamentos; absorvia o que era de mais vil e degradante das criaturas com as quais travava contato, causando-lhes dor e humilhação, à saciedade. Assim como existem seres que se alimentam de vibrações mais sutis, com este ocorria o contrário. Alimentava-se, sentia-se farto é com o sofrimento e a agonia de seus alvos, pois o produto de seu crime lhe dava a sensação de domínio mental; envaidecia-lhe a subjugação de seus dominados. Era a personificação das forças satânicas no mundo, na natureza, e por onde passava deixava um rastro de destruição. Junto dele, estavam seus míseros vassalos, outros seres que a ele se aliavam, sem nem sequer suspeitar de que eram também manipulados pelo misterioso senhor que seduzia mentes e emoções, dominando a tudo que pudesse se interpor entre ele e o poder absoluto. Era o resultado da degeneração máxima de uma criatura que, por pura revolta, posicionava-se como adversário da evolução e dos representantes máximos da ordem e do progresso. Representava, enfim, o ápice de uma corrente mentomagnética que, absorvida e assimilada por uma criatura sem escrúpulos, consolidava-se como uma cadeia de ideias, vontades e pensamentos que passava a se confundir com essa mesma criatura. Corporificada, assumia uma personalidade doentia, a qual elegeu a si mesma como o maior representante de um sistema de vida, senhor de povos e destruidor de civilizações que se interpunham entre ele e sua ânsia desmedida de poder.

Esse ser hediondo, um dragão — simbolismo que remete ao conhecimento sem escrúpulos e sem ética —, cresceu entre os mundos dispersos na imensidade. E por esses mundos passou, angariando discípulos, adeptos e uma corrente fenomenal de seguidores entre as mentes mais brilhantes e os cientistas de diversos povos.

"Preciso viver novamente, preciso dominar. Eu sou o que sou. Eu sou um deus..."

Os olhos do ser se abriram depois de um longo processo de adormecimento, numa das naves onde era transportado juntamente com um numeroso grupo de seres — mais de 600 —, que constituíam as mentes mais perigosas e brilhantes, a um só tempo. Vibrações invisíveis e até mesmo imperceptíveis para os demais partiam da câmara do ser inominável, uma criatura que se acreditava ser uma das mais perigosas e que havia perpetrado crimes hediondos, de lesa-humanidade, no último planeta onde havia passado. Não envergava mais um corpo físico, porém, numa estrutura diferente, ostentava um corpo de matéria quintessenciada, um misto de matéria astral e etérica e outros elementos ainda desconhecidos pelos mais renomados estudiosos da ciência universal. Adormecera durante vários períodos de tempo, junto com as mentes que considerava seus mais eficientes comparsas, instrumentos de astuta inteligência, que lhe serviam como marionetes a fim de corporificar suas vontades.

A criatura abriu os olhos de incrível beleza e, ao mesmo tempo, de poder magnético tão imenso quanto era imensa a treva de sua alma abominável. De uma cor que remetia ao verde-claro em alguns momentos, parecia modificar-se a seu bel prazer, mudando de tonalidade. Lembravam olhos humanos. Não da humanidade do planeta Terra, mas de outra humanidade, de um mundo esquecido na poeira do tempo e do espaço. O crânio também lembrava os crânios humanos, não fosse o misterioso material de forma cônica que encimava sua cabeça, o qual lhe conferia certa proteção psíquica e era fruto de uma tecnologia totalmente desconhecida por muitos povos da Via Láctea. A forma cônica propiciava um contraste com a beleza da expressão de todo o conjunto do corpo de traços angelicais, dotado de um semblante que beirava a perfeição. A julgar pela aparência, nenhuma criatura humana jamais seria levada a pensar que este era um ser de extrema periculosidade, que encarnava a própria monstruosidade espiritual e mental. Nada em seu exterior remetia ao grau de veleidade e crueldade com que se portava e que assinalava a natureza desse espírito milenar. Era esta a característica energética e espiritual daquele que se intitulava o número 1 dos dragões.

Um barulho estranho, diferente, quase contagioso sacudiu a arca onde repousava o espírito adormecido da entidade. Um tipo de líquido envolvia-o, como uma emulsão; talvez constituísse parte do processo de adormecimento necessário para romper a barreira vibratória entre mundos, num dos mais arriscados processos de transferência de seres entre planetas, conhecido como transmigração planetária. Banidos foram por uma força tão potente e soberana que jamais suporiam existir, à qual nunca seriam capazes de fazer frente, apesar de todo o conhecimento arquivado em sua memória espiritual. Ele e seu séquito de mais de 600 mentes tão brilhantes quanto extremamente rebeldes contra as leis cósmicas, universais. Outros comboios transportavam os demais seres, às dezenas de milhares, para o destino remoto de um terceiro planeta, localizado num ponto excessivamente sombrio da Via Láctea. Aquele era um comboio especial, com barreiras de forças mais ostensivas e mais potentes, dado o perigo representado por este e os demais seres de sua comitiva pessoal. Mas ele despertava. Algo ou alguém havia interferido no processo de adormecimento das criaturas, de modo que o mais perigoso e detentor da mente mais pertinaz e arguta saía lentamente do transe a que fora submetido a contragosto.

Assim que um único pensamento veio à tona, num processo intricado e complexo, desconhecido por quem nunca possuiu poderes e habilidades paranormais tão potentes e fortes quanto as dele, emitiu um raio de pensamento que fez com que seu corpo flutuasse para cima e além da câmara de contenção que o abrigava. Num relance, apenas, conseguiu monitorar os mais de 600 esquifes que abrigavam as criaturas que o seguiam e pôde apalpar mentalmente o ser que conduzia o comboio e que fora responsável por sua libertação antes do tempo programado. Estavam ainda no espaço intermundos. O soar de algo que se assemelhava a uma música pôde ser sentido pela mente desperta do ditador do espaço. Seu inconsciente deixou-se enlevar-se pela melodia diferente, estranha, mas que parecia acalmar sua alma ante o tumulto ruidoso dos milhões de clamores de vingança que a alcançaram em segundos, quase enlouquecendo-o. Imediatamente, envolveu-se num potente campo de forças de natureza psíquica, mental e emocional, algo ainda desconhecido pelos habitantes mais inteligentes do século XXI d.C., no planeta Terra. Um gozo quase sexual, um êxtase manifestou-se, assim que o aparato formou em torno de si o campo blindado contra as repercussões dos milhões de consciências que o atormentavam, num processo horrendo de obsessão, num nível tão medonho quanto desconhecido pelos estudiosos das ciências psíquicas. Neste momento, pensou nas demais criaturas que estavam deitadas naqueles esquifes à sua frente. Como se sentiriam caso estivessem sofrendo o mesmo ataque consciencial, que os ameaçasse de loucura imediata? Aproveitou o pouco de tempo para esboçar um plano infernal e maquiavélico contra os de sua própria espécie.

"Não poderei jamais ser descoberto nem visto; no anonimato, serei muito mais perigoso do que me revelando" — pensou a pérfida criatura.

A não ser mediante disfarces que trataria de compor a partir do conhecimento que arquivara em sua mente descomunal, não poderia se mostrar como realmente era. As mãos da criatura pareciam ligeiramente trêmulas quando se dirigiu aos esquifes, concentrando sua força mental nos seus conterrâneos e, mais precisamente, em 12 dos mais experientes seres com quem convivera ao longo de milênios de vida entre as estrelas. Estes precisavam de um tratamento especial, uma manipulação mental e emocional que beirava a hipnose, nocauteando mentalmente a todos e predispondo-os a servi-lo incondicionalmente, em todos os sentidos. Aproveitou para deixar impresso na memória extrafísica um hipnocomando, uma sugestão pós-hipnótica superpotente, na qual estava inserida uma programação para que jamais o percebessem externamente.

— Somente ouvirão minha voz!... — falava, com um poder magnético acachapante, àqueles que queria acordar do sono imposto. O efeito seria perceptível, mesmo sobre a mente dos 12 mais importantes cérebros daquela comitiva, que dormia nos esquifes feitos de material que parecia cristal cintilante. Sua boca balbuciou palavras num idioma ignoto, enquanto manipulava potentes correntes mentais, que nenhum ser humano jamais conheceu em sua existência. Não com um poder tão assustador e destruidor como se manifestava neste ser das profundezas do espaço.

Seus pensamentos estavam tão fervilhantes que se esquecera por completo daqueles que o libertaram, seja por vontade própria, seja devido a um erro de cálculo ou programação previamente implantada em seu cérebro. Não poderia perder tempo com esses agentes insignificantes. Mais tarde se ocuparia deles.

Finalmente terminou seu intento, o procedimento por meio do qual mergulhara e se aprofundara nos pensamentos dos seres que poderiam servi-lo mais diretamente. Os 12, escolhidos a dedo por ele próprio, seriam seus ministros ou maiorais, representantes de sua força e poder. Estavam todos subjugados por sua mente, detentora de habilidades indescritíveis. Os 12 escolhidos também possuíam dotes paranormais muito acentuados, em comparação com os mais de 600 adormecidos nos esquifes de cristal. Eram eles os maiores especialistas de uma raça humanoide mais desenvolvida. Após mais de 4 horas do seu tempo, do tempo de seu mundo, decidiu acordar os 12 seres, que, depois de sua manipulação mental, não poderiam percebê-lo, nem jamais vê-lo diretamente. Mudara a aparência, de tal maneira que parecia um ser andrógino. Era a figura de um anjo das estrelas, com toda a doçura possível a um desses seres. Depois de procurar no recinto e em cada esquife onde repousavam os 12 seres criminosos que o auxiliaram na derrocada de reinos e mundos, encontrou uma espécie de comutador, o qual acionou com sua força mental prodigiosa. Uma vibração perceptível somente no campo mental fez-se ouvir, quando um a um os esquifes se abriram, deixando à mostra seu conteúdo, seus ocupantes. Assim que acordaram, sentiram o mesmo impacto mental de forças destrutivas de sua própria alma e das inúmeras consciências, num claro processo que se assemelhava à loucura ou a um estado de crise tão profunda da mente, que jamais fora estudada por qualquer ser especialista em exopsicologia. Tratava-se de algo num grau tão assustador que em minutos poderia levar os seres à mais completa insanidade, caso não houvesse a intervenção do número 1, aquele que se considerava o maioral entre os mais temíveis assassinos cósmicos ali aprisionados.

Uma voz potente foi ouvida nas mentes de todos eles, embora não conseguissem distinguir claramente sua procedência. Uma voz gutural, algo que soava quase mecânico, porém de poder magnético superlativo:

— Acordem para a vida, miseráveis! — ordenava a voz que parecia vir das profundezas escuras do espaço. — Sou o maioral e venho oferecer meus préstimos e serviços a vocês. Se não aceitarem, ficarão loucos com os tormentos sem fim das almas que clamam por vingança.

Os 12 ficaram alarmados com o que acontecia, pois suas mentes não suportavam mais, ainda que por breves instantes, o ressoar de vozes, como se estivessem sofrendo um ataque psicótico de grandes proporções.

— Preparei corpos especiais para vocês. Sem se revestirem desses corpos, ficarão à mercê da mais completa loucura — prosseguiu a voz, sem dar tempo a que respondessem. — Caso recusem minha oferta e porventura lhes reste algum arremedo de razão, serão incapazes de resistir à corporificação num mundo primitivo, esquecendo, assim, tudo o que aprenderam ao longo dos milênios, mediante o mergulho na matéria densa. Escolham...

Os 12 seres não tinham tempo. Ao despertarem de seu sono induzido, quase tiveram a mente solapada por um estágio tal de loucura que mal conseguiam raciocinar. E o número 1 sabia disso. Tentaram coordenar seus pensamentos, mas o clamor de milhares de criaturas, o ressoar das almas que destruíram parecia deixá-los cada vez mais afetados, mental e espiritualmente. Na verdade, era apenas o sentimento de culpa que irrompia de suas consciências mergulhadas no erro e patrocinadoras da destruição de raças inteiras. Essa culpa, aliada às vibrações de sofrimento de multidões inumeráveis, estabelecia o clima mental para um processo de obsessão gravíssimo, de alta complexidade, ignorado pelos seres vivos que lidavam com tal realidade. Simplesmente porque ninguém poderia jamais imaginar como seres dessa categoria, tão inteligentes quando criminosos, poderiam enfrentar um processo de obsessão num grau tão superlativo quanto inimaginável. Pois que ninguém ainda se encontrara com seres dessa espécie, face a face. Com um passado tão comprometido a ponto de serem expatriados de seu mundo original — e depois disso, sucessivas vezes —, mais ainda se agravava o fenômeno, somente compreendido por quem o vivencia em toda a sua grandeza.

— Eu aceito, aceito! Livre-me dessa loucura que ameaça dominar minha mente. — falou o primeiro e um dos mais habilidosos entre os 12.

Uma risada infernal foi ouvida no mais recôndito de sua mente. A voz inarticulada, pura telepatia, ressoava em seu corpo mental como um registro indelével de alguém que se fizera deus entre os deuses. O maioral resolveu deter-se um pouco mais, e essa espera fez com que todos os 12 implorassem por um socorro cuja natureza, se porventura conhecessem com antecedência, possivelmente preferissem à loucura completa. Não obstante, a crueldade do maioral deixou que experimentassem um pouco daquela agonia. Fazia bem impor-se, impiedoso. Os 12 corpos semimateriais começaram a se desintegrar, soltando placas daquela espécie de antimatéria, como se a deformação fosse irreversível. Dentro dos esquifes de cristal, ainda, começaram a se ver deformar. Só não sabiam que tudo isso era parte do plano do maioral para dominá-los e subjugá-los à sua vontade. Tratava-se de uma ilusão, levada a cabo pela sugestão pós-hipnótica, que era reforçada pelo sentimento de culpa, como se fosse uma punição de suas próprias consciências pelos crimes hediondos perpetrados em mais de uma humanidade. Gritavam os 12 como nunca gritaram em toda a sua vida. Jamais o pavor tomou conta de suas almas como naquele momento, assistindo à lenta degeneração de seus corpos, quase loucos, com as mãos segurando as cabeças, que pareciam, aos seus olhos, inchar e arrebentar em pústulas sangrentas. O horror tomou conta das criaturas, enquanto imagens mentais provocadas pelo processo hipnótico faziam com que cenas de morte de milhões de seres fossem acentuadas em suas mentes, que viam sua própria humanidade se perder em meio ao fogo da guerra.

— Não têm para onde ir sem que eu os salve da desgraça — falava a mente fascinante e ao mesmo tempo aterradora e infernal daquele que acordara antes do tempo. Enquanto isso, ele projetava mais e mais imagens de desespero total, de hecatombes e guerras, tais como a humanidade da Terra nunca conheceu até os dias atuais. De tal sorte era o drama que as inteligências quase enlouquecidas aceitaram qualquer oferta para se verem livres do poder devastador da culpa, acentuado pelas habilidades paranormais e satânicas de um dos maiores ditadores que se poderia conceber.

— Tomem! — falou a voz não articulada em suas mentes. Na verdade, o poderoso ditador estava agora assentado em sua câmara, sua arca, envolvido num campo de forças potente, com o artefato de forma cônica devidamente posicionado, protegendo-se de intrusões psíquicas. Momentos depois de se renderem aos termos da ajuda, os 12 seres tiveram a mente liberada para que vissem, ao lado dos esquifes, artefatos cônicos semelhantes. — Peguem já estes equipamentos e os coloquem sobre suas cabeças.

Um a um os 12 seres pegaram, com certa dificuldade, os artefatos construídos sabe-se lá como, por que poder ou a partir de qual tecnologia. Ao passo que os posicionavam sobre a cabeça, eles pareciam ganhar vida própria. O material do qual eram feitos parecia se entranhar no tecido da pele finíssima e alva dos seres que acordavam de um longo torpor, do período de inconsciência a que foram induzidos a fim de realizar a grande viagem do degredo entre os mundos. Ao mesmo tempo em que ocorria esse fenômeno, evitando a loucura imediata das criaturas, outra coisa aconteceu, também fruto da programação mental hipnótica extraordinária realizada pelo maioral em comando. Porém, nenhum deles o percebeu, muito menos pôde descobrir a fonte do mistério.

À medida que cada um dos seres se levantava do esquife, era-lhes oferecido um traje, um corpo artificial com o qual deveriam se revestir a fim de evitar a perda da forma espiritual. O composto de matéria desconhecida tinha mesmo esse objetivo ou tratava-se simplesmente de uma ilusão, visando reforçar o contato mental e hipnótico que lhes fora imposto? Não saberiam dizer e talvez por milênios jamais o soubessem. Fato é que um fenômeno acontecia entre os 12 escolhidos, o qual durante muito tempo não teriam como explicar, embora mais tarde descobrissem que lhes poderia servir como base de seu poder e autoridade perante o grupo. O primeiro a despertar do transe imposto via e reconhecia o próximo que se levantava. Porém, o segundo não conhecia, não sabia a identidade do primeiro, embora o percebesse. O segundo ser, por sua vez, conseguia perceber a presença do terceiro e dos demais depois dele, porém o terceiro não conseguia identificar o segundo nem o primeiro, e assim por diante. Era como se a identidade de cada um fosse preservada e permanecesse secreta para os demais. Isso fazia com que o jogo de poder entre estes representantes da política inumana ficasse para sempre estabelecido. Aquele que pudesse ver, perceber e ouvir os demais abaixo dele, na hierarquia, seria reconhecido como superior de todos. E como nenhum deles via ou conhecia a verdadeira identidade da voz que falava em suas mentes, isso significava que o possuidor dessa voz era o maior entre eles.

E assim tiveram de se acostumar, pois suas mentes, a partir de então, foram habilidosamente manipuladas a cada período, e por um dos seres mais astutos que conheceram ao longo de suas existências. Inúmeras vezes seria reforçada a ordem pós-hipnótica, ao longo dos milênios que se seguiram. À medida que mergulhavam nos problemas, nos conflitos e nas lutas em busca de poder, onde quer que estivessem, suas mentes teriam as memórias remotas quase apagadas, por meio do processo hipnótico a que eram submetidos de tempos em tempos. Isso se daria durante muitos milênios, sem que desconfiassem da manipulação levada a efeito por uma força sobre-humana, que acentuava em suas mentes os tormentos sem fim de sua consciência culpada.

Antes que tomassem qualquer atitude eventualmente programada para se libertar do comboio que os transportara para o mundo-prisão, o número 2, o primeiro a ser revivido e desperto pelo maioral, atreveu-se a perguntar:

— Quem é você que nos alimenta com esperanças de poder e nos ressuscita para enfrentar nossos adversários?

— Eu? Eu sou a voz que fala em sua alma. Sou o vento e tempestade solar que abrasa sua consciência e sou o carrasco da escuridão, caso não me obedeçam.

— E como poderá nos constranger para que lhe obedeçamos? Se é assim tão poderoso, sabe quem somos e quais as nossas habilidades.

— Sei! E é por isso que os escolhi para serem meus ministros — falou a voz, sem que soubessem de onde vinha. Olhavam no entorno do ambiente pressurizado da nave que os abrigava e só viam uma arca, uma construção brilhante, sem que houvesse ninguém por perto ou dentro dela. Era apenas um artefato, uma figura do mobiliário, embora estranha, mas apenas um objeto.

— Ministros de que império? De que reino, se fomos deportados por uma força superior que nos arrancou de nossas pretensões e de nossa ânsia de poder?

— Do império dos dragões. Doravante nosso símbolo será uma serpente alada, um dragão, pois somos os maiorais. Quanto a você, o número 2 em comando, será meu preferido, meu porta-voz para os demais.

Um a um os 12 foram se manifestando, revoltados por serem usados por alguém desconhecido, que pretendia governar ou formar um tipo de governo oculto. Mas governar o quê? Onde, se estavam no espaço intermundos, quase parados entre dois planetas gigantes, numa órbita um pouco mais afastada? Seis dos doze seres pareciam irredutíveis quanto à rejeição da proposta de serem representantes de alguém que não conheciam, de um poder que os submetia, de modo que começaram a revoltar-se contra o estranho que se dizia o maioral. A assembleia se transformou num concílio, onde se discutia quem dominaria quem. Depois de um tempo dado pelo número 1, no qual pensaram estar sozinhos, devido ao silêncio do tirano, manifestou-se novamente a voz na mente dos 12 seres hediondos. Planos de dominação, crimes que foram discutidos com tanta naturalidade como se discute uma questão qualquer da vida, foram interrompidos pela misteriosa voz, que não se deixava conhecer mais do que queria. Essa era a base do seu governo e da sua força entre os escolhidos criminosos cientistas das estrelas.

— Parem, imediatamente! E, para que saibam quem manda entre vocês, mostrarei meu poder, a fim de que jamais esqueçam com quem estão lidando.

O maioral aproveitara o momento de discussão do grupo para sondar as mentes inquietas dos rebeldes. Um a um, conseguiu penetrar-lhes os recantos mais sombrios e obscuros de suas mentes e, assim, selecionar aqueles com quem pretendia trabalhar ao longo dos milênios sem fim. Os demais, os seis mais rebeldes, chegou à conclusão de que não lhe interessavam. Estava escolhido, enfim, o concílio dos sete maiorais. Os demais...

Um olhava para o outro, parecendo desconfiados de que algo grave estaria prestes a acontecer. Imagens mentais de horror pareciam tomar forma sobre as cabeças cônicas dos seres que se reuniam num dos compartimentos da nave de transporte. De repente, os cones nas cabeças de seis dos espíritos presentes pareceram ganhar vida. Mediante o influxo de uma mente poderosa, foram arremessados ao teto do local, pairando momentaneamente e, logo após, caindo ao chão, espatifando-se contra o solo, de maneira que as cabeças dos seis ficaram a descoberto. Um a um os seis levaram as mãos à cabeça, enquanto ouviam dentro de si ecoar a voz da própria consciência, acentuada pela culpa e pelo medo.

Contorciam-se à frente dos demais, que os olhavam amedrontados, temendo que o mesmo viesse a acontecer com eles. Uma força mental incontrolável parecia acentuar o processo, aumentando a tormenta quase infinita do processo que levaria os seis rebeldes à loucura. Eram seis mentes brilhantes, guerreiros implacáveis e excelentes estrategistas, frios e calculistas. Embora sua área de atuação, eram mentes brilhantes. Mas a mente mais perversa que todas aquelas juntas interferiu no processo de demência que tomava conta dos seis espíritos, que, àquela altura, contorciam-se no chão, imersos em imagens mentais, paisagens desoladoras e dores incalculáveis, que eles mesmos impingiram a milhões de criaturas. Suas mentes pareciam querer arrebentar-se dentro dos cérebros extrafísicos. E a voz do maioral se fez ecoar dentro de todos, como se viesse de dentro da mente de cada um dos 12 ali presentes. E ria uma risada demoníaca, sem sentimentos, sem consideração a não ser consigo próprio e com seus planos de domínio.

— Pare! — gritou o número 2, a plenos pulmões. — Pare com essa tormenta, seu demônio da escuridão. Estes são nossos conterrâneos e as maiores e mais brilhantes mentes de nosso povo. Como pode ser assim tão vil e cruel?

— Cruel? Eu? — e continuou a risada demoníaca, sem dar a mínima atenção aos gritos dos seis que restaram em pé e assistiam, sem nada poder fazer, ao fenômeno que se passava ali, diante de seus olhos e espíritos dementes pelo medo de que o mesmo pudesse suceder consigo próprios.

Os seis seres no chão contorciam-se mais e mais e, à medida que gritavam, seus olhos esbugalhados pareciam querer saltar das órbitas. Não conseguiam sozinhos sair daquele estado de loucura que dominava por completo suas mentes criminosas. Para completar aquele quadro dantesco, os corpos de todos eles, os seis, começaram a sofrer um tipo de fenômeno. Era como se derretessem, deixando cair grandes placas de matéria astralina, como se perdessem a estrutura espiritual que lhes dava a aparência humanoide.

O número 2 e os demais ficaram atônitos com o que acontecia. Não tinham conhecimento daquele processo diabólico que, com certeza, era forjado pela mente inumana que tentava dominá-los. Correram de um lado para outro, pois viram o que restava dos seis corpos agonizantes inchar, de repente, envolvido numa luminosidade embaçada, e sentiram-se ainda mais ameaçados. A vitalidade dos rebeldes então se esvaía, numa situação que em poucos minutos piorou muito mais do que a imaginação dantesca dos seres mais hediondos e criminosos pudesse conceber em seus mais intensos e terríveis pesadelos. O maioral concentrou sua mente em algum dispositivo que implantara nos subordinados e ministros escolhidos e, em seguida, os corpos energéticos em deterioração explodiram, deixando em meio aos seis restantes uma sensação de terror inimaginável. O medo tomou conta de todos, e isso fortaleceu o poder do demônio sobre os demais seres da escuridão.

Os corpos astrais explodiram com tal intensidade que o fenômeno provocou o lançamento de parte do comboio em direção a um dos planetas daquele sistema. Era o quinto planeta do Sistema Solar, localizado entre Marte e Júpiter, conforme seriam batizados mais de 470 mil anos no futuro, a contar desses acontecimentos. Em meio às risadas cavernosas e tétricas da entidade, rolavam pelo chão do compartimento do comboio seis corpos deformados, como se fossem lesmas, algo totalmente diferente dos corpos energéticos que explodiram. Embora variassem em cor e tamanho, apresentavam uma característica geral que talvez lembrasse um feto, um embrião de um ser humanoide.

A nave, que teve seu compartimento ejetado pela

força das explosões, balançou sobre o próprio centro de gravidade, enquanto o maioral e seus seis sobreviventes, mais os corpos mentais degenerados dos rebeldes a seus planos, pareciam rolar de um lugar para outro. Quanto a estes, ninguém poderia fazer mais nada por eles. Enfrentavam aquilo que, mais tarde, ficaria conhecido como segunda morte, isto é, a perda da forma espiritual. Embora não perdessem a personalidade, suas mentes, submersas no remorso e na culpa e acionadas por outra mente igualmente tenebrosa, mergulhavam numa noite quase eterna, até que, num futuro qualquer, pudessem ser reabsorvidas num útero feminino e renascer, corporificando-se em algum mundo para onde seriam transportados.

Aquele episódio definiu desde o início, prontamente, o domínio do maioral, pois os seis outros espíritos, do mais alto grau de inteligência e astúcia, exímios no exercício de suas técnicas, não mais questionaram o que aconteceu, nem tampouco se atreveram a questionar o poder supremo que os dirigia. Pelo menos durante milênios, mas não para sempre, o domínio dos seis pertenceria ao número 1, o mais cruel entre os cruéis de seu povo. Uma majestade satânica a serviço de seus próprios interesses.

Aquele era um mundo subdesenvolvido. Uma civilização que avançava penosamente entre as descobertas científicas de uma era industrial e o domínio teocrático, no qual eram governados por uma estirpe de sacerdotes de um culto bizarro. Dois grandes continentes formavam a grande massa de terra que se erguia em meio a um líquido viscoso que compunha os oceanos daquele planeta. Era um pouco maior do que Marte, como seria mais tarde denominado o quarto mundo daquele sistema. Porém, ainda assim, era bem menor do que Júpiter, o gigante gasoso que até relativamente pouco tempo era a segunda estrela daquele sistema, que também fora um sistema binário. Eventos cósmicos anteriores fizeram com que o gigante esfriasse e adquirisse, então, a aparência de planeta, cuja órbita contornava o sol central, porém já não emitia mais luminosidade, mas somente calor próprio, diferentemente dos demais orbes do sistema.

O quinto mundo, constituído de massa muito densa, abrigava dois povos aparentemente diferentes, mas provenientes do mesmo tronco. Um deles, em luta permanente para se expressar como o melhor em termos de civilização, vivia em guerra constante contra o outro povo, de um continente maior, que tinha hábitos estranhos, profundamente arraigados em sua natureza quase vampiresca. Estes pertenciam a uma raça conhecida em outros recantos da Via Láctea como *espectros*. Resultavam de um processo de transmigração planetária. Vieram de seu mundo de origem e ali se estabeleceram, deixando marcas profundas na civilização daquele mundo. Poder-se-ia dizer que ambos os povos viviam uma era semelhante à Idade Média terrena, embora, no que se refere a descobertas científicas e desenvolvimento tecnológico, estivessem mais avançados do que a humanidade do planeta Terra estaria séculos depois, no início do século XX.

Era uma situação híbrida. Uma cultura invejável já há milênios, embora não tivessem ainda dominado as viagens entre mundos e quase não conhecessem o restante do Sistema Solar. Haviam sofrido um impacto energético e gravitacional do mais alto significado, no qual muitas vidas foram dizimadas. Foi o mesmo impacto estrutural que sofrera o gigante do Sistema Solar em seu passado remoto. Isso os prejudicou, atrasando consideravelmente o desenvolvimento daquela sociedade. Havia uma guerra quase sem fim entre os dois povos e, à época desses acontecimentos, um deles já havia desenvolvido um tipo de artefato nuclear tão potente que poderia destruir seu mundo três ou quatro vezes com a força da explosão. O objetivo? Exterminar a segunda raça, que tentava dominá-los, mas, sobretudo, alimentar-se das energias e fluidos vitais que detinham. Eram uma raça de vampiros ou, simplesmente, seres que somente sabiam lutar pela própria sobrevivência, e não conheciam ainda outro meio de sobreviver? Estavam prestes a experimentar os efeitos devastadores das energias desencadeadas pela explosão de seus artefatos de guerra.

Na verdade, aquela humanidade só conseguiu trabalhar em conjunto devido à presença de um inimigo comum: a outra raça, que os ameaçava constantemente. Tiveram de se unir; porém, estavam quase se destruindo, e a destruição viria, cedo ou tarde, como fruto da escolha popular, num grande trabalho de conscientização e pesquisa que fizeram com a população. Preferiram a guerra total a viver sob o domínio dos espectros. Bilhões de seres haviam votado, escolhido o caminho, e pouco menos de um quinto da população era contra o ato final, no qual poderia perecer a humanidade inteira. Assim, o conselho que governava aquele continente já havia decretado o acionamento do dispositivo. Mas não anteviram as consequências de tal iniciativa. Jamais poderiam imaginar que a bomba de efeitos devastadores seria tão devastadora assim. Não acreditavam estar determinando o destino de seu mundo, cujos habitantes morreriam após a explosão de grandes proporções. Diversas vezes foram visitados por habitantes de outra dimensão, alertando-os para o perigo do evento; contudo, os dominadores religiosos interpretaram da maneira mais conveniente aos seus intentos os conselhos da civilização do Invisível.

Quando as naves de transporte, feitas de matéria etérica, aproximavam-se do quinto planeta, já estava em andamento um plano de fuga planetário da população invisível. O alvo? O segundo planeta, que muitíssimo mais tarde ficaria conhecido sob o nome Vênus. Era o mais propício para a natureza astral dos habitantes daquele orbe. Grande quantidade de seres da esfera astral daquele planeta já havia se recolhido a outra pátria sideral, pois os dirigentes do governo oculto do mundo já não tinham nenhuma esperança; estavam convencidos de que os habitantes dali destruiriam sua própria terra, seu próprio sistema de vida. O caos se estabelecera entre as duas grandes tribos. Havia um quê de forte perigo no ar, e já haviam se esgotado todas as tentativa de diálogo. Os governantes, incendiados com a ideia de sobrepujar o outro povo em força e poder — além disso, acreditando que somente o outro lado seria dizimado —, não mais ouviam os apelos da razão e do bom senso. Estavam resolutos, decididos a detonar o aparato sem mais delongas. Afinal, já havia alguns séculos que os conflitos entre os dois povos estavam em curso, a serviço da manipulação das massas, das multidões, de ambos os lados.

EXTRATO GERAL DOS REGISTROS SIDERAIS DO SISTEMA PLANETÁRIO SOLAR

LOCALIZAÇÃO PRIMÁRIA do planeta: quinto mundo do sistema, situado entre o gigante gasoso e o planeta vermelho. Sistema catalogado com 12 mundos, embora um deles realizasse sua órbita tão distante do sol central que quase não era reconhecido como tendo se originado da mesma matéria dos demais. Somente este planeta é habitado por criaturas inteligentes. Os demais guardam formas de vida ainda primárias, sendo que o segundo mundo é dotado de sistema de vida no plano etérico, ainda em evolução. O terceiro guarda características de atmosfera e densidade que não favorecem o prosseguimento da vida que floresceu no quinto planeta. Este não é um mundo cuja atmosfera contenha oxigênio; outros gases entram na composição do ar respirado por seus habitantes. O tempo de rotação é de aproximadamente 16,2 horas-padrão desse quinto planeta. Faz mais de mil anos, contados conforme o tempo deste mundo, que sua civilização mais avançada é governada por um sistema sacerdotal, representante de determinado culto que congrega a maioria absoluta da elite planetária. No entanto, a casta sagrada dos sacerdotes não permite que a população possa se expressar de acordo com suas próprias opiniões e tendências progressistas. A sociedade mantém-se prisioneira de crenças e da política sacerdotal, fatores que impedem maiores progressos dos humanoides do quinto mundo.

LI-AL-ASSAN OBSERVAVA O POVO que se reunia na praça principal da maior cidade do planeta. Baterias de eletricidade alimentavam milhares de lâmpadas acesas para iluminar a noite mais profunda daquele mundo, quando a órbita atingia o ponto mais afastado do Sol.

Era o tempo da peregrinação à metrópole cheia de edifícios de formas tão variadas quanto bizarras. Nada na arquitetura demonstrava harmonia das formas e nenhuma beleza que pudesse ser apreciada. Tudo era decidido pelos governos e pela casta religiosa, que eram a um só tempo compostos por sacerdotes e políticos. O representante do concílio estava reunido com 15 colegas de trabalho, observando a numerosa multidão que se reunia ali, ante seus olhos, que brilhavam devido ao entusiasmo por saber que era uma das pessoas mais respeitáveis dentre todos os políticos de seu povo. Em algum momento, seu coração pareceu disparar, como se estivesse pressentindo algo medonho, devastador. Talvez fosse — pensou — devido ao fato de que brevemente acenderiam o artefato da maior conquista tecnológica de seu povo, de sua ciência. E era ele o responsável maior por livrar seu mundo da presença intrusa daquela raça abjeta e nociva que tentava de todas as maneiras dizimar a população de seu continente. Ele e mais 15 seriam para sempre lembrados, pela eternidade, por livrarem seu povo dos opressores. Esse prenúncio de glória fazia com que antevisse o futuro de sua casta como o mais brilhante de todas as eras e governantes do passado. Depois desse evento, poderiam dar qualquer ordem, que seria obedecida, pois a multidão acreditava que tal atitude — o extermínio dos inimigos — era a vontade dos próprios deuses.

Mas havia quem discordasse dele, de seus auxiliares e dos cientistas mais renomados que os assessoravam. Nem tudo era tão reluzente como parecia, nem tão amistoso como gostaria que fosse. Um ar de tristeza parecia dominar todo o povo daquele mundo, ainda que os dirigentes fossem os mais afetados, pois de algum modo conseguiam captar sentimentos e sensações, estranhas imagens e figuras, que durante a noite povoavam seus sonhos. Inquietação quase palpável parecia se alastrar; por isso, convocara a multidão de fiéis à sua política para se reunirem e lhes falar — muito embora não pudesse esconder que uma onda misteriosa de estranhos fenômenos acometesse quase toda a gente naqueles dias. Habitavam um mundo ainda em processo de desenvolvimento científico e cultural. Aquelas vozes contrárias à politica adotada cada vez mais conseguiam partidários, ao mesmo tempo em que acusavam o regime teocrático de governo de impedir que o mundo progredisse mais rapidamente.

Li-al-Assan saiu da bancada onde podia avistar a multidão, e uma angústia significativa atormentou-lhe a alma ainda mais. Afastou-se com uma má impressão, como se um sentimento maior, uma intuição, o alertasse dos graves acontecimentos no futuro próximo. Vestia-se todo de preto, arrastando atrás de si uma espécie de manto num misto de cores entre o vermelho e o roxo, com discreto brilho. Logo depois de beber algo para acalmar-se, voltou para a bancada onde cumprimentaria a multidão do seu povo, que, como ele, era cativa de estranhas sensações. Algo terrível respirava-se no ar; um inimigo invisível rondava a população daquele mundo. O perigo iminente de autodestruição parecia pairar sobre o povo, de maneira que os mais sensíveis captavam essa sensação de uma forma quase material. Mal sabiam que o experimento de uma ciência que mal nascia, ainda nos primeiros passos de desenvolvimento, poderia significar a morte de bilhões de criaturas, além de interferir de maneira drástica na órbita dos planetas do sistema, caso detonassem o artefato. E o momento de detonar a bomba já estava acertado para dali a alguns dias, apenas.

Curiosamente, a reunião do povo para comemorar o fato de que se veriam livres de uma raça de seres infernais, definitivamente, serviu apenas para acentuar o sentimento e a sensação de angústia e apreensão que a maioria já conseguia captar. Nenhuma música no ar, nenhuma apresentação das artes daquele mundo. Somente gente e mais gente e um silêncio quase sombrio. Os dirigentes do mundo tinham algum dote paranormal, uma habilidade de perceber ondas, radiações e sensações e, em momentos especiais, até mesmo os habitantes invisíveis. Sabiam com clareza que estes não aprovavam em hipótese alguma o acionamento do equipamento que desenvolveram. Aliás, de uns tempos para cá, esses habitantes do mundo invisível, da dimensão paralela à que estavam inseridos, já haviam silenciado suas vozes. Ao mesmo tempo, porém, haviam pedido auxílio a outras comunidades do espaço, pois sabiam da catástrofe iminente. O que não sabiam é que essa catástrofe viria por outros caminhos. E a ajuda que receberiam já estava a caminho, embora por motivos distintos e meios insuspeitos.

Das mentes dos governantes e sacerdotes, emanava um fluxo invisível de correntes mentais que, embora de intensidade muito tênue, era suficiente para aplacar a angústia da gente que estava mais próxima da bancada onde se posicionaria o representante máximo do grupo dirigente. De um momento para outro, todas as luzes se apagaram, num grande blecaute, gerando tumulto e o recrudescimento da inquietação. Uma interferência de algo não planejado e pressentido. O povo viu nesse efeito, até então inédito, uma manifestação sobrenatural, dada sua natureza mística e religiosa. Li-al-Assan trataria de usar este fato, mesmo incompreensível para ele, como desculpa para se impor ao povo — foi o que pensou. A população se agitava, num franco pressentimento de algo muito maior.

— Isso pode significar uma intrusão dos invisíveis, que querem deter o prosseguimento do processo de limpeza racial.

— Que intrusão, nada! Eles nunca fizeram algo assim — respondeu irado, embora com pouca convicção, o sacerdote oficial e representante da política do quinto mundo. — Al Fron Chiar-Saun, você não consegue ver mais além de seus olhos. Não sabe que incidentes como esse podem ocorrer vez ou outra?

— Sei disso, grande Li-al-Assan! Contudo, observe bem. Toda a cidade ficou às escuras. Nada, nenhum dispositivo cuja operação dependa de eletricidade funciona neste momento. Nem mesmo o aparelho de comunicação com o qual pretende falar à multidão está funcionando.

Li-al-Assan somente então percebeu o alcance do breu, a escuridão repentina, na qual mergulhara toda a cidade, uma das maiores do seu continente. E o povo se agitava todo, de modo que dificilmente seria contido pelas tropas de elite que zelavam pela ordem do continente. Dali a pouco ninguém mais conseguia conter o pânico que se estabeleceu, enquanto os técnicos lutavam a pleno vapor para descobrir o que acontecia com o sistema elétrico, que entrara em colapso. Mas não somente ali, em todo lugar acontecia o mesmo. Inclusive no outro continente, onde os miseráveis seres espectros estavam estabelecidos há milênios. Nada respondia ao comando; nenhum sistema de comunicação funcionou, a partir de então. Logo após algum tempo de agitação geral e crescente, percebendo que ninguém conseguia fazer funcionar nenhum dispositivo, como se algo de proporções gigantescas ocorresse no planeta, um dos dirigentes, olhando na escuridão repentina, avistou algo para o qual chamou a atenção:

— Vejam, nos céus! Um tipo de estrela está descendo, velozmente...

— Não é uma estrela! É algo mais aterrador — todos pareciam se contorcer simultaneamente, todos os dirigentes daquele mundo, como se houvessem sido acometidos de uma dor não física, mas de natureza mental. Algo que nunca, nunca, ninguém ali, naquele mundo, havia percebido ou pressentido antes. Era parte da nave etérica que, de repente, fizera-se visível, por uns momentos apenas, aumentando ainda mais o terror dos governantes e daqueles que tinham habilidades psíquicas suficientes para perceber a ocorrência daquele fenômeno inexplicável.

— Não pode ser algo diferente de uma estrela. Eu vi, meus próprios olhos viram.

— E o que pode ser então, supremo sacerdote? Se foi o senhor mesmo que nos ensinou que estamos sozinhos no universo e somos a raça mais perfeita e evoluída que jamais existiu?

Pensando em meio à sensação de dor e de dormência que invadia seus corpos feitos de matéria quase etérica, entre a matéria mais densa e o imponderável, o sacerdote respondeu:

— Deve ser mesmo uma estrela ou algum objeto do céu, que caiu e, assim, rompeu nossos recursos de eletricidade e comunicação. Talvez uma onda magnética que irradie dessa estrela tenha causado o estranho fenômeno.

Enquanto debatiam sobre suas teorias e sentiam algo descomunal aproximando-se vertiginosamente do seu mundo, o povo se dispersou da praça já em franca agonia, gritando e quase uivando de tanto desespero, deduzindo que o dispositivo de destruição em massa já tivesse sido acionado. Caso ainda não tivesse sido acionado, aquele episódio, que causou o pânico geral, poderia ser suficiente para modificar as preferências da multidão quanto ao assunto.

Antes que a eletricidade voltasse e que as luzes de toda a cidade estivessem novamente acesas, uma voz ecoou nas mentes mais capacitadas do governo, aquelas com habilidades psíquicas para perceber o que o povo em geral não conseguia registrar:

— Eu os saúdo, governantes. Venho em nome do meu reino. Quero que se me submetam imediatamente ou poderei providenciar que o façam de forma bem mais dolorida.

— Quem é você, que se intromete em nossos pensamentos? De onde vem? Dentre os invisíveis? Do governo oculto? Já não decidimos que não queremos vocês nos governando e se intrometendo em nossa política?

— Governo? O único aqui que governa sou eu, o primeiro e o último, o único que farei de seu mundo uma base de meu império.

Todos ficaram ensimesmados, aterrorizados, pois não acreditavam que havia outros povos no universo. Se porventura a população ficasse sabendo de algo assim assombroso, todo o sistema econômico, religioso e de governo entraria em colapso, de um momento para outro; uma crise sem precedentes se abateria sobre aquela civilização. Seria muito mais drástico do que enfrentar a política dos espectros; era algo impossível de imaginar. Sem saber o que perguntar nem ao menos o que pensar daquela ocorrência, os governantes, timidamente e com grande medo, conseguiram se levantar um a um, atordoados com a invasão mental tão potente. Nunca antes haviam tido contato com algo ou algum poder tão aterrador como este.

— Sou o alfa, e também sou o ômega de sua civilização. A mim é que devem render seu culto, e toda a sua história terminará e recomeçará em mim. Darei as instruções para que façam a minha vontade ou...

Quase sem fôlego, um dos representantes do governo do planeta conseguiu dizer:

— Que instruções, que nada! Jamais haverá um poder como o nosso e nunca aceitaremos alguém se intrometendo em nossa política. Aposto que são da casta dos miseráveis do outro continente, que descobriram uma maneira de interferir em nosso sistema de vida e de governo.

Tão logo terminou, outro representante da política sacerdotal pronunciou-se:

— A questão é que sabem que desenvolvemos um aparato de guerra capaz de destruir todo o seu povo e agora tentam nos intimidar.

Enquanto a voz do maioral ecoava em suas mentes, ao mesmo tempo sua consciência vasculhava o psiquismo dos homens, tateando-o com suas garras mentais, seus tentáculos feitos de matéria psíquica, sondando os segredo daquele povo, daquela gente.

— Para que saibam que meu poder é muito maior que o de seus deuses, eu já encontrei seu artefato, já sei sua localização. E, se quiserem saber, seus bárbaros e miseráveis, eu mesmo, sem tocá-lo, sou capaz de acionar seu dispositivo de segurança, lançando-o contra seu próprio povo. Apenas com as forças de minha mente.

De repente, um dos governantes pareceu perder o domínio sobre si mesmo. A mente mais brilhante e poderosa cedia o controle sobre o próprio corpo, configurado e estruturado num tipo de matéria orgânica que quase poderia ser confundida com um plasma, devido ao grau de sua materialidade ser diferente da matéria mais bruta conhecida. Essa realidade facilitava por demais a comunicação de ordem mental e extrassensorial com habitantes do Invisível, mesmo aqueles provenientes de outra raça. A pequena diferença no grau de materialidade de seus corpos era um trunfo para aqueles que aportavam ali.

Ao mesmo tempo em que se dirigia aos representantes do governo, o maioral deu ordens aos seis outros seres, que, amedrontados pelo que viram, não recusaram um minuto sequer obediência à voz do comando supremo do dragão maioral. Partiram rumo ao continente onde aqueles seres habitavam, a fim de auscultar as pessoas que ali viviam. Em questão de horas, quando a parte da nave já se espatifara sobre o solo do quinto planeta, os maiorais, os cinco, comandados diretamente pelo número 2 em poder, perscrutaram cada recanto daquele mundo, imiscuindo-se nas mentes dos mais importantes habitantes, dos políticos comandantes e daqueles com os quais conseguiam sintonizar. Precisavam saber onde estes se fixavam; queriam a todo custo conquistar este mundo, e em seguida estabelecer seu comando, seu reino ou império. Brevemente, o estenderiam a toda a Via Láctea.

A multidão apenas pressentia que algo muitíssimo complexo estava em andamento em seu planeta. Nem mesmo a população invisível tinha como prever os acontecimentos, pois a maioria já havia sido transferida para o segundo planeta do sistema. Estavam a postos apenas alguns comandos de policiamento astral, mas nada suficiente para fazer frente aos dragões, que desceram do céu com grande ira, como um raio, para atormentar grande parte daquela humanidade.

"Ai dos que habitam na terra e no mar; porque o diabo desceu a vós, e tem grande ira, sabendo que já tem pouco tempo."[2]

---

[2] Ap 12:12.

2
GUERRA NO CÉU

PEDIDO DE SOCORRO VINDO DO ESPAÇO

Um sinal de rádio pareceu varrer todos os quadrantes em torno do quinto planeta. Era um pedido de socorro, que veio atravessando a escuridão do espaço intermundos, sem rumo predeterminado.

Ao mesmo tempo em que os maiorais digladiavam para estabelecer a liderança entre si, um alarme disparou em todas as cabines de comando das naves que transportavam milhões de seres pelo espaço, atravessando as trilhas energéticas que cruzavam o cosmo como verdadeiros buracos interdimensionais. A nave que transportava os mais perigosos rebeldes e era conduzida por Enlil, um dos irmãos siderais, vivia um motim. Mas os filhos dos povos *annunakis* ainda não sabiam disso. Sabiam apenas que algo de inesperado acontecia naquela nave principal, onde estavam os mais de 600 seres em estado de hibernação consciencial. Seus corpos astrais ou semifísicos, ligeiramente diferentes dos corpos de matéria quase densa dos *annunakis*, que estavam corporificados, permaneciam em repouso por um processo de indução magnética. Haviam sido transferidos para urnas elaboradas num material semelhante ao cristal limpíssimo, o qual agia como condutor e, assim, mantinha o campo de contenção em torno das urnas. O número 1, um dos seres mais mortais de que tinham notícia e o mais perigoso entre todos, estava enjaulado em sua arca ou urna, com campos potentíssimos a envolvê-lo. Era prisioneiro e permanecia em estado de profunda inconsciência.

A nave desenvolvia milhares de vezes a velocidade da luz, pois se locomovia num espaço dimensional superior, que poderia ser denominado hiperespaço. Nesse *continuum*, as velocidades eram medidas em milhões de quilômetros, e não apenas em centenas ou milhares. O equipamento percorria um corredor de energias daqueles que riscavam o espaço em diversos quadrantes.

Enlil sentia a mente atordoada, como se tivesse recebido uma ordem prévia, à qual era incapaz de resistir. Mas não sabia por que nem como, nem mesmo que atitude tomar quando a ordem hipnótica viesse à tona, emergindo da zona profunda do psiquismo. Os seres da espécie *Homo capensis*, da qual se originara o tronco humano que habitava diversos mundos, especialmente o que constituíra os povos *annunakis*, possuíam um subcérebro bastante desenvolvido. Correspondia ao local onde nos humanoides do planeta Terra, bem mais tarde, se desenvolveria o cerebelo. Ali ficava uma segunda unidade cerebral, embora nem todos os *annunakis* a possuíssem desenvolvida, do modo como se dava em algumas castas. Enlil e seu meio-irmão Enki tinham esse segundo cérebro superdesenvolvido, fato que lhes conferia certas habilidades parapsíquicas diferenciadas, entre os demais de sua raça.

Ao passo que Enki comandava uma das naves que carregava milhares de seres deportados, embora em uma dimensão diferente da qual se moviam e viviam, Enlil dirigia o comboio principal juntamente com Lin el Baar, ambos assessorados por mais de 20 técnicos e cientistas, todos a caminho do terceiro mundo daquele sistema. Enlil sentia que algo não estava bem dentro de si. Alguma coisa havia se imiscuído em seu cérebro, o paracérebro, responsável pelas habilidades psíquicas mais avançadas. Percebia que algo o tateara mentalmente e então, de algum modo, abrigava um pensamento intruso. Lin el Baar, simpática à forma como os párias administravam sua política inumana e, também, sequiosa de poder, acabou por abrir brechas no campo mental, sintonizando de livre e espontânea vontade com os pensamentos dos maiorais que quase destruíram seu mundo.

Gradualmente, ao longo de mais de mil anos do tempo padrão de seu orbe, os banidos eram transferidos para o longínquo planeta-prisão, onde deveriam viver e trabalhar nos milênios afora, até sua redenção final ou quando a justiça sideral determinasse colocar fim de maneira absoluta aos seus desmandos. Mas Lin el Baar, a mulher da casta dos refains, não pensava assim.

Enlil, quase sucumbindo aos pensamentos que tomavam conta de sua mente, dirigiu-se ao centro de comando que monitorava e controlava a cabine onde se encontravam os seres em estado de sono profundo, onde também Lin el Baar estava naquele momento. Ela movimentava algumas teclas no comando eletrônico que mantinha os esquifes numa zona de libração favorável à manutenção da vida dos seres da escuridão. Talvez ela mesma nunca tivesse avaliado a amplitude da situação que estava prestes a criar. Saiu discretamente, deixando tudo quase pronto para que apenas um dos seres pudesse se libertar. Sem saber muito bem como, pretendia dialogar com ele. Queria, na verdade, fazer um arriscado jogo de poder. Queria ser notada; de alguma maneira, tirar partido da situação, tão logo o ser mais perigoso se visse livre. Talvez conseguisse ser indicada para um cargo de confiança do ser medonho, com o qual pretendia negociar a liberdade plena. Mas ela não desconfiava que Enlil também estivesse envolvido.

Durante muito tempo, Enlil esteve apreciando a política desumana que intentaram implantar em seu planeta natal. Estudando o pensamento e a filosofia política dos ditadores e cientistas mais experientes do seu povo, começou a admirar suas teorias e a forma abrangente como planejavam o domínio dos povos da periferia da ilha sideral. Isso foi o suficiente para que se abrisse em sua mente um canal para a intrusão do pensamento. Uma forma-pensamento fora implantada em sua memória e agora despertava, numa hora previamente programada, visando dominá-lo por completo. Era um processo de obsessão, sem a presença do agente provocador do fenômeno porventura ligado ao hospedeiro daquela forma mental. E a força do pensamento contido ali, naquele núcleo mental, numa única forma-pensamento assimilada por Enlil, foi o suficiente para desencadear o processo que levaria à perda gradativa do domínio sobre si mesmo. Seu meio-irmão nem desconfiava, pois estava num outro comboio, bem distante. Tudo transcorria no silêncio absoluto. Um silêncio enganador, pois que a mente de Enlil fervilhava de ideias e pensamentos que um a um se instalavam e se multiplicavam, de maneira que, de tempos em tempos, ele tinha crises de personalidade. Às vezes era ele próprio quem agia; noutras, era teleguiado pelos pensamentos sombrios que abrigava dentro de si e, então, operavam como uma entidade autônoma. Na verdade, constituíam agora uma comunidade de pensamentos, que habitava sua mente num condomínio espiritual dificilmente compreendido por quem nunca estudou nem viveu situações do gênero. Foi assim que Enlil, sem saber das atividades de Lin el Baar — uma fêmea dos *annunakis*, embora de uma casta não dominante —, tomou uma decisão sem que ela fosse registrada por seu cérebro convencional, que traçava as diretrizes da vida ordinária. Sua memória quase ficou em estado de suspensão, devido à sua inconsciência nos momentos em que apertou os botões acionadores do mecanismo de segurança máxima que mantinha lacrada a urna de um dos mais perigosos ditadores jamais capturados pelo seu povo.

Quando os maiorais foram despertos de seu sono, e o maioral entre eles logrou subjugar os demais, o sistema de alarme soou em nível máximo. Entretanto, justamente nesse momento, os pedidos de socorro chegaram do espaço e foram captados por todas as naves mais próximas do ponto de origem do sinal. Estava codificado em diversos idiomas, criptografado. E o pedido de ajuda sobrepunha-se, em frequência e intensidade, ao sinal de alarme disparado no interior da nave de transição, onde as pouco mais de 600 almas jaziam aprisionadas. Eram ninguém menos que os mais importantes e experientes seres, cujas mentes desenvolvidas participaram do levante e da revolta no mundo original dos *annunakis*. E antes deste, em outros mundos também, insidiosamente, por onde passaram e onde habitaram. Das aproximadamente 600 almas ali adormecidas, mais da metade eram de mundos diferentes, porém estavam juntas, unidas no mesmo propósito infame de dominar, subjugar e submeter as consciências a seu jugo e poder que desconhecia limites. Tão logo o pedido de socorro foi captado, Enki enviou um sinal para a nave *annunaki* que trazia, numa câmara especialmente construída para esse fim, os degredados mais perigosos:

— Enlil, meu irmão, tente a todo custo decifrar o código contido nessa mensagem. Não provém de nenhum povo que conheçamos. Parece algo truncado, mas, segundo nossos instrumentos, vêm de um lugar próximo de onde você se encontra com sua nave de transição.

— Não consigo captar nada mais do que simples interferências, nobre irmão. Enfrentamos uma pane nos instrumentos. Talvez, interferência do forte sinal de rádio que nossas antenas captaram. Um barulho ensurdecedor parece advir das sirenes de alarme.

— Creio que o sinal origina-se do planeta logo abaixo de vocês; o que descreve uma órbita diferente dos demais. Já que está perto, por que não faz uma parada em um dos seus satélites e procura sondar com cuidado? Mas não se descuide, irmão; você transporta os mais terríveis inimigos do nosso povo.

— Certamente, Enki! Verificarei, sim — respondia Enlil, sem consciência de que ele próprio e Lin el Baar haviam libertado os prisioneiros perigosos. Naquele momento, era como se sua mente não guardasse registro dos acontecimentos. Ele não se lembrava do que fizera e...

— Comando para Enlil, comando para Enlil. Uma forte radiação está sendo emitida de sua nave, nobre irmão. Verifique urgentemente do que se trata!

Enlil não desconfiava da explosão dos corpos espirituais dos seis prisioneiros, levado a cabo pelo maioral que se tornava o número 1. Tal explosão causou um entrechoque de partículas subatômicas e gerou uma torrente de energias que se propagava em várias dimensões.

— Ao que parece são os aparelhos de comunicação espacial. Parece que a gravidade do planeta está atrapalhando nosso rádio, e não conseguimos mais nos comunicar com nosso mundo, Nibiru. O magnetismo desse astro afeta de alguma maneira todo nosso sistema de comunicação.

— Enviarei um grupo de técnicos a bordo, com urgência, para auxiliá-los. Falta pouco tempo para atingirmos o terceiro mundo. Darei ordem para toda a frota estacionar onde estiver.

— Não precisa, irmão das estrelas. Daremos conta com nosso pessoal. Tenho à disposição 20 dos melhores técnicos e engenheiros de campo e eles podem muito bem dar um jeito de consertar avarias no rádio. Prossiga, irmão. Não devemos atrasar nosso pouso no terceiro mundo. Temos um plano de voo e transporte a cumprir. Outras naves etéricas aproximam-se do flanco direito e dirigem-se também para o terceiro mundo. Nos encontraremos lá.

— Tem certeza, nobre Enlil? Tem certeza de que repararão os equipamentos? Nesse ínterim, conseguimos identificar os sinais de rádio de que falei antes. Trata-se de um pedido de socorro da zona etérica do planeta. Parece que atravessam momentos graves. Querem nossa ajuda.

— Obrigado, caro Enki. Você honra a procedência *annunaki* e nossa sagrada casta. Mas ficaremos bem. Assim que conseguirmos consertar as avarias irei pessoalmente com minha equipe ao quinto planeta. Por enquanto, ficaremos por aqui, no satélite natural, uma das luas que orbitam este mundo. Fique tranquilo, irmão Enki. Prossiga que em breve nos encontraremos em Tiamat.

Imediatamente Enlil deu ordens para pousarem numa das luas do planeta do qual advinha o pedido de socorro. Colocou-se à disposição, com seu cérebro secundário, para captar os pedidos provenientes da região etérica, e o que soube deixou-o muito preocupado. Milhares de seres eram evacuados das zonas intermediárias, próximas da crosta planetária. Os dirigentes espirituais daquele mundo precisavam de auxílio imediato. Deveriam providenciar o transporte de milhões de seres, que deixariam aquele mundo em caráter de urgência, pois previam tempos de grande crise e uma grande catástrofe, que se esboçava no futuro iminente.

Os acontecimentos naquele mundo acabaram por prender a atenção de todos os tripulantes da nave etérica que transportava os passageiros perigosos. Todos se envolveram de tal maneira que, tão logo os aparelhos de comunicação foram reconfigurados, passaram a pedir ajuda aos mundos mais próximos, pois os *annunakis*, eles próprios, estavam envolvidos num processo de transmigração planetária. Responderam os habitantes de determinado setor de uma estrela verde que, mais tarde, dali a milhares de anos, seria conhecida como Vega. Ficava numa zona mais ou menos próxima. Prontificaram-se a assumir o transporte dos milhões de consciências que deixariam o planeta daquele sistema em direção ao segundo planeta, contado a partir do Sol. Enquanto isso, na superfície...

O MAIORAL DEIXOU O RECINTO onde os dirigentes daquele povo se reuniam e onde podia ter contato direto com os famigerados sacerdotes dos cultos que dominavam o continente. Dirigiu-se ao outro lado do planeta. Ali permaneceram seus aliados, os demais seres do concílio tenebroso.

Entrementes, chegaram ao conhecimento dos espectros rumores sobre o que acontecia no continente de seus opositores. Algo de medonho, gigantesco parecia ter ocorrido, colocando os dirigentes contra a parede. Os espectros também haviam desenvolvido um artefato, que apelidaram de arma do fim do mundo. Haviam enviado seus espiões e conseguido arregimentar agentes duplos entre os do continente irmão. Assim, conseguiram obter os planos de construção da bomba nuclear. Porém, lograram ainda mais. Partiram dos avanços dos cálculos que roubaram e aprimoraram ainda mais o poder de destruição do artefato mortífero. Tudo estava preparado para entrarem em ação, com o agravante de que puseram o artefato num poço profundo, cavado a partir da superfície do planeta. Arriscavam-se ao suicídio coletivo, mas matariam ou dizimariam o inimigo, mesmo sob pena de exterminar toda a vida naquele mundo. Contudo, como alguns dos chefes supremos temiam o efeito devastador, adiaram por algum tempo o acionamento da bomba que definiria o fim daquela raça.

O maioral dedicou-se a auscultar os pensamentos dos espectros. Eram uma raça formidável, não originária daquele planeta. Guerreiros natos, seres que sobreviviam de energias roubadas, da vitalidade de outras criaturas, que o maioral reconhecia como descendentes de uma raça com a qual já se deparara. Eram implacáveis lutadores. Examinou os impulsos das mentes mais astutas daquele povo. A inteligência do maioral recebia os impulsos dos seres que procurava sondar aumentados mais de cinco vezes, devido ao artefato que tinha sobre a cabeça — uma espécie de amplificador de ondas cerebrais e impulsos hiperdimensionais. O ser hediondo pôde enxergar através dos olhos de vários chefes do povo espectro, e viu sua crueldade e astúcia. Logo procurou o mais renomado dirigente daquele reino e nele concentrou toda sua atenção, sondando-o. Não foi percebido, pois faltava àquele povo a percepção extrassensorial ou as habilidades paranormais; não eram como os *annunakis*, ou, em muito maior grau, na casta dos divinos eloins, à qual pertencia o maioral. Sentado sobre sua arca, que naquele momento parecia um artefato de brinquedo, sobrevoava o ambiente onde se reuniam cinco dos chefes e comandantes dos espectros, que falavam um idioma incompreensível. Não fosse sua habilidade telepática, jamais saberia o conteúdo da conversa, embora não se interessasse por ela. Ansiava muito mais do que aos interesses mesquinhos de disputa daquele mundo. O olhar brilhante demonstrava que tremendos processos mentais estavam em andamento naquela mente poderosa. A alma do maioral deixava-se perceber através de seus olhos, que modificavam de cor como uma serpente muda de pele. Deixavam à mostra que seu espírito era semelhante a um mar abismal de superlativos de horror, de megalomania e de negritude quase palpável. As características daquele ente eram impossíveis de serem expressas, em toda sua abrangência, por qualquer ser e em qualquer idioma conhecido.

Parte da consciência do maioral se estendeu para além dos limites do corpo espiritual, apalpou as mentes sob si e depois se alongou, como se detentora de tentáculos, sondando outros e mais outros chefes da espécie dos espectros, e também dos demais, os habilidosos religiosos que dominavam ampla população, escravizada sob o domínio do medo imposto pela religião oficial daquele mundo. A porção da mente do maioral e do seu cérebro extrafísico que armazenava as informações colhidas durante o tato mental e fazia dele um excelente telepata — entre outras habilidades — estava cada vez mais sensível aos dados coletados daqueles seres, que bem poderiam ser-lhe úteis em seus planos de dominar povos e humanidades. O demônio experimentou um sentimento extremo de menosprezo por todas as vidas daquele mundo. Especialmente pelos sacerdotes, que rejeitaram a oferta de dividir o poder, embora fossem submetidos ao comando dos seis outros dragões e esperassem para ver, em breve, o resultado de enfrentar a força monstruosa do maioral. Eles não eram semideuses; portanto, de nada adiantaria se interpor entre o maioral, seu concílio tenebroso e o domínio total do continente. Por mais que se sentisse fascinado pela cultura dos espectros, também os desprezava, pois sabia que entre eles não existia também nenhum semideus que pudesse enfrentá-lo, tampouco aos seis outros maiorais. Eram invencíveis. Ficou tão entretido e entusiasmado com as próprias elucubrações que não via a hora de lutar pessoalmente para subjugar os inimigos e reinar absoluto no planeta do qual se apropriava.

On Pahrah, o comandante supremo dos espectros, o mais respeitado entre os *chefes de destruição*, como eram chamados entre si, olhava fixamente o grande artefato construído por seus cientistas. Diante de si, os restos mortais de um dos sacerdotes antagonistas. Eles o raptaram, destruíram sua vontade e sugaram-lhe o restante das reservas de energia vital. O que restava era apenas um cadáver, que mais parecia resquício de algo que nunca possuíra vida. O chefe de destruição tinha a impressão que era vigiado de perto, porém não dispunha de nenhum sentido extrafísico desenvolvido, que lhe permitisse sondar ao redor. Era apenas uma vaga impressão, algo instintivo. De repente, uma sensação; algo se movimentava ao longo de sua espinha dorsal e, como se tivesse tentáculos, alastrava-se dentro de si. Deu um pulo para trás e ficou de prontidão. On Pahrah sentiu um gelo percorrer-lhe o corpo, mas se recusava a ceder ao medo, afinal um guerreiro espectro jamais sentia medo ou temor de coisa alguma no universo. A sensação logo passou, e, à medida que deixava de lado o que não compreendia, seus pensamentos se voltavam em direção ao povo do continente vizinho. Teria de submetê-los a qualquer custo, senão destruiria tudo. Não poderia se sujeitar a ficar numa posição coadjuvante. Chamou seus ministros e os demais chefes das milícias, pois queria notícias do outro continente urgentemente. Ignorava que uma alma destruidora, que o sondava naquele momento, acabaria para sempre com seus planos.

Enquanto isso, o maioral deu ordem mental para que os seis desarticulassem todo e qualquer aparato tecnológico, colocassem fim aos processos de comunicação no planeta e interferissem nos sistema de defesa de ambos os continentes. Queria-os desarmados, totalmente à mercê de seu poderio devorador. Assim os seis maiorais cumpriram a ordem, percorrendo aquele mundo de uma ponta a outra. Quando o sistema de comunicação falhara de vez, por interferência magnética de altíssima potência por parte dos seis dominadores, o planeta entrou em colapso. Ninguém conseguia mais notícias de lugar algum. Todo o sistema de defesa, a economia e a manutenção da vida social vieram abaixo num único momento, num abrir e fechar de olhos, e em ambos os continentes. Os demônios haviam feito seu trabalho com esmero e disciplina. Caso alguém ou alguma cultura queira subjugar um mundo industrializado e totalmente dependente da tecnologia, basta agir como agiram esses ditadores. Destruir os meios de comunicação isola as partes em conflito; desarticular o abastecimento elétrico faz com que tudo pare de funcionar, e não muito mais do que isso é o suficiente para estabelecer o caos. Deixa o povo suscetível, e os governos e governantes, abertos a negociar sua própria liberdade em troca de auxílio, vindo de onde venha. Um incidente, no entanto, preocupou o ditador maioral. Uma nave pousara no planeta. Outra nave e mais outra circulavam pela órbita. Uma vez que os habitantes daquele mundo não detinham conhecimento para construir naves, sobretudo etéricas, só se podia chegar a uma conclusão. Eram os *annunakis* ou, quem sabe, alguém muito mais ameaçador a seus planos. Mentalmente enviou uma ordem aos seis outros maiorais do abismo para ficarem de prontidão.

— Fiquem todos atentos. Este mundo não durará muito mais do que um ciclo planetário. Quero que cada um de vocês capture os mais expressivos sacerdotes; o mais importante de todos, quero-o para mim. Eu o transformarei em marionete. Tenho planos para ele.

O maioral teria de colocar seu plano em ação imediatamente. Excelente na arte de rastrear mentes, o número 1 sondou ainda mais a mente do chefe dos espectros e descobriu onde estava guardado o artefato e todos os acessórios dos quais dependia seu funcionamento. Em seguida, deu ordem para o número 2 prosseguir com seus planos. Dedicou-se especialmente aos chefes dos espectros. A população saiu às ruas, apavorada com a situação, o colapso de energia e do sistema de comunicação. Nenhum poder foi capaz de evitar o estrago que causavam correndo, depredando e destruindo tudo a sua volta. O mundo estava em pane. De repente, uma voz soou na mente dos chefes daquele continente, fenômeno que jamais experimentaram:

— Convoco vocês, chefes e maiorais dos espectros, a me servirem e se unirem a mim; do contrário, seu mundo e sua civilização sucumbirão diante do desespero da multidão e do colapso de toda a estrutura de comando de seu povo. Seu conhecimento e ciência jamais poderão auxiliá-los.

Pela primeira vez em suas vidas, o pavor tomou conta dos dirigentes supremos dos espectros. A voz ressoava em suas mentes com tal potência que era impossível algum deles duvidar de que se tratava de um ser fantasmagórico. Nunca haviam tido notícia desse tipo de fenômeno. On Pahrah ficou em pé, completamente imóvel, enquanto os demais chefes e comandantes o miravam ou movimentavam-se a esmo, sem saber o que fazer. Esperavam ordens de seu comando. De súbito, ao perceber que estava diante de uma força muito mais potente do que a de todos seus servidores reunidos, resolveu tomar uma decisão drástica. Afinal, já haviam decidido até pelo extermínio de sua própria civilização, se preciso fosse, e de suas próprias vidas, desde que levassem consigo os miseráveis do outro continente. Uma alternativa à morte, qualquer que fosse, não poderia ser pior. Ao menos, foi o que pensou.

— Aqui fala On Pahrah, senhor do continente e comandante das hostes dos espectros. Seja lá quem for você, ninguém, nenhum ser, de qualquer recanto do mundo, jamais nos dominará. Estamos prontos para a guerra, se for necessário. Não nos subjugará — falou orgulhoso, olhando seus companheiros pelo canto dos olhos, com visível medo do que ocorreria a partir daquele instante. Apostava tudo o que tinha num único lance.

— Então ousa me afrontar? A mim, que domino reinos e planetas, que sou devorador de mundos e de almas, de vidas e civilizações? — ressoava a voz, cada vez mais potente, na mente dos chefes espectros.

Os comandantes tremiam, sem saber o que dizer

ou fazer. De todos os lados chegavam porta-vozes com notícias dos eventos que varriam o mundo. Tudo desmoronava: sua civilização, seu poder, seu sistema de armas e comunicação. E o mesmo sucedia ao inimigo. Então, concluiu o comandante, estavam diante de um inimigo novo, diferente e muito superior aos adversários do continente rival. Ao pensar assim, deu a ordem de destruição:

— Ativem a bomba imediatamente. Ativem o artefato de destruição do fim do mundo. Agora! E sua voz soluçava. Não sabia que suas últimas palavras não foram ouvidas pelos seus comandantes e companheiros. Caíra ao chão de repente, convulsionando diante dos comandantes aterrorizados. Ninguém, nenhum espectro antes dele tinha deposto a vida dessa maneira. Que arma teria sido usada? Que inimigo mortal poderia estar chantageando e medindo poder com o poderoso povo espectro? Espumava e se contorcia como ninguém antes dele.

— E agora, guerreiros espectros?! Ainda ousam afrontar o seu deus? Ousam não me obedecer? Eu sou a estrela da manhã, sou o príncipe da alvorada; jamais poderão ficar contra mim sem que acabem como acabou seu antigo comandante supremo.

— Quem é você, criatura dos abismos? Fale, em

nome da madre que nos gerou!...

— Quem sou? Chamem-me como quiserem; os nomes nunca me definem com precisão. O que interessa é que quero vocês e seus exércitos me servindo por toda a eternidade. Darei a vocês um poder com o qual jamais sonharam. Serão minha elite guerreira e, juntos, conquistaremos mundos.

— Jamais servirei a ninguém, criatura infernal! — gritou outro ser, brandindo algo que parecia uma espada. Mas não poderia atingir o espírito demoníaco, pois ele vibrava numa dimensão ligeiramente diferente daquela em que eles se encontravam. Apenas poderiam ouvi-lo e nada mais que isso, muito embora esse monstro pudesse afetá-los — afetá-los de maneira a ceifar-lhes a vida, como ficou demonstrado com a morte de seu chefe.

— Ninguém abusa do meu poder, miserável espectro. Além do mais, não os quero em seus corpos atuais. Quero-os do meu lado, na dimensão onde me encontro. Aqui, neste outro universo, serão meus mais leais súditos — e subitamente uma espécie de chicote de energia varreu o ar, ceifando as vidas dos dirigentes principais das milícias daquele povo guerreiro e sanguinário. Os chefes e comandantes assistiram ao tombar dos próprios corpos; ato contínuo, viram-se frente a frente com um fenômeno, uma aparição.

Uma luz bruxuleante, fosca, vermelha parecia flutuar no ambiente onde os seres que perderam a vida física se encontravam. Ali viram seu comandante supremo, que, como uma criança, choramingava, arrastando-se pelo chão, sem entender o que acontecera consigo. Os demais, na medida em que a morte os transportara para esse ambiente criado pela mente do dominador, o número 1, viram-se em situação não muito diferente. Tremiam muito e por fim ruíram perante o fenômeno luminoso, que aparentemente era quem lhes emitia os pensamentos, a suas almas marcadas pelas lutas e guerras de milênios sem fim. Ali, depararam com o maior fenômeno extrafísico de toda a sua vida miserável.

— Eu sou o que lhes chama para viverem para mim e por mim. Preciso de vocês para dominar todos os espectros. Em troca, ofereço vida, domínio e poder como jamais experimentaram em suas existências deploráveis.

— Quem é você que despreza nosso povo e nosso comando, que nos humilha e subjuga diante de nossos semelhantes?

— Eu sou o alfa e o ômega, o ser a quem devem temer muito mais do que a morte, que acaba de ceifar suas miseráveis vidas. Mas eu as restituo a vocês.

— Você é um louco dos infernos! Suas palavras não nos dizem nada.

— Sei que minhas palavras não têm sentido para vocês; contudo, posso mostrar-lhes o que reservo a quem me segue e me serve — e o fogo, a chama flutuante, pareceu rasgar o espaço em seu entorno e abrir uma tela fluídica, na qual mostrou o espaço infinito. Olhando mais, os chefes dos espectros viram um mundo, o seu mundo de origem; não sabiam que o maioral havia esquadrinhado suas mentes e buscado o registro de suas memórias. Ali, organizou as imagens e as transferiu para a tela fluídica que estava à frente dos comandantes.

— Eu os levarei ao seu mundo um dia; prometo que lá dominarão para sempre. Quero apenas que me ajudem a conquistar outros planetas e, quando retornarem à sua pátria, serão recebidos com honras e glórias, pois levarão o prêmio de muitos mundos e civilizações que ajudaram a conquistar. Serão meus herdeiros e terão o poder nas mãos — sagaz e habilmente, o maioral tocou no ponto fraco de um povo guerreiro. Eles desejavam a todo custo retornar um dia a seu mundo natal e ser reconhecidos por todos, receber as honras de seus governos e poder se assentar novamente no comando de todas as castas.

A hipnose funcionara, pois agora os comandantes

mais bárbaros estavam mortos, em corpos de matéria astral. Assim, poderiam absorver mais e mais as sugestões mentais que lhes eram dadas. De modo que aceitaram o pacto com o demônio, com o maioral dos infernos, das regiões ínferas da consciência cheia de culpa e crimes.

Enquanto isso, os tripulantes da nave dos *annunakis* chegavam, juntamente com os de outro sistema, que vinham para auxiliar na remoção do povo da superfície do planeta. Os *annunakis* se concentraram nas radiações mentais armazenadas em seus bancos de dados, a respeito dos maiorais e de seus 600 irmãos de desterro.

Entrementes, as tropas de Miguel se reuniam no espaço próximo ao quinto planeta. Eram milhares de seres luminosos, que vieram pessoalmente retomar o controle sobre os seres do abismo, arrojando-os no terceiro mundo por um período demasiado longo de suas existências. O maioral pressentiu os acontecimentos. Mas não queria nada mais desse mundo miserável. Queria mesmo que fosse destruído, e para isso deu a ordem final ao segundo em comando. Queria os espectros do seu lado, na outra dimensão temporal, onde se encontrava. Ali, com a multidão de seres ferozes, as bestas-feras do espaço, formaria sua legião de soldados. Enfrentaria o próprio Miguel em pessoa e sairia vencedor. Afinal, os espectros representavam pelo menos um terço da população daquele planeta; era um exército nada desprezível de almas rebeldes.

Ao mesmo tempo, as legiões do espaço aproximavam-se velozmente do quinto planeta, mas já não poderiam fazer nada para evitar a morte de um mundo. Deram ordens aqui e acolá e conseguiram, num único lance, com a ajuda dos exércitos de Miguel, retirar toda a população espiritual das regiões próximas à crosta. Os demais seres, ainda em corpos materiais, seriam levados do planeta logo após os eventos que marcariam o fim daquele mundo e daquela humanidade. Apenas os corpos físicos pereceriam; a população de espíritos seria transferida para o segundo planeta do sistema, mais compatível com sua forma de vida, para mais tarde ser decidido seu futuro, em caráter duradouro. Esses eventos demoraram pelo menos um quarto do ciclo planetário, tempo que o quinto mundo do sistema demorava para dar uma volta em torno do Sol. Auxiliados pelos espíritos de outros orbes, que vinham com imensos comboios, foram recolhidos os seres a serem transportados ao segundo mundo do sistema, onde poderiam se refazer dos últimos acontecimentos. Tudo isso demandou dilatado tempo, enquanto o maioral preparava o derradeiro golpe naquela humanidade e naquele mundo. Mas não antes de aprisionar os representantes do governo do outro continente e submetê-los ao seu poder mental desmedido. Logo depois, os acontecimentos se precipitaram.

O número 2 conseguiu usar suas habilidades psíquicas para fazer com que os cientistas dos espectros levassem o artefato até o túnel que haviam perfurado, aprofundando-se chão adentro, rumo ao núcleo do planeta. Não chegaria até a camada central, mas ficaria numa região suficientemente próxima a ele.

— Vamos, ser abjeto! — falava o número 2, o senhor da guerra, ao espectro.

— Não posso; não recebemos a ordem do nosso comando supremo, ainda.

— Você escolhe, sua cria dos infernos. Ou me obedece livremente ou assumo sua mente. Só que, se eu o fizer, depois se transformará numa criatura imprestável, sem alma nem consciência. Deixarei em ruínas seu espírito.

O espectro submeteu-se imediatamente à ordem. O artefato da destruição foi levado para o local previamente escolhido pelo comando daqueles seres guerreiros. Desceram por montanhas íngremes e, depois, numa cratera de um antigo vulcão, localizaram o lugar onde o instrumento de destruição em massa seria depositado. A população do planeta, em pânico diante do desmoronamento da estrutura geral do seu mundo, da falha permanente do sistema de comunicação, estava enlouquecida, e ninguém mais segurava a multidão. Em todas as cidades havia manifestações pelas ruas, depredação, destruição e morte. Um cataclismo humano imprevisível se abatera sobre o povo e seus governantes, ou o que restara deles, arrebatados pelo medo imposto por eles próprios através da religião castradora. Os que restaram da grande irmandade que dirigia aquele povo interpretavam os acontecimentos como punição divina.

O artefato do fim do mundo fora colocado no local previamente acordado. Isso seria o bastante para causar o efeito mais devastador que a história desse sistema poderia presenciar. O segundo em comando, alcançando seu intento, bateu em retirada, deixando sua marionete sozinha ali, sem saber o que fazer. Ele morreria de qualquer maneira — pensou o número 2. Deixaria para o número 1 a tarefa de detonar o artefato, com suas habilidades mentais. Mesmo de longe, ele teria êxito. Mas não foi assim que preferiu o endemoniado ditador. Ele optou por usar seu poder de subjugação para agir através dos cientistas, implantando um comando mental em suas mentes, uma forma-pensamento que comandaria todo o processo de destruição. Agora, eles teriam de enfrentar os exércitos de Miguel e, assim que os espectros perdessem a vida na grande explosão, serviriam a ele, que conseguira dobrar os comandos dos espectros. Juntos, enfrentariam Miguel. Eram mais de um milhão de soldados, dos mais cruéis que aquele mundo conhecera. Ele venceria os exércitos celestes com seu exército de seres vampiros — assim acreditavam o maioral e os demais dirigentes das sombras. Mas Miguel não pensava assim.

Chegavam de todo recanto da nebulosa, da Via Láctea, reforços para auxiliar a humanidade daquele mundo; ao mesmo tempo, as fileiras dos espíritos superiores expandiam-se cada vez mais. Vinham de Sirius e de Órion, principalmente, aumentando o potencial dos servidores da justiça sideral. Mas o maioral ainda não sabia disso. Enquanto o trabalho de evacuação do quinto mundo estava em andamento, a ordem foi dada. O maioral simplesmente acionou, à distância, o implante da forma-pensamento, uma célula na mente de um dos cientistas. E este deu início ao evento mais drástico e inumano da história daquele mundo. Entre as fileiras dos servidores da justiça, todos ficaram inquietos. A comoção era geral. Os *annunakis*, que vieram com suas naves para o planeta, foram convocados a retornar a suas posições nas naves e dirigir-se a determinada região do espaço, aguardando ordens. Não poderiam fazer mais nada, agora.

Enlil entrou em pânico, juntamente com seus conselheiros e amigos. Um vago sentimento emergia de seu inconsciente, enquanto a culpa parecia querer dominá-lo a tal ponto que pediu para ser sedado e adormecido. Queria acordar somente quando estivessem no mundo-prisão.

— Mas senhor? Não podemos fazer isso. Sua presença é fundamental para conseguirmos chegar ao terceiro planeta. Poucos aqui possuem habilidades mentais e extrassensoriais como o sagrado Enlil.

— Não aguento mais minha mente. Pensamentos horríveis se passam dentro de mim, e temo por minha saúde mental. Estou atônito com o fim deste mundo. Não posso conceber uma barbaridade dessas. Nem sei ao menos o que pensar. Serão os degredados, os senhores do caos que fizeram isto ou este mundo de qualquer maneira já estava por passar por esta situação? Terão eles apenas adiantado o processo de destruição em massa ou terão sido os motivadores e causadores desse assassinato em massa? Não suporto a ideia de conviver com algo tão medonho.

Enlil entrou num processo de depressão imenso;

uma tristeza profunda invadiu sua alma. Somente com a ajuda de seus irmãos e parceiros pôde vencer a loucura que ameaçava dominá-lo. Após receber apoio energético e ser internado na enfermaria da nave de transição é que se acalmou, embora seu semblante nunca mais tivesse sido o mesmo. Convivia com indefinível sentimento de culpa. A nave de transição retirou-se para a órbita do planeta gigante gasoso. Ali, receberia ajuda de três outros comboios, pois sua nave estava avariada e, sozinha, não conseguiria chegar ao terceiro mundo.

Enki estava preocupado com as ocorrências. Parecia que algo muito terrível sucedia. Recebera notícias de que as legiões sublimes de dimensões mais altas se reuniram em torno do Sistema Solar.

Seria necessário proteger os outros sistemas a qualquer custo. A rebelião teria de chegar a termo ali mesmo, antes que a destruição daquele planeta causasse uma repercussão vibratória que afetasse a vida dos sistemas vizinhos. O equilíbrio de muitos mundos estava em jogo. Caso as ondas de destruição do planeta se propagassem no espaço à sua volta, além do cinturão de asteroides que separava o sistema depois do último planeta — o qual, milhares de anos mais tarde, seria conhecido como cinturão de Kuiper —, a constante gravitacional dos demais mundos poderia ser afetada. Isso causaria enchentes, destruição, mudança nos eixos planetários, e não se poderiam prever quais outros cataclismos ocorreriam nesses mundos. O alarme do Sistema Solar chamou a atenção de diversos povos da Via Láctea, que enviaram seus representantes para ajudar a conduzir a população daquele mundo a um lugar seguro, em outro orbe. Também vieram os mais hábeis cientistas de seus mundos, a fim de estudar os eventos e as possibilidades de intervenção. Evitariam, ao máximo, que a destruição do quinto planeta pudesse desencadear energias que comprometessem os sistemas de vida nas proximidades.

— Que fazer, Miguel? — perguntou um dos representantes da estrela Vega. — Nunca enfrentamos algo dessa proporção neste quadrante do espaço.

Miguel fitou um a um os representantes daqueles mundos, reunidos com ele e seus oficiais guardiões. Após buscar inspiração dos dirigentes da Via Láctea, falou, profundamente tocado:

— O problema aqui, meus irmãos das estrelas, não é somente evitar a catástrofe energética que afetaria os demais mundos, tanto os que iniciam seu processo evolutivo quanto os demais, que já estão em desenvolvimento. Precisamos garantir, de uma vez por todas, que as hostes dos dragões não saiam do terceiro mundo. Não, pelo menos, enquanto os dirigentes planetários não definirem, no tempo certo, para onde irão. Esta será a última tentativa visando à regeneração desses espíritos. Eles já esgotaram todas as oportunidades de regeneração. Caso permaneçam soltos, ou mesmo lhe sejam dadas oportunidades indefinidamente, como esta que têm, poderão chegar ao extremo de perder a própria individualidade, sendo reabsorvidos no grande oceano das consciências a que denominamos de princípio de vida. Isso significaria o aniquilamento de suas consciências, pois que seus corpos etéreos não mais suportam o peso de suas culpas e o horror de seus crimes.

— E como faremos isso? Você, nobre imortal, terá condições de fazer algo assim? De aprisioná-los por um tempo tão longo a ponto de não mais saírem daquele mundo, a não ser por decreto dos dirigentes da nebulosa?

— Todo o poder para tanto me foi concedido. Contudo, acabo de receber dos dirigentes siderais, que se reúnem na estrela central da Via Láctea, que um dos dirigentes virá ele próprio e, no tempo devido, se corporificará no terceiro planeta. Levará pessoalmente as diretrizes sublimes e as bases do Reino. Quando soar o tempo no relógio do Eterno, um dos cinco integrantes do grupo seleto de dirigentes da evolução na Via Láctea se dirigirá para o mundo-prisão e, lá, ele próprio enfrentará o dragão e seus asseclas.

— Isso não é por demais perigoso, nobre querubim? Uma vez corporificado entre os humanoides do planeta, estará sujeito às leis físicas e psíquicas da dimensão aonde se dirigirá. Pode ser um risco incalculável, essa empreitada.

— Não tenho acesso, ainda, aos mecanismos e detalhes do grande plano. Entretanto sei, nobres irmãos das estrelas, que muitos de vocês serão convocados para também darem sua contribuição ao processo educativo desses milhões de almas que para lá rumarão. Agora mesmo, Enki, um dos nossos mais expressivos agentes, chega ao terceiro mundo com uma leva das almas aprisionadas. Ao longo do tempo, muitos outros mundos enviarão seus deportados para o mesmo planeta. Isso fará com que muitos irmãos das estrelas, que guardam sintonia com os deportados de seu mundo, possam para lá se dirigir, também.

— Pode contar com os parceiros de Órion, nobre Miguel, príncipe dos exércitos celestes. Estaremos a postos e velaremos por aqueles que forem indicados pelos senhores dos mundos, a fim de que sejamos sua referência.

— Nós também, caríssimos irmãos das estrelas — manifestou-se mais um emissário, de outra região do espaço. — De Sirius, enviaremos nossos representantes para o mundo-prisão. Estamos dispostos a mergulhar na carne, na dimensão mais sombria, se preciso for, para auxiliar os espíritos infantis a descobrirem sua origem nas estrelas.

Mais espíritos, entre eles seres ainda de posse de seus corpos físicos, ali desdobrados, e outros ainda corporificados, mas com seus sentidos extrafísicos expandidos, acompanharam a reunião numa das luas do quinto planeta. Estavam muito interessados no andamento da situação espiritual e política no Sistema Solar. Um dos representantes da imensidade se adiantou aos demais e levantou uma questão muito importante:

— Preocupo-me com uma situação em especial, nobres amigos. O sinal de alerta foi emitido. Um sistema de comunicação foi acionado desde o quinto planeta, e não há como não interceptar os sinais de rádio numa velocidade ultraluz. Contudo, não somente nossos mundos poderão ter captado os sinais. Outros povos, que ainda não despertaram para nosso sistema de vida e o comprometimento com a segurança do cosmo poderão, também, haver captado os sinais de alerta. Outras culturas, detentoras de conhecimento e com aparato tecnológico avançado — porém, sem escrúpulos ou algum comprometimento ético —, poderão ter sua atenção despertada para este quadrante do espaço. Este sistema solar poderá ser visitado em breve por tais culturas. Não sabemos o que poderá suceder.

Um dos integrantes da comitiva de Nibiru ali presente, tendo suas capacidades psíquicas expandidas, participou da conversa:

— A preocupação é pertinente, mas não creio que possamos fazer nada contra essa possibilidade. Pelo menos, podemos contrabalançar a situação. Tiamat é um mundo primitivo, mas com um bioma incrivelmente rico, uma profusão de formas de vida inimagináveis em outros mundos, muito embora permaneça como mundo primitivo. Minha ideia é que cada um de nós, cada mundo aqui representado, possa enviar a Tiamat seus representantes, de tempos em tempos. Podemos fazer equilibrar a balança, no sentido de participarmos ativamente da formação cultural do planeta, das civilizações que ali nascerem. Estaremos presentes em cada etapa da história desse mundo novo. Nós mesmos seremos beneficiados, pois conseguiremos registrar passo a passo a aurora de uma nova civilização e de uma nova raça.

Miguel viu com bons olhos a proposta do *annunaki* e consentiu mentalmente. Não se demorou muito ali, pois tinha de solucionar urgentemente a questão com os *daimons*. Os demais ficaram encarregados de conceber um plano de emergência para auxiliar os degredados e evitar danos maiores à estrutura energética e gravitacional, que poderia se refletir nas órbitas dos mundos mais próximos.

— Tenho uma proposta e gostaria que todos pudessem considerá-la — disse um representante de um dos mundos da nuvem de Magalhães, que eram seres com formato totalmente diferente dos humanoides de outras raças. — Que tal nos juntarmos e construirmos uma estação de observação no satélite natural de Tiamat, para onde serão levados os deportados? Podemos, em conjunto, erguer um tipo de observatório adaptado internamente aos vários tipos de raças aqui representados. De lá, teremos uma visão mais abrangente dos povos no planeta e, desse local, podemos enviar nossas naves e comboios com a maior rapidez possível, caso haja necessidade.

A ideia pareceu agradar a todos os representantes daqueles orbes. A lua do terceiro planeta seria, então, preparada para receber os guardiões do novo mundo.

— Acrescento uma ideia, se me permite o nobre

companheiro do espaço. Quem sabe possamos definir um tempo para nossa base ali funcionar, e, depois, assim que os guardiões planetários decidirem, podemos ceder a eles o controle dela, de modo que constituam ali seu quartel-general, de onde poderão mirar todo o planeta; inclusive, com o equipamento e a tecnologia adequados, observar as dimensões mais próximas da crosta.

— Isso é algo perfeitamente possível — aventurou-se um representante de Órion. — Contudo, não soluciona o problema presente, isto é, a possibilidade de as ondas de choque vibratórias emitidas quando da morte do quinto planeta se irradiarem até outras comunidades do espaço. Não creio que nós, mesmo em conjunto, detenhamos tecnologia tão desenvolvida a ponto de podermos, agora, desviar esse pulso eletromagnético, que provavelmente afetará a estrutura energética do espaço onde se localizam as comunidades circunvizinhas.

Um grupo de engenheiros siderais ficou responsável por desenvolver a estrutura que deveria ser erguida no satélite natural da Terra. Enquanto isso, os representantes das estrelas discutiam como fazer para evitar o efeito dominó, a repercussão vibratória da destruição do planeta.

— Acredito que temos ainda pouca informação sobre o processo de destruição deste mundo. Temos de averiguar todas as possibilidades e implicações.

Um dos seres que fazia parte dos exércitos de Miguel, um dos guardiões da eternidade, que até então estivera em silêncio, adiantou-se e falou:

— Teremos ainda algum tempo antes que ocorra a total destruição do planeta em si. Temos notícias de que o artefato acionado não é uma bomba, no sentido habitual do termo. Os espectros alteraram os planos originais dos engenheiros do outro continente. Desenvolveram algo muito diferente. Caso a primeira bomba tivesse sido detonada pelos sacerdotes ou pela sua ordem, realmente o planeta físico seria totalmente despedaçado, imediatamente. O poder de destruição seria total e imediato. Contudo, com o novo projeto dos espectros, a bomba tem um efeito radioativo. Destrói toda a vida orgânica do planeta, durante um período mais dilatado, mas não muito mais do que em uma semana do tempo padrão deste mundo.

— Então, o planeta em si, como astro, não será destruído?

— Não imediatamente. O mundo como o conhecemos, com sua civilização, será dizimado. Não há como reverter tal situação. De qualquer maneira, a própria população deste globo já havia decidido por algo assim. Os dirigentes já sabiam que o artefato poderia destruir completamente seu planeta e, mesmo assim, desenvolveram a arma de destruição total e optaram por detoná-la. Era apenas uma questão de tempo. Por isso, os dirigentes espirituais do mundo resolveram intervir e transferir imediatamente a população invisível para o segundo planeta do sistema.

— Então estaremos nos preocupando antes do tempo com o processo de repercussão magnética que poderia afetar outras comunidades do espaço?

— Não, meu amigo de Vega. O perigo é real. Além do trabalho gigantesco de reurbanizar a contraparte astral do segundo planeta para receber e alojar os seres do quinto mundo, teremos de transportá-los todos. Isso já está em andamento, e as nossas legiões, juntamente com vocês, nobres amigos das estrelas, já estamos trabalhando diuturnamente para dar conta de tudo. A mera concepção de transferir os seres que estão ainda de posse de seus corpos físicos, num tempo tão curto, mostra-se impossível. Temos de levar em consideração a natureza insalubre do segundo mundo. Fisicamente, ele não comporta um sistema de vida como o das pessoas que aqui vivem. Mas existe a possibilidade de a civilização astral daquele planeta abrigá-los após o descarte biológico final. Não poderão ser abrigados naquele mundo em seus corpos físicos atuais. Diferentemente do que ocorre com os degredados de Nibiru em relação ao terceiro planeta, para onde muitos estão sendo transportados em corpos físicos.

— Embora o termo *corpo físico* — falou um dos representantes de Nibiru — tenha um significado muito amplo.

— Que quer dizer com isso, *annunaki*? — perguntou o representante de um dos mundos de Sirius.

— A matéria densa de nosso mundo, da qual são constituídos nossos corpos, por assim dizer físicos, não é do mesmo grau de densidade da matéria de Tiamat. Vibramos em uma densidade energeticamente menor do que a matéria do terceiro mundo, mas, mesmo assim, restam pontos de ligação. Nossos corpos poderão ser classificados de semimateriais. Porém, com o passar dos milênios, poderão ocorrer mudanças substanciais tanto em nossos corpos quanto nos corpos de possíveis humanoides que se desenvolverão na superfície desse planeta primitivo.

O guardião das hostes de Miguel acrescentou:

— Sábia observação, amigo *annunaki*. Creio que a matéria mais densa de seus corpos poderá ser comparada com a matéria etérica dos corpos dos animais e primatas do novo mundo. Apesar disso, segue sendo matéria. Correlação semelhante não se dá entre os povos deste mundo e o tipo de civilização do segundo planeta. Lá ainda não se desenvolveram corpos materiais, mas existe uma vasta civilização forjada na matéria exclusivamente astral e etérica daquele orbe. Não há contato com uma matéria tão densa; por isso, os corpos físicos deste mundo que expira não encontram elementos de conexão com o mundo para onde irão. Têm de migrar em corpos espirituais. Mais ainda, encontrarão uma civilização etérica muito mais desenvolvida do que a deles. Será, de fato, um choque cultural imenso.

— Enfim, não irão em corpos densos como os que habitam, isto é, terão de morrer antes — acrescentou um dos representantes de Órion.

— Isso mesmo. Essa é uma situação inevitável. O que realmente importa é que serão amparados e, ainda que o mundo físico deixe de existir, em nada será afetada a vida além dos limites da matéria. O mundo original continuará existindo, e os seres, vivos na imensidade, poderão recomeçar em outras paragens seu processo de crescimento e aprendizado, em outra escola planetária. Independentemente do tipo de corpo que encontrarão e que lhes servirá de instrumento ao crescimento.

Certo alívio pareceu diluir as apreensões da assembleia. Porém, o representante dos guardiões de Miguel levantou outro aspecto.

— Meus amigos das estrelas, sei muito bem da preocupação de vocês, e conhecem a nossa, em relação aos eventos finais deste mundo. Podemos considerar que esta civilização enfrenta seus últimos momentos. Este mundo estertora, a vida orgânica será destruída; entretanto, o planeta continuará sua trajetória pelo espaço. Temos de considerar que o armamento que é disparado agora poderá modificar a rotação do planeta, tanto quanto interferir em sua órbita em torno do Sol. Nossos engenheiros cósmicos já calcularam pelo menos dez variações prováveis da rota deste mundo, que vagará sem vida em torno do Sol. Porém, como sabem, este sistema é ainda jovem. Muitos meteoros, cometas e outros corpos celestes cruzam constantemente o sistema, chocando-se ora com um mundo, ora com outro. A estabilidade só será alcançada daqui a milhões de anos. Por ora, é assim que funciona a situação a que os engenheiros siderais denominam trajetória oscilante, ao considerarem este mundo.

— Não havíamos pensado nisso, guardião — interrompeu um dos cientistas de um dos mundos ali presentes. — Então, uma vez fora da sua trajetória original, o quinto planeta poderá se espatifar, sendo atraído pela gravidade de um dos mundos desse sistema, ou poderá ser atingido por outro astro, algum bólide intruso que poderá causar sua destruição efetiva.

— Isso mesmo, amigo do espaço. Então, em conformidade com essa teoria de nossos cientistas, disporemos de certo tempo entre o colapso da vida neste mundo e a destruição final, no que concerne à sua estrutura física.

— Um mundo destruído duas vezes.

— Não, meu amigo — falou o guardião. — Um mundo destruído, mas em duas etapas. Além disso, o problema não é assim tão simples. Precisamos prever mais variáveis, quando pensamos no sistema de vida do terceiro mundo. Já que para este planeta não há escapatória, devemos montar um plano de evacuação geral para o terceiro mundo, caso algo saia do controle.

— Por isso a base no satélite de Tiamat será um importante observatório para avaliarmos não somente os eventos na superfície do planeta e em suas dimensões mais próximas, mas também para fazermos as observações e medições quanto aos possíveis eventos que serão desencadeados pela possibilidade de um astro intruso penetrar neste sistema.

— Mais ainda, meus amigos, para ficarmos atentos, caso a trajetória do quinto planeta seja realmente alterada e ameace os sistemas de vida dos outros mundos, numa possibilidade de chocar-se contra algum deles. Aí, sim, a situação dos demais planetas poderá ser realmente desafiadora, considerando-se que cada qual tem suas humanidades e civilizações. Algo dessa proporção poderá desencadear um processo de agravamento na constante gravitacional deste quadrante do espaço. Nem podemos imaginar o que isso significaria para as populações dos mundos circunvizinhos.

O silêncio tomou conta da assembleia. Os seres representantes de outros mundos viram como a situação do Sistema Solar não era nada trivial. Teriam de se unir por longos períodos de tempo a fim de patrulhá-lo, buscando preservar a segurança galáctica. De qualquer maneira, o trabalho nesse sistema levaria milhares de anos, a contar daquele momento. Estavam realmente em guerra. Os dragões, podendo interromper o fluxo dos acontecimentos, apenas precipitaram os eventos. Caso tivessem impedido a destruição do mundo, mesmo que por interesse próprio, tal gesto poderia ser levado em conta ao se avaliar seu processo reeducativo e transmigratório. Mas ao contrário: podendo deter os lances finais, apenas instigaram e adiantaram o processo, sendo responsáveis diretos pelos acontecimentos que definiriam o fim do quinto planeta. Podendo auxiliar, impulsionaram a destruição. Isso os fazia partícipes diretos e responsáveis pelas vidas de bilhões de seres, de toda uma humanidade.

Enquanto isso, Miguel resolveu intervir de forma mais direta, não mais postergando qualquer ação. Em torno do quinto planeta já estava a postos sua comitiva de guardiões, de agentes da justiça sideral que vigiavam, entre mundos, os eventos cósmicos daquela época recuada, no passado remoto da humanidade que viria a habitar Tiamat.

O artefato da destruição final foi acionado. O número 1 volitava sobre sua urna, amparado pelos campos de força que o sustentavam sobre a arca que era, para ele, um instrumento de tecnologia inexpugnável. Junto dele, os outros maiorais aguardavam a explosão, na esperança de que os milhares de espectros abandonassem seus corpos físicos assim que a bomba explodisse. Mas algo estava errado. A explosão não aconteceu, ao menos não da forma como os *daimons* esperavam. E a ira tomou conta dos sete maiorais da escuridão.

Uma luminosidade forte, esbranquiçada, foi pouco a pouco irradiando do epicentro do evento. Terremotos, tremores cada vez mais fortes atingiam aquele mundo, enquanto milhares e milhares de vidas eram ceifadas, ora por um evento catastrófico, ora por outro. Não se tratava de luz natural, tampouco se assemelhava à luminosidade a que estavam acostumados os habitantes do planeta. Era uma luz ofuscante, de uma espécie de radiação que dizimava tudo ao redor. Pouco a pouco, a radioatividade foi se espalhando debaixo da terra, nas entranhas do planeta, tanto quanto na superfície. Todo o sistema de vida daquele mundo foi severamente afetado, agonizando lentamente, em meio ao sofrimento que um ato dessa ordem provocava. Miguel sentiu a garganta secar. Engoliu as lágrimas e avançou rumo aos *daimons*.

Fontes de águas, oceanos, mares e florestas com seus animais — toda a flora e a fauna do planeta foram dizimadas pela onda de destruição em massa. Nada sobrevivia onde a onda radioativa atingisse. Parecia que forças descomunais aterradoras, forças do inferno, resolveram se soltar para exterminar de vez a vida de inumeráveis criaturas. Os animais, dos selvagens aos domesticados, foram os primeiros seres vivos a serem atingidos. Pústulas sangrentas apareciam nos corpos de todos eles, para depois caírem ao chão com as carnes feridas e diluídas em pus, devido ao material radioativo. Outros animais, as plantas e os humanoides do planeta, ao serem atingidos pela radiação infernal, paralisaram-se em meio aos movimentos, pois seu princípio espiritual abandonara seus corpos definitivamente. Ouviam-se gritos e gemidos em todo lugar. Petrificados, os mortos foram preenchendo o campo de visão nos dois continentes do planeta. Os gritos se transformaram em clamor. Os *daimons*, impassíveis, não cogitavam ajudar no que quer que fosse. E os espectros? Onde estavam os miseráveis espíritos daqueles seres?

O *daimon* número 1 emitiu um grito mental, invocando os que pretendia ter como aliados na guerra contra Miguel. Mas nada. Os espectros, ao terem seus corpos dilacerados pela radiação, encontravam-se em situação mental e espiritual nada favorável. Eram assassinos mortais, vampiros energéticos de grande perigo. Portanto, a morte os pegou de maneira que, assim que se viram fora dos seus corpos físicos, tombaram ao chão chorando e gritando, entregues a autêntico sofrimento, imposto pelo peso de suas consciências, que lhes cobravam os crimes perpetrados. O sofrimento inenarrável, mental e emocional, fez deles seres imprestáveis, pelo menos naqueles derradeiros momentos, incapazes de tomar qualquer decisão. O inferno era dentro deles próprios. Aprisionados pelos grilhões da culpa, não conseguiam sequer receber ou perceber o chamado dos dragões. O número 1 e sua comitiva urravam como loucos, tamanha a raiva, tamanho o ódio, o rancor e o remorso ao mesmo tempo. Não previram todos os pormenores. Ao sondar as mentes dos arquitetos da destruição, apenas extraíram informações superficiais, nada detalhado; portanto, não sabiam como o funcionamento da bomba se daria.

O ódio inflamou suas almas de tal maneira que nem ao menos viram Miguel se aproximar com seus exércitos do espaço. Naves de transporte, elaboradas em matéria etérica, recolhiam o enorme contingente populacional que abandonava o corpo físico e, em estado de sono induzido, era encaminhado aos compartimentos das naves. O mundo logo abaixo estremecia e se diluía com o genocídio; a morte se alastrava lentamente e atingia todo lugar.

Por uma semana do tempo padrão daquele mundo a destruição continuou. Não restava nada mais do que uma pálida lembrança de que naquele mundo houvera uma civilização. Escolheram seu próprio caminho, fizeram a escolha baseada nas propostas de seus dirigentes. Mas nem tudo saiu como planejaram. A destruição chegou, e tudo à volta já não tinha mais vida. Edifícios monumentais e imponentes agora estavam reduzidos a carcaças corroídas pela radiação. O planeta, caso sobrevivesse a esses eventos, poderia demorar muito mais de 100 mil anos até poder ser novamente visitado por qualquer tipo de vida. A vegetação já não existia, e toda a vida animal, petrificada, destituída de vida, de vitalidade, assim como os homens, já não existiam mais.

Os dirigentes espirituais daquele mundo choravam ao sobrevoar o espaço acima do que antigamente fora uma das mais pujantes metrópoles do planeta. Amparados pelos emissários de Miguel, transferiram-se para o segundo mundo do sistema; lá, reconstruiriam sua história, suas vidas, talvez contando para as gerações futuras acerca dos eventos finais, que ficariam para sempre em suas memórias, como se fosse uma lenda de um mundo perdido, do qual foram apartados devido à ignorância do seu povo. Ali, ou a partir dali, reconstruiriam sua história, pois sabiam que nada está perdido e que os mundos da amplidão são estágios de aprendizado, tal como os corpos físicos são apenas vestimentas que, em um tempo ou outro, são abandonadas. Em outras estâncias, se corporificariam novamente, e continuariam sua trajetória de aprendizado.

O avanço de Miguel não pôde ser disfarçado. Os *daimons* se juntaram, tentando formar uma frente de combate, mas muito pouco ou nada puderam fazer. Miguel combatia junto com seus emissários; ao mesmo tempo, recolhiam os espíritos recém-vindos da destruição, tanto quando os mais de 600 seres da escuridão, conterrâneos dos dragões ou pertencentes à sua falange. Um campo de contenção potentíssimo foi acionado pela união das forças mentais de Miguel e seus aliados guardiões. Os *daimons* rugiam como feras do inferno, pronunciando impropérios contra as forças patrocinadoras da evolução. Miguel não deixaria que fossem escoltados pelas naves etéricas. Ele mesmo os levaria, junto com seus guardiões, às prisões eternas, nos recantos mais sombrios do terceiro mundo. E viu-se, desde então, rasgar-se o firmamento, enquanto um exército de seres luminosos varreu a escuridão do espaço rumo a Tiamat. Eventos insólitos e curiosos marcaram aquele momento. Descargas eletromagnéticas, luzes que apareciam e se diluíam na escuridão do espaço e, mais ainda — avistava-se ao longe, advindos do centro da Via Láctea —, estranhos fenômenos, que pareciam assinalar a ocasião em que as forças das trevas eram aprisionadas nas regiões ínferas do terceiro mundo, o mundo-prisão.

Miguel, juntamente com as legiões de seres luminosos, rumou diretamente para o Sol, a estrela central do sistema, o maior fulcro de energias daquele quadrante, que banhava os mundos com vida e do qual todos dependiam. De lá, partiu um jato de puro magnetismo, como reflexo das energias titânicas elaboradas no interior da estrela, o qual envolveu o terceiro planeta numa redoma energética, imperceptível aos olhos de qualquer ser mortal, mas perfeitamente visível por quem se aproximasse do espaço e tivesse sua sensibilidade suficientemente aflorada para as percepções da vida sublime. Aprisionados no planeta, os *daimons* não mais poderiam regressar às estrelas do firmamento, não sem o consentimento dos dirigentes espirituais do novo mundo. Somente eles guardam as devidas credenciais para administrar os destinos dos seres que estariam, ao longo dos milênios, em processo de aprendizado na escola planetária.

— Nunca vi nada assim! — pronunciou um dos habitantes de Órion.

— Qual tecnologia será capaz de retirar energia do próprio Sol e manipulá-la, de forma a criar um campo tão poderoso como este? Em nossa galáxia não há nenhuma cultura capaz de tal proeza.

O mundo em ebulição estava sendo evacuado com a ajuda dos irmãos das estrelas. Uma legião de espíritos guardiões estava auxiliando no relocamento dos seres do quinto planeta para o segundo mundo do sistema. Enquanto isso, aquele mundo vazio, agora radioativo, havia estremecido em sua estrutura. Não deixou de haver uma explosão, mas ela ocasionou, em vez da desintegração do orbe, a modificação do eixo do planeta, a ponto que ele ser inteiramente perturbado, como uma fruta é chacoalhada numa árvore durante a tempestade. A órbita fora alterada, conforme previra o emissário dos guardiões de Miguel. Caminhava quase sem rumo, oscilando, até que mais tarde encontraria um astro em seu trajeto, o qual selaria para sempre seu destino.

Milhares de anos mais tarde, restaria desse evento um cinturão de asteroides circulando entre o quarto e quinto planetas daquele sistema solar. Um cinturão de destruição e ruínas, que registraria para a posteridade que ali viveram filhos de Deus e irmãos das estrelas e que, possivelmente, muitos deles, mais de 400 ou 500 mil anos depois, poderiam estar caminhando sobre a mesma superfície do planeta Tiamat, que mais tarde seria conhecido com o nome de Terra. Eles poderiam estar ali, disfarçados em novos corpos, ou, quem sabe, presentes como espíritos, para orientar e dizer aos seus novos amigos terrenos que não é preciso seguir a mesma rota que seguiram. É possível construir uma nova história e preservar seu mundo da destruição prematura.

3

NASCI-MENTO DE UMA RAÇA

UMA GRANDE CATÁSTROFE se abateu sobre a galáxia. Uma onda de imbecilização geral dominou os povos mais primitivos e aqueles que, embora desenvolvidos tecnologicamente, ainda não haviam despertado para a realidade de outras dimensões e a responsabilidade com a ecologia universal, do cosmo, da humanidade dispersa pelos mundos da galáxia.

Uma espécie de corrente mental inferior envolveu a aura de diversos orbes na amplidão, em certo quadrante da periferia da galáxia. Era uma corrente de pensamentos, ideias e vibrações que se traduziam na atitude dos habitantes desses planetas sem sintonia com o movimento evolutivo geral, um sistema que se opunha a todo progresso, ao sentido evolutivo que aprimora os povos do centro da Via Láctea. Estes pareciam envolver-se em outro tipo de aura, de natureza superior, oriunda de pensamentos e sentimentos, ideias e formas mentais mais evolvidas, aprimoradas, com conteúdo mais limpo de matéria mental infeliz.

Composto por mundos relativamente primitivos, o conjunto de sistemas planetários da periferia é habitado por uma população que se deixa reger por atitudes daninhas ao planejamento evolutivo, a qual tem como característica predominante a ânsia pelo poder desmedido. Uma aura magnética de peso aterrador, alimentada por povos ainda em estágio de aprendizado acanhado, resulta de uma mentalidade retrógrada, muito embora, com frequência, de astuta inteligência. As ideias de poder, domínio das consciências e subjugação de mentes se traduzem também num tipo de subjugação política, uma política inumana. A sede de poder e a manipulação mental e emocional dos seres considerados imediatamente inferiores na hierarquia desses mundos configuraram um caminho que pareceu relativamente seguro, um instrumento através do qual as consciências em estágio acanhado de despertamento se mantiveram presas de sistemas e religiões destituídos de escrúpulos, respeito e ética. A corrente de ideias, pensamentos e anseios de poder naturalmente se irradiou com mais profundidade devido à situação primária de evolução das espécies desses orbes, encontrando respaldo, ressonância e sintonia em mentes astutas, inteligentes e de raciocínio e conhecimento mais elaborado. O poder obtido por essa via foi crescendo cada vez mais assustadoramente.

A ânsia crescente de domínio se corporificou em representantes mais expressivos, mais cruéis e que mais interesse tinham em dominar através da subjugação daqueles que lhes eram inferiores. Na escalada do progresso, quando os povos vagam pelos mundos de evolução mais primária — embora evolução não seja medida apenas em termos de conquistas científicas e tecnológicas —, observa-se realidade semelhante à que se vê, atualmente, no contexto terreno, cuja história é farta de disputas entre guerreiros, clãs, nações, impérios e dominadores de diversas épocas e latitudes.

Como regra, os mundos mais primitivos, cujas correntes de pensamento inferiores são mais intensas, localizam-se na periferia das galáxias; à medida que evoluem, suas humanidades são transferidas para regiões mais próximas do centro. Além disso, os próprios mundos sofrem, periodicamente, processo de relocamento, de reurbanização, através de um instrumento conhecido como juízo geral,[3] o qual redefine a localização dos mundos auditados em determinadas faixas vibratórias da galáxia ou família sideral a que pertencem. A periferia da Via Láctea, portanto, concentra a maior parte das

---

[3] O termo *juízo*, nesta acepção, traduz um conceito bíblico, do qual a filosofia espírita se apropria e que desenvolve (cf. Tg 2:13; Jo 16:8,11; Mt 11:24 etc. Cf. "Juízo final". In: KARDEC, Allan. *A gênese, os milagres e as predições segundo o espiritismo*. 1ª ed. esp. Rio de Janeiro, FEB, 2005. p. 504-507).

correntes mentais inferiores dos mundos que abriga em estágio de evolução primária. Tais correntes de pensamento irradiam-se e imantam-se de tal maneira a certos mundos, que não há como seres com pensamentos semelhantes — ideias de dominação, de busca do poder pelo poder — não sintonizarem com esses orbes e se sentirem atraídos por eles.

As correntes de pensamento, tanto inferiores quanto superiores, apenas acentuam e amplificam aquilo que está dentro de cada indivíduo, de cada ser, independentemente da civilização à qual pertença. Dessa maneira, entende-se que a soma dos pensamentos daninhos, nocivos, mas sobretudo que expressam o anseio de domínio sobre as consciências, acabou por acentuar o lado sombrio, obscuro e a vontade voraz de subjugar determinados povos da galáxia.

Em contrapartida, as ideias mais evolvidas, as formas-pensamento mais brilhantes, altruístas e elevadas são absorvidas por criaturas de qualquer recanto da galáxia que abrigam ideias semelhantes e amplificam sentimentos de igual teor e intensidade nelas existentes. À medida que os seres evolvem e tomam consciência de suas responsabilidades perante o cosmo, são transferidos às habitações siderais de mais vulto e tendem a migrar para a região central da galáxia a que pertencem. De modo análogo, os mundos, ao galgar estágios mais avançados de evolução, também têm sua rota alterada por forças titânicas da natureza e, lentamente, migram para outros recantos do universo, mais compatíveis com o progresso alcançado. Como alternativa, caso um número expressivo de planetas situados em certo quadrante da galáxia atinja estágios semelhantes de evolução, a região é pacificada e recebe a influência dos astros centrais, transformando aquele recanto do universo num celeiro de mundos de relativa evolução e progresso. Quando a guerra, o ódio e o desamor são extirpados de determinado globo, este ressurge na amplidão sob outro aspecto, sob nova nomenclatura perante o processo evolutivo geral, o qual determina que cada mundo, bem como cada ser, estagie em região propícia ao aprendizado de suas coletividades e humanidade.

O amálgama de ideias, pensamentos e formas-pensamento, aliado à política e à onda de imbecilização naqueles recantos obscuros do universo, formaram as forças chamadas satânicas ou luciferinas e as linhagens de dragões, onde quer que estes atuem. Os dragões são a síntese dos princípios antiéticos, anti-humanitários e contrários ao progresso geral do cosmo. Por sua vez, inteligências de posse dos corpos físico e etérico, ao absorver esse sistema inumano e luciferino, converteram-se em seus representantes mais expressivos no mundo das formas. Constituíram governos que levaram a cabo uma política e um sistema de vida ainda crescente em certos sítios da periferia da galáxia, espalhando medo, terror e dominando a tudo e a todos que estejam num estágio inferior, segundo consideram.

Contudo, esse sistema de poder luciferino guarda surpresas interessantes. São os dragões[4] os responsáveis, em muitos mundos, pelo surgimento de um tipo humano superior, pois à sua maneira interferem e aceleram a evolução natural. Na tentativa de estabelecer novos domínios, acabam por ser instrumentos de progresso, a contragosto concorrendo para o avanço das humanidades sobre as quais atuam. Muitos deles, trans-

---

[4] O mesmo deve ser dito sobre o termo *dragão*, isto é, trata-se de uma terminologia bíblica, empregada pelo evangelista João, que sintetiza toda força oposta à política do Cristo ou Cordeiro (cf. Ap 12; 13:4-11; 20:2). A ótica espírita auxilia na interpretação das profecias (cf. PINHEIRO, Robson. Pelo espírito Estêvão. *Apocalipse*. 5ª ed. rev. Contagem: Casa dos Espíritos, 2005. p. 155-169, 227-231, caps. 9 e 16).

feridos de orbe a orbe por forças desconhecidas por eles próprios, não conseguem sair do campo gravitacional da morada que lhes foi determinada, a menos que essas mesmas forças os conduzam a outros recantos do universo, por impositivo da lei do progresso,[5] num processo de transmigração planetária em larga escala.

Em Tiamat, o novo mundo para onde foram banidas e expatriadas as inteligências mais astutas e perversas, após os acontecimentos que se precipitaram e levaram ao extermínio da vida no quinto planeta,[6] os representantes vivos desse sistema de domínio, de forças e poder desmedido encontraram largo campo para suas experiências e sua ciência. Num mundo virgem de formas-pensamento, onde a atmosfera extrafísica ainda não havia sido contaminada pelos habitantes, onde os seres

---

[5] A expressão *lei do progresso* deve ser entendida no contexto que a filosofia espírita lhe atribui (KARDEC, Allan. *O livro dos espíritos*. 1ª ed. esp. Rio de Janeiro, FEB, 2005. p. 444-458, itens 776-802).

[6] Ao ser questionado acerca da destruição do quinto planeta, citada anteriormente em outra obra, o autor espiritual comprometera-se a desenvolver o assunto neste livro. (Cf. PINHEIRO, Robson. Pelo espírito Ângelo Inácio. *Os guardiões*. Contagem: Casa dos Espíritos, 2013. p. 85-86.)

mais evolvidos ainda nem sequer haviam saído de estágios elementares de progresso, as forças mentais dos dragões eram mais do que soberanas, e sua ciência tida como produto de uma força sobrenatural, mágica ou oculta. Nasciam assim as castas de magos — seus discípulos mais ferrenhos —, que também representavam um sistema de vida contrário ao processo geral do progresso, pois chegavam a manipular até mesmo seres e consciências de sua própria estirpe, de seu próprio tronco genético, com vistas a aplacar sua sede de domínio a todo custo e por quaisquer meios, desprovidos de restrições éticas de qualquer espécie.

Não obstante, evidentemente havia quem representasse a política oposta. Como em cada mundo, ali também havia um guardião da eternidade e seus auxiliares, que deveriam zelar pelo processo evolutivo, embora discretamente, respeitando o programa geral da evolução daquele orbe.

Os arquitetos de alguma civilização da galáxia, talvez os semeadores de vida, realizaram uma obra notável nas regiões mais profundas do planeta. No continente de Lêmur ou Lemur,[7] lançaram o germe daquele que seria provavelmente o mais importante centro de experiências científicas até então e por muito tempo depois.

Tratava-se de um conglomerado de laboratórios dedicados à pesquisa do bioma do mundo onde estávamos — Tiamat! O continente estava incrustado num dos polos deste mundo virgem, fulgurante de vida. Levantei-me e dirigi-me a uma das escotilhas de um compartimento do imenso laboratório. Segundo pude ver, uma cidade imensa tomava conta de todo o horizonte naquela par-

---

[7] Ao ser questionado, o autor espiritual confirmou se referirem esses nomes ao continente perdido denominado Lemúria, só não mais célebre que Atlântida — segundo os espíritos, não tão antigo quanto aquele. Portanto, a pergunta óbvia era por que não adotar o nome consagrado, ao que respondeu ter optado pelo nome arcaico, compondo o cenário improvável desse trecho da narrativa, que se passa há mais de 400 mil anos. A propósito, Ângelo Inácio informou que, a fim de realizar a pesquisa para este texto, valeu-se das memórias de alguns espectros que desertaram dos exércitos dos dragões. Durante esse processo, afirma ter percebido na pronúncia do espectro algo como *Lêmur*, e desejou ser fiel a essa observação. (Método mnemônico semelhante é experimentado pelo personagem Jamar. Cf. "Memórias compartilhadas". In: PINHEIRO. *Os guardiões*. Op. cit. p. 75-98.)

te do mundo. Quanto aos laboratórios, eram sobremodo imponentes frente às vastas florestas, aos oceanos, pradarias, montanhas e vales deste mundo estranho, o terceiro planeta do Sistema Solar. Uma obra-prima da civilização desconhecida que semeou a vida neste mundo perdido na amplidão. Ao que parecia, aquela era apenas uma das construções deixadas pelos antigos como marco para as gerações futuras. Mas quem eram eles, esses misteriosos seres?

Um barulho imenso, como o som de mil trovões, chamou-me a atenção. Virei-me imediatamente. Tive de colocar um capacete, que me protegia da luminosidade, pois o sol amarelo de Tiamat era muito forte para nossos olhos; somente aos poucos nos acostumaríamos a tê-lo tão perto. Nosso mundo se localizava em uma outra posição do Sistema Solar, diferente da atual; portanto, a visão dessa estrela para nós era outra, bem diferente. Vi uma nave que descia dos céus trovejando e cuspindo fagulhas de energias ainda desconhecidas para os habitantes humanoides deste mundo. Eram uma raça ainda primitiva, se bem que houvesse outras teorias entre os cientistas do meu povo a respeito da civilização deste planeta. Segundo eles, a origem do Sistema Solar dataria de quase 5 bilhões de anos, conforme o tempo de Tiamat. Mesmo que não tenhamos encontrado uma vida inteligente evoluída, discutia-se a tese de que havia mais de meio bilhão de anos que a vida aqui evoluíra o bastante para apresentar um tipo humanoide curioso, mas ainda de evolução e inteligência primárias. Outros defendiam a tese de que Tiamat já tivera uma civilização avançada, que migrara para outros rumos da galáxia há muito — pelo menos 800 mil anos antes da época em que estávamos. Enfim, talvez os laboratórios que encontramos nos polos do planeta tenham sido obra dessa cultura e civilização desaparecida. Se assim fosse, isso desmantelaria muitas teorias de renomados cientistas de nosso povo.

Como em toda a galáxia, a maior parte das culturas desenvolvidas cederam lugar a outras em desenvolvimento. Em algum momento, talvez houvesse ocorrido algo assim no terceiro mundo deste sistema. Havia até quem afirmasse, entre os cientistas do nosso povo, que os primatas aqui existentes no momento em que chegamos eram produto da degeneração de uma espécie anterior. Outros postulavam a ideia de que tais habitantes eram produto de experiências genéticas que cessaram; por isso, não evoluíram mais. Sei apenas que um grupo de nosso povo, composto por aqueles cientistas que desejam manter o poder a todo custo, também procura descobrir como manipular o código genético desses seres primitivos. Renderam-se à evidência de que não conseguirão sair de Tiamat por longo tempo, longo até em relação ao nosso calendário original. A vida em corpos físicos e etéricos não é duradoura; no entanto, vivíamos muito mais que os primatas comuns das pradarias. Portanto, precisam desenvolver os corpos desses humanoides, de modo que, no futuro, beneficiem-se disso em eventuais processos de corporificação. Os dominadores dos deserdados também os querem aprimorados a fim de poder escravizá-los com maior proveito.

As civilizações se sucedem no mesmo território planetário, umas cedendo lugar às outras, embora nem sempre as novas culturas sejam tão avançadas como as anteriores. Se essa tese for verdadeira, talvez estivéssemos presenciando o nascimento de um novo ser neste mundo distante de nossa pátria; a aurora de uma nova civilização, que, por sua vez, cederia espaço para mais outra, em um futuro incerto. Só sei que os primatas semi-inteligentes de Tiamat eram visados pela casta dos eloins, os degenerados cientistas e manipuladores da engenharia genética.

Quanto a mim, não me conformava com o fato de que os eloins e os marducai intentassem manipular o genoma dos primatas; era algo muito perigoso. Mas, como guardião da eternidade, não poderia interferir diretamente, mas apenas conversar com eles, caso me pudessem perceber, e lhes apresentar minhas ideias. Nada mais. Eu era simples espectador da evolução dessas criaturas; a menos que fossem ameaçadas de extinção, jamais me caberia intervir. Além do mais, não era possível me comunicar com os primitivos deste mundo, pois não tinham avançado o suficiente, nem ao menos a ponto de criar uma linguagem, mesmo que rudimentar. Por isso, imagino, os eloins os considerassem animais. Eram, de fato, quase somente instinto. Detinham um cérebro subdesenvolvido, embora com grande potencial de desenvolver a inteligência mais aprimorada no futuro. Uma questão se impunha e talvez representasse outra grande dificuldade: eu não pertencia à mesma dimensão dos chamados viventes. Era um habitante do outro lado da membrana psíquica, uma dimensão diferente.

Minhas ideias e pensamentos a respeito dos habitantes primitivos de Tiamat foram bruscamente interrompidos por um chamado do intercomunicador. Eu era convocado em caráter de urgência. A nave que descia nos céus do mundo primitivo acabara de aterrissar ali, bem à frente do amplo laboratório onde me encontrava.

Saí do meu aposento e caminhei em direção à nave portentosa do meu povo, toda ela elaborada em matéria etérica, algo semimaterial, segundo os padrões deste mundo primitivo e maravilhoso que nos recebia.

Havia certo suspense no ar; uma ansiedade dificilmente decifrável. Percorri longos corredores e ao longe vi, através das escotilhas do conglomerado, as geleiras, bem como alguns resquícios da selva, que brotavam aqui e ali, deixando à mostra uma paisagem monumental e, ao mesmo tempo, estranha para nós. Passei pela última porta antes de me encontrar com um dos habitantes do nosso mundo. De tempos em tempos, ele vinha trazer notícias e também colher informações sobre os degredados. Do outro lado, um homem alto e esguio, cabelos ondulados e revoltos acomodados no cimo da cabeça, com seus olhos vivos, negros, caminhava em minha direção. Entrei numa câmara de despressurização, onde era equilibrada a pressão interna e externa da cabina de onde saía o ser, visitante do meu mundo. Ansiava falar com ele. Pude vê-lo assim que a porta da cabina se abriu, com um ruído peculiar. Era um tipo curioso. Esperei a porta se fechar e nos reunimos num compartimento preparado exclusivamente para esse tipo de encontro.

— Olá, Alotron!

O homem à minha frente sabia meu nome e não se esforçou nem um pouco para esconder o que mais sabia a meu respeito. Deu alguns passos em minha direção e apertou minha mão de tal maneira que pude entender o significado da amizade expresso ali, naquele gesto simples. Abriu um largo sorriso e disse:

— Olá, Alotron! Em que parte do universo você se escondeu, guardião da eternidade?! Este mundo parece por demais primitivo para você ter escolhido ficar aqui por um tempo tão dilatado.

— Longo, de fato, Lamarion, pois não planejo retornar a nosso mundo tão cedo. Prefiro permanecer aqui.

— E o que encontrou do lado de cá da galáxia, meu amigo? Alguma deusa de nosso mundo? — rimos significativamente. Lamarion sabia que as deusas do nosso povo que para cá vieram não eram nada formosas. Foram igualmente banidas junto com os representantes do poder obscuro. Eram deusas decaídas e, aqui, nada mais do que isso significariam por longo tempo.

Contudo, eu sabia que as palavras do meu amigo Lamarion traziam um fundamento, um significado oculto que somente nós dois sabíamos decifrar. O comentário dele poderia até parecer inocente, mas não. Um comentário assim, mesmo que em tom jocoso, trazia algo mais profundo do que se supunha.

— Sabe o que se passa neste mundo, Alotron? Já se inteirou das experiências genéticas realizadas aqui no terceiro mundo? — indagou meu amigo, introduzindo o tema da conversa.

Olhei os edifícios que transpareciam na escotilha. Pareciam altos, não obstante estarem misturados às geleiras eternas deste mundo que estranhamente me atraíra de tão longe, como um poderoso magneto de proporções cósmicas. As edificações estavam escondidas centenas de metros abaixo da superfície de um dos polos do planeta primitivo, e ali era, por enquanto, meu recanto, de onde eu observava os eventos na superfície do mundo, mas também na contraparte etérica e astral do planeta-prisão dos meus conterrâneos.

— Aqui se passam diversas situações complicadas, Lamarion. Entre elas, a que mais me preocupa são as experiências genéticas realizadas pelas castas que não têm nenhum escrúpulo em manipular forças, independentemente dos resultados serem catastróficos. Devido a esse processo, numerosas mutações estão surgindo — falei para o amigo das estrelas que me visitava neste orbe da periferia da Via Láctea.

— Essas manipulações genéticas, meu caro, acarretam consequências desastrosas; as mutações têm resultado em seres horrendos e multiformes. Sabemos que a manipulação do código genético dos seres de Tiamat implica enormes dificuldades.

— Na verdade, caríssimo amigo, creio que teremos de dar cabo dessas experiências. Nossos conterrâneos estão fazendo testes com quase todos os tipos vivos deste planeta. Você nem imagina o tipo de aberração que está surgindo em diversos acampamentos dos cientistas falidos do nosso povo.

— Imagino, sim, Alotron. Entretanto, temos de ter cuidado. Talvez os cientistas estejam enlouquecidos.

— Claro que estão loucos! Isso é um fato. Estão desesperados, pois sabem que não conseguirão romper o bloqueio em torno do planeta, formado por energias de um *quantum* superior, a fim de retornar às estrelas e, particularmente, ao nosso mundo.

— Miguel parece ter caprichado na elaboração do campo de força hiperdimensional em torno do mundo-prisão.

— Sim! Haja vista que nem mesmo nossa tecnologia e nosso conhecimento conseguem conceber a realidade hiperenergética dos campos que formam a contenção em torno dos orbes que servem de cárcere aos degredados. Nem eles, os maiores cientistas, nem tampouco as mentes mais brilhantes dos dragões para aqui deportados são capazes de entender e muito menos fazer frente à barreira energética que envolve o globo e que é alimentada pelas poderosas energias solares. Isso deixa os degredados, mas principalmente aqueles que se julgam os mais brilhantes dentre eles, em termos intelectuais, com um tipo de ódio cuja proporção jamais conseguiremos entender.

— Olhe, meu amigo Alotron, não sou nenhum especialista em genética, mas tenho algum conhecimento, que pude acumular durante os processos de treinamento intensivo a que nos submetemos antes de vir para cá, junto com os primeiros exploradores do nosso sistema. Os melhores especialistas, entre os cientistas e dragões que vieram de nosso mundo, estão determinados a mapear os códigos genéticos, tanto de nosso povo quanto dos primitivos habitantes de Tiamat. Ao estudarem a enorme variedade de códigos, estão convictos, embora haja uma minoria entre eles que ainda não se convenceu, de que o universo todo foi programado por uma mente imanente e, ao mesmo tempo, transcendente.

— Para nós, meu amigo, isso não é nenhuma novidade. Mas para os rebeldes...

— Segundo nossas observações, as experiências dos cientistas mais brilhantes entre os deportados chegaram todas a uma conclusão: o cosmo todo não é nada mais do que o resultado da programação engendrada por uma superconsciência. E os seres vivos, o produto calculado em tal medida e com tal nível de precisão que, suas próprias pesquisas e experiências indicam, já havia sido determinado pelas superconsciências cósmicas quais formas de vida poderiam surgir e evoluir e quais não vingariam. Tal planejamento impressionante, que eles ora detectam, remontaria ao período anterior àquele em que os semeadores de vida passaram pelos mundos, nas diversas galáxias do universo. Na verdade, os dragões e seus mais notáveis cientistas talvez jamais ousem se aventurar a dizer ou responder à pergunta que está por trás de suas observações. Diante das experiências com o código genético, a que se dedicam há milênios, ressalta a questão: quem elaborou essa programação genética e espalhou-a por todo o universo? Quem é essa superconsciência contra a qual manifestam o mais profundo ódio e, ao mesmo tempo, a mais patente veneração? Relutam em assumir, mas, a meu ver, reconhecem a impossibilidade de burlar as regras estabelecidas ou revogar as leis impressas tanto na matéria quanto na consciência das criaturas.

— O que me incomoda, caríssimo amigo, é que os expatriados principais, isto é, os dominadores e seus asseclas, bem como os cientistas e os senhores da magia, já vêm todos fazendo suas experiências com os habitantes de mundos e mais mundos, desde eras imemoriais. Afinal de contas, não é a primeira vez que são degredados de um planeta.

— É verdade, Alotron. Entretanto, aqui em Tiamat encontraram um bioma dos mais ricos de todos os orbes conhecidos por nosso povo. Um planeta com tamanha profusão de formas de vida e, por conseguinte, uma variedade genética tão notável, que, embora permaneça um mundo-prisão, para os degredados também constitui um grande laboratório vivo, onde tentarão testar, experimentar e provar suas teorias nos mais diversos domínios da natureza.

— É exatamente isso que me preocupa, Lamarion. Em outros momentos, no passado remoto, as principais personagens da rebelião, os maiorais, haviam sido banidos para mundos habitados por inteligências já em estágio de desenvolvimento mais avançado. Apesar disso, conseguiram destruir mundos e humanidades com tal ímpeto de crueldade que, agora, vieram para um mundo mais primitivo, onde ainda não existe nenhuma inteligência tão desenvolvida. Embora compreenda a lógica dessa providência, preocupo-me com o que conseguirão fazer aqui, dada a vulnerabilidade dos nativos.

— Aqui no terceiro mundo as coisas se passam de maneira diferente, Alotron. Justamente aqui, onde talvez demorasse quase uma eternidade para as inteligências se desenvolverem, as experiências genéticas realizadas pelos párias provavelmente auxiliem os primitivos humanoides.

— Já considerei isso diversas vezes, Lamarion; no entanto, existem forças ocultas e objetivos escusos por trás de tais experimentos. Como estou aqui há algum tempo, tenho observado que os degredados do nosso mundo chamados de astronautas, pois vieram corporificados e assim permanecem, rebelam-se contra o fato de terem de se dedicar às escavações do metal mais precioso de Tiamat. Sabem que, em nosso mundo, precisamos veementemente do metal brilhante tanto para nossa tecnologia quanto para a formação da película protetora em torno de nosso mundo natal.

— Sei disso, Alotron! — falou Lamarion, cheio de preocupação quanto ao assunto levantado pelo amigo. — Principalmente agora, depois que os déspotas quase destruíram nossa atmosfera, detonando o aparato que liberou uma dose de radiação descomunal em nosso planeta natal.

— Pois é, amigo! Sabemos que veio para cá grande quantidade de seres de nossa raça, dos mais vis e criminosos que existiam em nosso orbe. Poucos dentre eles cultivam princípios dignos e um compromisso com a vida universal. Julgam-se deuses e, por isso, não querem se dedicar ao trabalho duro exigido pela natureza bruta de Tiamat.

— Onde deseja chegar com suas observações, nobre Alotron? — perguntou Lamarion intrigado.

— As experiências genéticas visam, também, à criação de uma raça de escravos, lamentavelmente. Uma vez que não sabem ainda qual espécie é mais adequada a lhes servir de cobaia ao desenvolvimento de uma raça obediente, realizam testes com elementos de quase todas as ordens. Por isso, a enorme variedade de mutações que se veem aqui. Quadrúpedes com cabeças humanoides, por exemplo, pois tentaram misturar genes dos primatas das planícies com os de certos animais. A variedade de seres bizarros encontrados nos mares igualmente resulta de experiências levadas a cabo por seres de nossa espécie com elementos desse mundo, entre muitos casos. Objetivam criar uma raça de servidores, de escravos, de qualquer maneira, para que possam construir cidades e escavar as minas, entre outras atividades, pois não admitem que eles próprios tenham de ser os construtores e operários, sobretudo num mundo em tudo primitivo, e com uma densidade de matéria muito maior em relação à que se vê em nosso planeta original.

As palavras de Alotron geraram grave preocupação em Lamarion, o enviado das estrelas. Foram vistas rugas profundas em sua face, que, segundo os padrões de Tiamat, tinham uma beleza angelical. Lamarion levantou-se com seus braços esguios, deixando que os cabelos descessem abaixo das espáduas, ondulando como se vida tivessem, movimentando-se graciosos em torno do corpo longilíneo. Movia-se com leveza e charme especial, como nenhum dos humanoides do terceiro mundo seria capaz de fazer. Logo depois, enroscou novamente os cabelos no alto da cabeça quase ovalada, e a boca, pequena e bem formada, pronunciou algumas palavras num idioma desconhecido pelos humanos da atualidade.

— Dessa forma, meu amigo — interrompeu Alotron as reflexões do viajante —, repare que tenho muitos desafios aqui. De tal maneira me afeiçoei a este planeta que pretendo pedir permissão aos dirigentes de nosso governo central para permanecer aqui durante o máximo de tempo possível.

— Com tudo isso que me diz, Alotron, chego à conclusão de que os maiorais dos rebeldes, os chefes da organização criminosa que patrocinou as guerras que quase destruíram nosso planeta, ambicionam muito mais coisas do que podemos imaginar. Portanto, para que possam interferir de maneira o menos danosa possível nos seres deste mundo, talvez tenhamos de ajudá-los, sem que o percebam, é claro.

— Como assim?

— Ora, Alotron, para que tenham êxito no desenvolvimento genético dos primatas deste mundo, talvez tenhamos de estimulá-los ou induzi-los no caminho da pesquisa. Se estão fazendo de tudo para alcançar êxito e, no entanto, causam severas anomalias às espécies desse mundo, é melhor que passem a acertar o alvo. Há uma linha de experimentação que não tentaram ainda e, para isso, terão de considerar a possibilidade de usarem o conhecimento de nossos cientistas fiéis à ética cósmica.

— Como assim, Lamarion?

— Segundo as informações que você enviou ao governo central — e foi por isso que vim —, as experiências genéticas se limitam à tentativa de misturar os genes de espécies deste mundo. Mesmo assim, poucas foram as vezes que tentaram manipular os genes dos primatas, pelo visto sem grande resultado.

— Isso mesmo. Guardo até um dos primatas que capturei para observar o resultado das experiências malsucedidas.

— Logo quero vê-lo, meu amigo, logo mais. Por ora, talvez tenhamos de interferir junto a pelo menos um dos cientistas deportados, inspirando-o com vistas à próxima etapa de experiências. Já que continuarão, de qualquer maneira, com seus intentos, melhor nos aproveitarmos disso, para evitar as graves situações que poderão resultar dos seus fracassos e possivelmente perdurem por milênios sem fim.

— Que quer dizer com suas palavras, Lamarion? Não sei se entendo seu alcance.

— Para que o desenvolvimento das criaturas de Tiamat possa dar certo, é preciso mudar a estratégia de pesquisa. Enquanto estiverem tentando manipular os genes e implantá-los nas fêmeas próprias deste mundo, os cientistas não obterão sucesso e ainda infligirão sofrimento a seus habitantes. O estágio atual de desenvolvimento de seus corpos físicos difere enormemente do que se observa na realidade considerada de natureza física, em nosso lar. É preciso tentar outro tipo de experiência.

— Não entendo como você, de repente, já possui tanta informação a respeito de um assunto tão complexo e do qual você disse não ser conhecedor...

— De fato, desconheço o assunto, Alotron; todavia, trago informações importantes do governo central. Os cientistas do nosso povo já tinham vindo aqui há milênios, segundo a escala de tempo de Tiamat. Na ocasião, tiveram acesso aos elementos necessários para compreender o código genético de diversos seres naturais daqui. O que ocorre, amigo, é que os chefes dos rebeldes estão tão desesperados, com medo de morrer e ter de renascer como essas criaturas primitivas, que estão tentando de tudo, ou seja, movimentam todo o conhecimento e tecnologia e testam as mais diversas espécies. Mas nossos antepassados descobriram que somente uma das criaturas nativas guarda semelhanças com nossa espécie. É exatamente o primata que vive solto, correndo por vales e montanhas, habita perto das grandes florestas e mal se levanta sobre os próprios pés.

— Interessante... Mas, como lhe disse, a fim de estudar o fenômeno, cheguei a capturar uma das criaturas resultantes da manipulação genética realizada pelos cientistas rebeldes. Há algo que não se explica na genética dos primatas.

— Segundo as informações que trago, Alotron, as experiências não tiveram êxito porque os rebeldes e ditadores do submundo inspiraram os cientistas corporificados a realizar suas experiências fazendo modificações na semente dos primatas machos e implantando-as nos úteros das fêmeas dessa espécie.

— E, se não for assim, como se darão as experiências? Não há outra maneira, ou há?

— Como lhe disse, amigo, quase nada entendo desse ramo da nossa ciência. No entanto, um dos nossos cientistas fez pesquisas consistentes e chegou à conclusão de que, se um óvulo fecundado e geneticamente modificado dos primatas for implantado no útero de uma fêmea da nossa espécie...

— Impossível! — falou Alotron, interrompendo o companheiro.

— Lembre, não sou eu quem estou dizendo... Apenas trago informações.

— Misturar as duas espécies?

— Exatamente isso, amigo. Uma miscigenação racial e também algo de proporção ainda maior. Note que os corpos físicos deste mundo são de uma materialidade muito mais bruta do que a dos nossos. Por isso, nosso tempo de vida física, se assim podemos dizer, é dezenas de vezes maior que o dos hominídeos daqui. Além disso, é claro, contamos com a realidade da órbita planetária bastante diversa. O movimento de translação em nosso mundo consome cerca de 3,6 mil vezes o tempo que Tiamat leva para girar em torno do Sol, pois se localiza muitíssimo mais próximo. De tal sorte que a matéria mais densa de nosso planeta equivale, genericamente, à matéria etérica daqui. Quando alcançarem um estágio de desenvolvimento humano, seremos considerados deuses, pelo fato de que viveremos muito mais do que eles. Um ano terá uma duração aproximada de mais de 360 dias, isto é, haverá um ciclo completo em torno do Sol a cada 360 rotações do globo em torno de si mesmo, aproximadamente. Embora isso sofra leve modificação ao longo dos milênios, não passará muito disso. Porém, quanto mais afastado de sua estrela solar se encontra um mundo, muito mais tempo gasta para completar a translação, como você sabe. Veja o quarto mundo, por exemplo, onde estabelecemos uma base provisória. O planeta vermelho leva mais de 686 dias de Tiamat para girar em torno do Sol uma única vez. Isso quer dizer que um ano, no planeta vermelho, representa o equivalente a quase dois anos deste novo lar dos rebeldes.

— Então teremos de nos ocupar disso, Lamarion. Pois, se derem resultado positivo as experiências genéticas indicadas por nossos conterrâneos, os seres daí decorrentes viverão um tempo muito longo, muito mais do que o normal, para os padrões deste mundo.

— Essa é apenas parte da verdade, nobre amigo. Os primeiros seres, resultado imediato da miscigenação, tenderão a viver uma vida mais longa; muito longa, aliás. Provavelmente, medida em séculos, dentro do cômputo de tempo vigente. Entretanto, à proporção que se reproduzirem, que estabelecerem sua descendência, os novos seres gerados a partir da união das fêmeas e machos deste mundo não mais terão uma vida tão longa. Não esqueça que estarão sujeitos às leis de Tiamat, e não às leis naturais de nosso planeta. Cada nova geração, a contar das manipulações no código genético, viverá menos tempo que a de seus pais, até que se estabilize o período de vida. Mas existe ainda outro aspecto a que você deve ficar atento, meu amigo Alotron, já que escolheu voluntariamente viver aqui.

— Fale, amigo das estrelas.

— É que os novos seres, gerados a partir das experiências genéticas que inspiraremos, serão seres livres. Como terão nossos genes e, portanto, nossa marca energética impressa em seu DNA, não se submeterão facilmente às manipulações dos dominadores. Serão livres por natureza. Muito embora primitivos, à medida que se desenvolverem, ao longo dos milênios neste mundo de desterro, olharão as estrelas do firmamento, que por certo serão outras na ocasião, e saberão que nasceram para ser livres. De sorte que, seja qual for o tipo de opressão dos ditadores e dos dragões, ela não matará a sede de liberdade dessa nova espécie.

Um silêncio se fez ouvir entre os dois amigos, que talvez visualizassem o futuro de uma raça nova, dos novos seres que habitariam Tiamat — os filhos dos astronautas, que nasceriam da união deles com as filhas dos primatas. Depois de um tempo em silêncio, Lamarion perguntou a Alotron:

— Não disse manter um dos primatas em nossa base neste mundo? Gostaria de vê-lo, amigo.

Depois daquela conversa, a amizade de ambos se solidificou de tal maneira que perduraria ao longo dos milênios. Os dois se dirigiram a outro compartimento do laboratório localizado nas profundidades do planeta, em meio às geleiras de um dos polos. Ali, durante milhares e milhares de anos, mesmo depois que uma nova civilização se desenvolvesse, ainda se localizaria o laboratório de observações, um tipo de comando de segurança planetária, vigiado por Alotron, o guardião da eternidade e do tempo. Diante do que explicara Lamarion, talvez ainda demorasse algum tempo antes que os cientistas rebeldes lograssem êxito ao misturar os genes das duas raças, a dos chamados deuses e a dos humanoides. Com isso em mente, Alotron chegou até o compartimento onde se encontrava o ser estranho, cuja constituição genética fora modificada pelos deportados. Havia algo intrigante, pois o ser, embora aparentasse algum avanço em relação aos primatas, não apresentava inteligência passível de ser aprimorada ou desenvolvida. Ao abrir o compartimento, Lamarion se defrontou com um ser exótico, que mal conseguia se manter sobre duas pernas. Braços longos, cabeça ainda muito parecida com os demais seres das planícies, era, em tudo, demasiadamente primitivo.

— Com certeza os dragões inspiraram seus cientistas corporificados a desenvolver um tipo que teria como função ser escravo. Mas nada adiantou. Ao que parece, o produto das experiências foi um fracasso.

— O trabalho para conseguir manipular a contento os genes destas criaturas será descomunal — falou Lamarion, observando o ser à sua frente enquanto tirava de um tipo de bolsa um aparelho, produto da tecnologia de seu planeta natal, que detectava anomalias e indicava com precisão o problema apresentado. Enquanto a criatura movia-se de maneira estranha, demonstrando desorientação e dificuldade de coordenar seus passos vacilantes, Lamarion, de posse daquele instrumento, avaliou o ser bizarro. A criatura urrava; quem sabe balbuciasse alguns sons, mas nada que remotamente sugerisse um tipo qualquer de comunicação. Pelos grossos caíam-lhe sobre o crânio extravagante, e o restante do corpo pouco diferia do que envergavam os símios encontrados nas florestas do mundo primitivo. Talvez, com grande dose de boa vontade, pudesse ser considerado uma evolução dos símios, porém longe de se prestar à escravidão nem tampouco com chances reais de desenvolver inteligência, ao menos não durante os milênios a seguir.

— Entendo agora o desespero dos nossos conterrâneos ao chegarem a este tipo de resultado — sentenciou Lamarion ao se defrontar com a criatura. — Eu o chamarei de *homem* — tornou a falar o amigo de Alotron. — Mas não um homem completo. Um projeto de homem.

— Gostei do nome — disse Alotron. — *Homem* me parece um nome adequado, embora não inspire inteligência. Mas é adequado.

Depois de olhar os indicadores do instrumento, Lamarion falou:

— Percebo o problema, Alotron. Nosso amigo homem, aqui, não pode reproduzir. É um híbrido, e os híbridos são estéreis.

Alotron enfim entendeu o que havia de estranho na criatura e por que os degredados haviam abandonado a experiência com tais seres.

— Solte-o, Alotron. Vamos observá-lo por um tempo. Tenho de levar ao nosso governo central os resultados das experiências que os degredados têm realizado em Tiamat.

Alotron apertou um ponto na parede à sua frente e o campo de energia que retinha a criatura humanoide se desfez. O homem primitivo, ou aquilo que ali estava, frente a frente com os dois seres do espaço, saiu correndo, ou melhor, arrastando-se e grunhindo, penosamente carregando o corpo pesado pelo chão. Abriu-se diante dele uma escotilha; de repente, viu-se num ambiente diferente. Era uma pequena nave, que o levaria às pradarias tropicais do mundo-prisão. Ali seria solto, em meio às florestas, e viveria entre os animais do novo mundo ou, quem sabe, procuraria os seres que mais se pareciam com ele, isto é, os primatas que corriam amedrontados de um canto a outro do continente onde se realizaram as experiências. O ser estranho parecia temer os ruídos da natureza, os seres com que se deparava, principalmente um ou outro ser do espaço que via aqui e acolá, caçando animais selvagens ou simplesmente em busca de um lugar para se refugiar, abrigando-se contra os estranhos seres deste mundo primitivo. O primata denominado homem corria, arrastava-se, grunhia e parecia chorar.

Ao longe, Alotron e Lamarion observavam-no interessados no que faria e como se comportaria na natureza selvagem. Quando a criatura avistou uma fêmea de outra espécie, seus instintos mais animalescos vieram à tona e correu em direção a ela, buscando saciar sua fome voraz de sexo, seu instinto mais primário de se reproduzir, sem que soubesse o que se passava consigo, muito menos o que era reprodução e perpetuação da espécie. Como um animal, cruzou com a fêmea com tal força e ímpeto que, mais do que nunca, revelou-se efetivamente um animal, apenas diferenciado por algumas modificações genéticas malsucedidas.

— Os seres híbridos criados nos laboratórios jamais poderão se reproduzir. Precisamos urgentemente transmitir aos cientistas deportados o conhecimento trazido do nosso mundo, de maneira que possam avançar nas pesquisas, sem sofrimentos desnecessários.

— Ou ao menos com o mínimo de sofrimento para os seres deste planeta — retrucou Alotron, observando a criatura com bastante atenção.

— Também precisamos induzi-los a fazer a modificação genética de modo que nasçam macho e fêmea. Não é bom que o homem se sinta só. Ele precisa de uma companheira, alguém com quem possa se relacionar, pois, além do instinto primitivo de acasalar-se, ele desenvolverá emoções e sentimentos ao longo do tempo, e isso o tornará diferente das demais criaturas, pois fará com que estabeleça vínculos mais profundos e permanentes com os de sua própria espécie.

O homem que observavam não era o resultado do cruzamento natural, mas da manipulação; era um resultado casual, considerado apenas um número pelos pesquisadores deportados para o mundo primitivo, no qual estariam confinados por milênios quase sem fim. Era certo que, para obterem um resultado mais satisfatório e produzir um ser que se originasse do cruzamento dos filhos das estrelas com o homem primitivo daquele mundo — um primata, talvez —, teriam de dominar o código genético dos povos nativos. Para tanto, a menos que lhes fossem transmitidos tais dados, teriam de decifrar muito mais que 100 milhões de genes, a fim de completar a fórmula genética, para então considerar a possibilidade de investigar mais de 500 milhões de genes dos primatas autóctones de Tiamat.

Tendo isso em vista, Lamarion trouxera informações preciosas, embora ele próprio e seu amigo Alotron não pudessem interferir pessoalmente na evolução da espécie sem ir de encontro às leis que regiam o código de ética dos povos da galáxia. Deveriam compatibilizar essa situação com a necessidade premente de evitar problemas de ordem complexa, decorrentes das mutações em curso, que tinham potencial para afetar de maneira drástica a evolução dos seres do planeta e comprometer, inclusive, sua sobrevivência. Portanto, aos dois guardiões caberia estimular e inspirar os cientistas corporificados, quem sabe até os principais dirigentes dos astronautas, com o conhecimento que Lamarion trouxera do seu mundo.

Depois de investigar, os dois amigos apuraram que os astronautas corporificados, a elite dos cientistas rebeldes de seu mundo, haviam descoberto um importante laboratório antigo, abandonado no continente Lêmur. Para lá rumaram os guardiões.

Enquanto isso, num outro recanto do planeta, próximo de onde haviam sido feitas as principais escavações para extrair o mineral precioso que abasteceria a indústria de tecnologia de seu mundo original, tanto quanto para elaborar uma película de proteção em torno do mundo de onde vinham, outro fato acontecia. Era a caçada a um dos primatas que seria usado na mais nova experiência genética que talvez definisse o sucesso dos cientistas. Muitas dessas experiências não tiveram êxito. Uma delas, repugnante perante a ética dos povos estelares, fora o cruzamento genético de um humanoide com um dos antepassados dos animais, uma espécie de cavalo. O híbrido gerado ficaria conhecido, embora sua existência posteriormente migrasse para o universo das lendas, como centauro. Após inúmeras experiências malsucedidas, que produziram uma variedade enorme de aberrações, os cientistas desistiram desse tipo de cruzamento, que não os levou a nenhum resultado palpável, nem sequer a obter informações relevantes para as pesquisas. Visavam criar um povo escravo ou uma raça escrava que substituísse os deuses astronautas — na verdade, os degredados povos de Nibiru — nas minas de ouro e nos trabalhos braçais. Nada dera certo naquelas experiências, e os testes com primatas não resultaram em quase nada. Quase.

Centenas de anos do mundo Tiamat se passaram — algo trivial para os astronautas, que vieram de um mundo cuja órbita em torno do Sol se completava após milhares de anos, ou seja, tratava-se de algo que encaravam como meses, apenas. Transcorrido esse período, resolveram reiniciar os experimentos. Chegaram à conclusão de que os primatas ainda eram a espécie mais apta ao desenvolvimento da inteligência, a ponto de poderem ser ensinados. Então começou a caçada implacável, por todos os continentes do planeta primitivo, em busca do espécime mais apropriado. Foram localizados seres — um bando que parecia sobrepor-se aos demais da espécie, como se tivessem desenvolvido um pouco mais uma inteligência rudimentar. Sobre esse bando concentrou-se a atenção dos cientistas das estrelas, um grupo de degenerados, de espíritos banidos, os quais não tinham qualquer escrúpulo ao realizar suas experiências. Sabiam muito bem que, em algum momento, seus corpos morreriam, como ocorria com qualquer habitante dos mundos conhecidos. Como consciências, deveriam novamente mergulhar na carne, assumindo novos corpos, independentemente do número de anos que conseguissem retardar o processo. Não poderiam nem queriam privar-se do conhecimento arquivado na memória espiritual; além disso, jamais admitiriam ter de renascer, de corporificar-se naquela espécie primata, a mais avançada entre as espécies habitantes do planeta, embora ainda primitivíssima. Acrescente-se a isso o fato de que, embora toda a sua tecnologia, jamais conseguiriam romper a barreira magnética em torno do planeta e retornar ao mundo de origem. Seu tempo estava se esgotando e ficavam transtornados ao pensar no assunto. Precisavam desenvolver uma nova raça a qualquer custo; disso dependia seu futuro. Mas teria de ser uma raça que pudesse ser escravizada — física ou espiritualmente, não importava. Seu plano abrangia milênios desse mundo obscuro para onde foram expatriados.

Enlil parecia confuso. Era uma das mais brilhantes mentes do povo que viera para Tiamat, o terceiro planeta deste sistema estelar. Viera juntamente com seu meio-irmão Enki, um nobre cientista que descendia diretamente da estirpe dominante em seu mundo. Mas Enlil, por variados subterfúgios, lograra ceder sua mente, num processo de sintonia mórbida, a um dos dirigentes draconinos, de forma tal que era quase totalmente dominado. Tratava-se de um processo simbiótico dificilmente concebido por qualquer criatura que não entenda minimamente desse tipo de fenômeno. Era uma simbiose de mentes, de ideias e de rancores; profundo rancor e amargura, mas também culpa, medo e ódio, um ódio dificilmente contido ou disfarçado. Partiram de Eridu, a cidade-estado, a capital do novo mundo, onde os povos trazidos do espaço construíram templos, laboratórios e vivendas monumentais, que lembrassem ao menos de longe sua terra natal, de onde vieram os autoproclamados deuses decaídos.

O continente de Lêmur surgiu à frente das telas de uma das aeronaves que voavam na atmosfera de Tiamat, as quais resistiram ao choque vibratório de entrada no espaço do Sistema Solar. Outras haviam se perdido quando aterrissaram no planeta primitivo, mas seus ocupantes estavam livres, pois se atreveram a se ejetar das naves antes que elas se espatifassem no chão rochoso, nos pântanos ou em outras regiões e florestas tropicais.

Lêmur era um dos continentes mais estranhos que se poderia supor existir nesse mundo selvagem. Vasta cadeia montanhosa não muito alta, mesmo assim prodigiosa, erguia-se em meio à faixa de terra que abrangia parte considerável de dois continentes e porção ainda mais considerável de um dos oceanos do planeta, que, mais tarde, seria chamado Oceano Pacífico. Desde o leste se poderiam notar nitidamente as cadeias de montanhas que sobressaíam em meio às imensas florestas selvagens que marcavam a paisagem daquele continente lendário. Em algum lugar da costa leste, erguia-se uma parte mais plana, igualmente ampla, onde se podia notar ter havido interferência de seres inteligentes, pois ali existia uma cidade, que estava despovoada, abandonada pelos antigos donos. Talvez, seres que tivessem visitado Tiamat muito antes do *Homo capensis*, a espécie dos astronautas que vieram deportados. As montanhas eram de uma beleza descomunal, com seus píncaros ostentando enormes geleiras, que, ao deslizar, deixavam à mostra uma exuberância que tocava os sentimentos dos povos *capensis*.

O gelo parecia ter sido inimigo da mais antiga de todas as civilizações que habitou este mundo, talvez milhares e milhares de anos antes de os primeiros degredados aqui chegarem. Seria esse povo misterioso o dos chamados engenheiros cósmicos?[8] Se fossem eles, por que, ao que tudo indicava, haviam abandonado repentinamente um mundo tão cheio de vida quanto este? Teriam esses habitantes antigos semeado a vida em Tia-

---

[8] Cf. ibidem, p. 81.

mat e partido para outros recantos do universo? Quem seriam os habitantes dessas cidades esquecidas no tempo e agora mergulhadas na profundidade das geleiras? As camadas das geleiras que desciam dos montes, marcando a paisagem à frente da aeronave, encobriam o que restava das cidades dos antigos; desciam implacáveis, formando uma camada espessa, de aproximadamente 400m de profundidade. Nada poderia restar íntegro entre as construções que elas cobriam. Nenhum material suportaria alguns milênios debaixo do bloco de gelo que se formara sobre lagos, rios, cidades e, até mesmo, um platô onde se situava uma espécie de aeroporto, que jazia soterrado em meio à brancura geral. O gelo cumpria sua missão de tudo destruir e liberar espaço para novos povos e novas civilizações que viessem ocupar o palco desse mundo selvagem ao longo dos milênios sem fim.

Enlil estava abismado com o grau da devastação causada pelo gelo. Mas também se preocupava com o que fariam ao mundo e como reergueriam sua civilização, assim como um monumento que registrasse seu passado, de forma a deixar, para os povos do futuro, rastros nítidos de que foram colonizados, ou melhor, forjados pelos “deuses”. Ao que parecia, porém, eles não eram os únicos deuses que haviam pousado naquele planeta. A diferença é que os poderosos de antes partiram, com absoluta certeza, enquanto eles, os povos constituintes da espécie *Homo capensis*, os *annunakis*, não conseguiam sair do planeta. Não havia como, o que contribuía para que usassem todos os recursos à disposição a fim de formar uma cultura que selaria para sempre o destino dos novos homens, os seres que se desenvolveriam em Tiamat.

Dali a aproximadamente 200 mil a 400 mil anos, após uma série de eventos geológicos e cataclismos ocorridos nesse intervalo, nada restaria das cidades monumentais desses povos desconhecidos que, um dia, habitaram o terceiro planeta do sistema. Talvez não existisse nada que atestasse para o mundo futuro a presença dos *annunakis* em Tiamat. Ou quase nada. A menos que tomassem alguma providência. Quando as geleiras derretessem, nada sobreviveria à implacável avalanche dos anos, do passar do tempo, e apenas uma lenda sobreviveria na memória daquela gente. Nenhum vestígio restaria, nem mesmo dali a 50 mil anos, das belezas de Lêmur e da história daquela civilização desconhecida; talvez, nem sequer dos eloins e seus conterrâneos, que aqui estiveram deportados, degredados, em decorrência de um processo monumental de transmigração de seres entre dois mundos tão próximos e, ao mesmo tempo, tão distantes. Uma proximidade quase genética e uma distância tão grande em termos de civilização, cultura e histórico de vida.

Um grupo de árvores seculares, uma floresta tropical com vegetação muito desenvolvida e de altíssimas árvores, apareceu de repente à frente da aeronave dos astronautas. De aparência longilínea, esses seres cobriam a cabeça com um artefato natural, feito com fibras de algas. Embora tivessem cabelos longos, aos olhos comuns pareciam calvos, pois, encimando a cabeça, uma espécie de cone bastante alongado evitava que seus cabelos, verdadeiras antenas parapsíquicas, ficassem expostos às vibrações primárias do mundo onde ora viviam. Assim se protegiam, ainda que de maneira não muito eficaz, até mesmo das consciências intrusas, dos seres que assassinaram em sua passagem por outros mundos da amplidão. Afinal, o artefato também fora desenvolvido para coibir a intrusão psíquica, mental, o ressoar dos clamores de vingança de milhões e milhões de almas e criaturas que alvejava sua mente sem cessar, devido ao grau de virulência que impuseram aos povos que dizimaram. Embora de maneira um tanto quanto imperfeita, tal objeto ao menos amenizava os dardos parapsíquicos de

dor e angústia que recebiam sobre suas almas culpadas.
A composição tornava sua aparência deveras exótica, especialmente porque era usado um material que se ligava à pele e formava uma extensão da cabeça, perfeita em termos estéticos, de sorte que era impossível notar qualquer ponto ou cicatriz que marcasse a emenda.

As árvores se erguiam majestosas e ameaçadoras. Afinal, tratava-se de um mundo muito primitivo e, diante da técnica dos povos que ali aportavam, era de alguma maneira intimidador. Os astronautas não estavam habituados a um mundo desse tipo, embora soubessem que existiam aos milhares, nas franjas da Via Láctea e de outras ilhas siderais. Enquanto sobrevoavam o altiplano onde se erguia a imensa floresta negra, os cientistas filmavam e catalogavam tudo com seus instrumentos de medição e registro. Enlil via-se angustiado, aflito, movido por um sentimento contraditório, sem saber que de longe era manipulado por dominadores invisíveis, por um dos mais terríveis ditadores que veio deportado, ele também, ao mundo-prisão.

Em meio à paisagem cheia de vida e de ameaças incomuns, o que parecia uma cratera de um antigo vulcão extinto destacou-se. Enlil e Ninhar's pilotavam a espaçonave. Havia outros a bordo, mas eram simples serviçais dos deuses. Embora da mesma espécie, eram considerados de casta subalterna. O interior da cratera exalava um odor muito forte de enxofre, à proporção que uma fumaça espessa saía dali e envolvia a nave, que sobrevoava o local e balançava em meio aos vapores imprevistos. Uma zona de instabilidade se produziu, quase levando-a ao chão. A cratera exibia todo o seu furor natural, deixando os astronautas com medo de que uma explosão colocasse em risco a segurança da espécie ali representada. Escombros de rochas, lavas e outros detritos, possivelmente expulsos do interior da cratera, espalhavam-se pelas florestas, com boa parte das árvores derretida ou petrificada num raio de mais de 40km de destruição, formando o quadro desolador que contrastava com a densidade da floresta ao redor. Felizmente sobraram muitas espécies, embora mais ao longe as geleiras cobrissem o que restava de grande parte do continente lemuriano.

Quando os astronautas o sobrevoaram pela primeira vez, a bordo das naves que traziam as cápsulas — onde, adormecidos, encontravam-se os seres que eram transportados do mundo matriz para este submundo do espaço —, muitas delas foram irremediavelmente deterioradas, devido às erupções do vulcão aparentemente extinto ou em repouso por longo tempo. Esse fato havia se passado milhares de anos antes da época dos *capensis*, da sina de Enlil. Assistiu-se a uma destruição generalizada, pois os primeiros astronautas ainda não conheciam a estrutura de vida do novo orbe e muitos deles foram surpreendidos, em diversas ocasiões, pelos seres medonhos que habitavam Tiamat. Três únicas naves escaparam da erupção que cuspia lava e detritos na atmosfera, surpreendendo os viajantes à hora da aproximação e do pouso. As naves remanescentes conseguiram identificar as cidades adormecidas no gelo e algum resquício de civilização ainda mais antiga. Mas não se atreviam a voltar àquele local. Além do mais, tudo lá estava morto; não havia mais os representantes da misteriosa raça. Em suma, os astronautas resolveram procurar outro lugar menos perigoso para estabelecer sua primeira base, a qual viria a se transformar, mais tarde, num monumento de seu povo, uma espécie de capital de onde partiam as diversas comitivas de pesquisadores, cientistas e trabalhadores exilados. Ali foi erguida Eridu, a cidade-estado dos deuses decaídos.

Uma área muito pantanosa de Lêmur fora avistada por Enlil e Ninhar's, onde se erguia uma construção de forma piramidal, que diferia das demais edificações do continente. Era para ali que se dirigiam aqueles astronautas. A nave deu uma volta numa órbita elíptica em torno do monumento, ou sabe-se lá o que representava a pirâmide dos antigos descoberta ali, em meio às geleiras e distante alguns milhares de quilômetros do gigantesco vulcão adormecido. Nas proximidades avistaram um bando de seres primitivos, talvez descendentes diretos dos antigos ou, quem sabe, criação deles. De todo modo, o bando mostrava características diferentes daquelas observadas anteriormente por seus cientistas. Abaixo da nave apareceram outras pirâmides, menores, formando um estranho conjunto arquitetônico de cor escura. Via-se em seu cimo uma luz embaçada, como se ainda restasse ali alguma atividade energética, embora de pequena intensidade. Algo intrigante para Enlil e Ninhar's.

— Temos diante de nós uma prova inquestionável de que este mundo foi realmente visitado antes de nós.

— Prova? Não vejo assim esses monumentos — respondeu Enlil, abstraindo-se de sua apreensão íntima.

Ninhar's fitou o rosto escultural do outro; embora nutrisse por ele respeito misturado a medo, havia também grande consideração. Queria substituí-lo no comando do contingente mais expressivo de deuses que viera de seu sistema original. Mas por ora precisava dele, não sabia por quanto tempo, mas precisava.

— Os povos que aqui estiveram antes de nós parecem ter deixado seu rastro para a posteridade. E seu futuro somos nós, Enlil! Esses primatas do planeta não servirão às nossas experiências; são por demais primitivos e sua inteligência é mais um instinto do que produto de raciocínio elaborado.

— Não é assim, Ninhar's! Nossos cientistas e técnicos já pesquisaram diversos exemplares dessa raça. Encontramos resquícios de uma espécie diferente nesses primatas. Talvez, um elo entre o tipo anterior e o que procuramos encontrar; mesmo assim, com alguma modificação cerebral — algo que merece nossa atenção.

— Por que vive repetindo a mesma história, Enlil? Sei que também não lhe agradam essas bestas-feras nem este mundo miserável. Talvez encontremos um meio de fugir deste inferno justamente no interior dessas pirâmides; talvez escondam algo que possa ser muito útil a nós. E talvez finalmente possamos alçar voo rumo às estrelas do firmamento e estabelecer nosso reino em meio a povos detentores de uma mente mais elaborada e certo grau de civilização.

— Verdadeiramente odeio este mundo, Ninhar's. Contudo, não é de se esperar que alguma técnica tenha sobrevivido ao fogo e ao gelo por milhares de anos, talvez centenas de milhares, segundo a contagem de tempo deste mundo. Temos de nos conformar com a ideia de que esses primatas descendem diretamente dos povos que aqui chegaram antes de nós, num tempo muito anterior a este em que viemos. Não sabemos é se essa teoria da herança genética se aplica entre eles, os primitivos, e nós.

— Jamais podemos ser iguais, nobre Enlil. Sabe disso. Somos deuses, e eles, primatas. Nada há de semelhante em nosso DNA. Não mesmo, pelo menos até onde sabemos.

— Infelizmente, a presença de seres aqui neste mundo, de seres anteriores a nossa raça divina, talvez também nos demonstre outra coisa.

— O quê, Enlil da casta dos governantes divinos?

— Que talvez nossa raça, assim como a de outros povos do espaço, guardem muito mais semelhanças entre si do que supomos. Quem sabe os mesmos que semearam a vida neste mundo, eras antes de nós, não sejam os próprios seres que semearam a vida em nossos mundos? Quem sabe...

— Isso é uma afronta sem tamanho, nobre Enlil. Não se pode conceber um tamanho absurdo como esse. Nosso povo nunca evoluiu de uma espécie inferior. Somos filhos das estrelas e deuses por natureza, fato que nos faz substancialmente diferentes desses primitivos do terceiro mundo.

— Não é bem assim, Ninhar's. Você ainda é jovem e nunca acompanhou os arquivos de nosso povo que se encontram na base localizada no satélite natural deste mundo. Embora não possamos mais voar para lá como quando aqui chegamos, lá permanecem guardados nossos registros mais preciosos. Um dia retornaremos às estrelas e lá recuperaremos nossa história.

Depois de um silêncio constrangedor entre ambos, sempre acompanhados pelos ouvidos atentos dos serviçais da outra casta do *Homo capensis*, de estatura mais baixa e musculatura mais desenvolvida, Enlil continuou:

— Em minha opinião, nobre Ninhar's, os antigos habitantes de Lêmur desenvolveram os antepassados dos primatas. Partiram de seres humanoides ainda mais primitivos do que estes e deram um impulso em sua evolução, de maneira que, quando aqui chegamos, já encontramos uma espécie desenvolvida, ainda que distante de nossa realidade. Ou seja, há no universo alguma raça, ainda que desconhecida por nós e talvez habitante de outra dimensão, um mundo ou universo paralelo, que viaja pelo cosmo semeando vida. Há outros cuja incumbência é fazer alguma alteração nos habitantes primitivos para que desenvolvam a inteligência primitiva e instintiva. Creio pessoalmente, Ninhar's, que nós, mesmo que degredados, temos muito que fazer e muito a contribuir para que certas espécies de mundos como este se desenvolvam, de sorte que possam evoluir para um estágio que lhes permita erigir sua própria civilização. Enfim, ao que me parece, mesmo que em meu espírito eu odeie este mundo, ficaremos aqui por milênios ainda, por uma verdadeira eternidade, pelo menos até que vejamos essa espécie tomar posse de sua herança na superfície deste orbe.

Ninhar's calou-se ainda mais, pois se sentia revoltado com o posicionamento de Enlil. Nem queria imaginar o que seu tio Enki pensava, pois sabia que este amava Tiamat com seus primatas e sistema de vida, muito diferentemente do irmão Enlil, que disputava o domínio sobre os astronautas e, por conseguinte, sobre uma parcela daquele mundo selvagem e inóspito, localizado na zona periférica da galáxia. Ódio incomum e forte dominava os pensamentos e emoções de ambos, embora por motivos distintos. Após prolongado silêncio, Ninhar's falou para seu pai, Enlil:

— Não humilhe assim nosso povo, nobre Enlil. Poderá enfrentar o tribunal dos deuses. E dificilmente alguém consegue escapar da sentença máxima.

— Não estou humilhando nosso povo, Ninhar's. Apenas considero os fatos sob a ótica de um cientista, nada mais — e encerrou ali a discussão sobre o assunto, ao menos por ora.

De repente, um dos astronautas menos importantes na escala hierárquica, que se mantivera até então calado, ocupado com seus instrumentos de medição, deu um grito que arrancou os dois representantes dos deuses do impasse instaurado, do franco embate que ameaçava desencadear sérios problemas para todos.

— Fumaça! Vejam, ali à frente...

— Onde? Fale logo, Vestal!

— Ali, nobre Enlil! Veja, ao lado daquela montanha menor.

Instintivamente, Enlil e Ninhar's viraram-se para o lugar apontado pelo astronauta Vestal. Olhavam para a borda da floresta tropical logo abaixo.

— Na direção do rio, ou onde restou algo semelhante, devido à lava que abriu o caminho entre as gigantescas árvores — e soltou imediatamente um sinalizador em direção ao lugar, deixando-o à mostra.

Enlil logo avistou o fogo e chamou a atenção do filho para o fato.

— Estou vendo, nobre Enlil — falou Ninhar's.

— Desvie para a direita, Vestal. Vamos pousar numa região mais distante, onde não possamos ser vistos, caso exista alguma criatura vivente por ali.

O coração dos astronautas disparava pela excitação. Afinal, era seu futuro que estava em jogo, conforme criam. Ao lado de ambos, sem que o percebessem, dois outros seres, de dimensão ligeiramente diferenciada, acompanhavam tudo. Ambos estavam a postos, dirigindo a atenção dos astronautas divinos para determinado grupo de humanoides à frente. Tentavam, a todo custo, abreviar o sofrimento da raça dos primatas nas prováveis experiências genéticas patrocinadas pela ciência inumana dos degredados. Os dois seres, Alotron e Lamarion, localizaram os espécimes mais apropriados para uma experiência que poderia ser o ponto final de uma série de barbaridades perpetradas nos laboratórios de Tiamat.

Entrementes, Ninhar's já havia informado ao comando de sua base, situada próxima ao rio que futuramente seria chamado de Eufrates, que haviam localizado seres um pouco diferentes dos anteriores. Desceram, após identificarem, na cadeia de montanhas, algumas grutas de aspecto também incomum. Levavam consigo alguns animais do mundo primitivo, os quais haviam adestrado. Eram aberrações, conforme acreditavam os próprios astronautas, mas serviam como montaria para se locomoverem entre as florestas densas. Galopavam velozmente sobre pedregulhos e montanha abaixo. Passadas algumas horas, Enlil e Ninhar's avistaram as grutas das quais falou Vestal, que seguia ambos, empunhando um tipo de arma desenvolvida para sedar qualquer criatura que se interpusesse entre eles. Somente não funcionava com os animais imensos, as feras monstruosas do planeta. Mas em animais menores, eram muito eficazes. Nos bastidores da realidade ostensiva, Lamarion e Alotron, dois especialistas e guardiões da eternidade, velavam pelas criaturas terrenas, os primitivos seres das pradarias de Lêmur. Guiavam, sem que o soubessem, os astronautas corporificados que se dirigiam àquele recanto do mundo-prisão.

As cavernas na base das montanhas não pareciam naturais. Isso os incomodou ainda mais. Alguém, alguma cultura as fizera. Uma vez mais deparavam com a prova da existência de outros seres, mais avançados, que pareciam haver preparado aquele continente, ou talvez todo aquele mundo, para a morada dos seres primitivos que se multiplicavam nas planícies e florestas do terceiro planeta. Mas quem eram eles? Esta, a grande pergunta que ninguém sabia responder.

As aberturas entalhadas nas rochas pareciam esculpidas por algum instrumento que não se achava mais ali. Nem o instrumento, nem os construtores. Uma saliência rochosa chamou a atenção dos deuses astronautas, já que não poderia ser mais apropriada à habitação dos humanoides. Animais predadores jamais conseguiriam chegar até ali. O local era favorável a que os habitantes primatas enfrentassem qualquer adversário da região, com exceção dos monstros dos pântanos — ameaça ainda não avistada por ali. Pedras, pedregulhos e galhos de árvores estavam dispostos diante das cavernas. Parecia obra de alguém que pensava, raciocinava, mesmo que primitivamente. Esse fator pareceu muito importante aos olhos dos cientistas, que procuravam um espécime mais apropriado às suas experiências genéticas. Decerto as pedras maiores poderiam servir de portas para as cavernas, mas isso era demais para aqueles primitivos, que jamais conseguiriam pensar em algo assim. Ou conseguiriam? Estariam diante de um segmento mais avançado dos homens primitivos? Enlil e Ninhar's estavam entusiasmadíssimos com a possibilidade de encontrar um espécime tão raro, quanto mais um bando de primatas avançados. Isso era tudo de que precisavam para desenvolver um novo tipo de ser.

As montarias tiveram de percorrer grande distância, considerando-se o local onde pousaram a nave, que trataram de disfarçar em meio à vegetação, numa providencial embora distante clareira. No trajeto, descobriram algumas aberturas no chão rochoso, que mais pareciam túneis escavados primorosamente e que conduziam a algum lugar desconhecido. Pela dimensão e localização, como também pela direção, remetiam aos antigos construtores das pirâmides negras, supostamente os mesmos que haviam habitado o continente milênios antes. O ar era frio, quase gélido. Depois de assinalarem a área que descobriram, partiram para o local mais próximo das cavernas. Logo o terreno adiante se revelou mais úmido e rochoso. Quando estavam a cerca de 800m das grutas, Enlil ordenou que Vestal assumisse a frente e se dirigisse com maior rapidez ao local onde pretendiam encontrar os habitantes misteriosos do terceiro mundo.

Basharool, que, como Vestal, pertencia a uma casta inferior dos astronautas, ficara próximo à nave; em caso de eventualidade, chamaria por socorro. Tiamat parecia guardar surpresas incrivelmente perigosas a cada passo, em cada sítio. No continente chamado Lêmur, como haviam batizado o platô imenso no qual se erguia a cordilheira mais incrível que pudessem ver naquele orbe, as coisas eram ainda mais diferentes e perigosas. Um perigo que poderia ser o fruto da imaginação daqueles seres do espaço ou, quem sabe, algo real, escondido em cada floresta, em cada recanto obscuro das rochas.

O vento vinha do oeste enquanto Vestal galopava sobre sua montaria. Ele não percebeu de imediato que era rondado por um grupo de 10 criaturas primitivas, que o espionavam entre as árvores. Pareciam sombras, mas eram seres vivos, com o mínimo de percepção de sua realidade. Para eles, os astronautas eram a ameaça mais grave que surgira nos últimos tempos. Mas Vestal detinha um instinto aguçado para o perigo e pressentira algo diferente no ar, que vinha com um misto de calor e frio, intercalando ambas as temperaturas, combinando-as num vento morno. Parou de repente, como num estalo. Pegou sua arma e segurou-a com firmeza. Porém, os seres ocultos na penumbra da floresta pareciam ainda mais instintivos que Vestal. Saíram do lugar tão repentina quanto disfarçadamente, sem serem percebidos pelos deuses caçadores de primatas. Enquanto Vestal se detivera, auscultando o local, Ninhar's e Enlil sorrateiramente se aproximaram, pois, ao verem o subordinado parar, logo desconfiaram de que algo estava por acontecer. Talvez descobrissem a localização de um dos primitivos da região? E a caçada continuava.

Deixaram que Vestal avançasse à sua frente, pois sabiam que era um estudioso, um tipo de antropólogo, a quem interessava sobremaneira estabelecer contato com aquela raça. Motivavam-lhe nem tanto as experiências genéticas programadas, mas sobretudo a chance de estudá-los, como seres vivos capazes, talvez, de desenvolver uma cultura, tal como a concebiam. Vestal desceu do animal, e seu gesto foi seguido pelos dois astronautas. Exultava, pois pressentia que seria o primeiro de sua raça a encontrar-se com um tipo superior entre os habitantes do planeta-prisão. Todos guardavam silêncio absoluto. Naquele momento em que a tensão estava no auge, Lamarion e seu amigo guardião da eternidade orquestravam tudo, atrás da delicada membrana psíquica que separa a realidade ostensiva da original, o mundo paralelo. Conduziam os acontecimentos para que o espécime certo pudesse ser encontrado pelos astronautas, a fim de evitar matanças desnecessárias, e assim os experimentos pudessem ser realizados da forma mais ética possível. Seriam encerradas ali as experimentações genéticas horrendas que produziram as aberrações que sobreviveram por muito tempo sobre a superfície de Tiamat.

De repente, Ninhar's gritou de medo, assustado com um dos animais mais feios que chegara a conhecer na vida. Correu para o lado de Enlil, que, somente com o olhar cheio de virilidade e magnetismo, reprovou a atitude do filho. O grito afugentara o grupo de seres que eles caçavam. Ninhar's compreendera a reprovação e ressentira-se com a própria conduta. Vestal olhou para ambos sem poder se manifestar, afinal era apenas um servidor dos assim considerados deuses, embora da mesma espécie *Homo capensis*, como se denominavam em seu mundo de origem.

— Desculpe, nobre Enlil... — principiou o jovem, manifestando-se pela reação instintiva.

— Nem tente me fazer perder tempo, Ninhar's. Temos de prosseguir.

Ele compreendeu imediatamente a resposta de Enlil. Ficou ainda mais incomodado porque sua reação ocorrera na presença de um ser inferior, de uma casta insignificante de seu povo. Desmoralizara-se perante um serviçal. Não sabia ainda como remediar a situação. Enlil fez um sinal conhecido de seu povo e direcionado a Vestal, que entendeu o significado e continuou a rota, mudando o sentido apenas uma única vez. Vestal guiava-se também pelo instinto, e não apenas pelo raciocínio. Isso o fez localizar novamente o bando de primatas, ainda que após mais de duas horas de atraso, provocado pela reação pueril de Ninhar's, alguém que se julgava um deus.

Alotron e Lamarion estavam entusiasmados. O atraso fora útil para atuarem junto ao psiquismo primitivo de um dos seres do bando, atraindo-o para perto dos astronautas. Ninhar's queria a todo custo se desculpar, mas Enlil jamais lhe daria chance. Resolveu aquietar-se, então, quase encerrando ali sua participação no arrojado projeto. Caso o bando fugisse, perderiam tudo que apostaram nessa excursão pelo continente. Graças aos deuses do espaço, mas graças também à ação de Lamarion e Alotron, isso não ocorreu.

Pouco tempo depois, Vestal aproximou-se de dois espécimes diferentes, cuja aparência chamou a atenção de seus superiores hierárquicos. Enlil respirava pesado; tentou ao máximo dominar a ansiedade. Ninhar's parecia nem respirar — não poderia cometer mais um erro; isso seria imperdoável. Viram dois seres primitivos, dois primatas diferentes entre si, saírem de trás de uma rocha. Não poderiam ser considerados humanos, no sentido próprio do termo. Talvez não fossem homens, ainda. Mas também não poderiam ser confundidos com símios; não eram homens-macaco, tampouco. Eram algo inusitado. Para que a natureza produzisse espécimes como esses, essencialmente diferentes dos demais observados e capturados até então, levaria milhões de anos de Tiamat. Ali estavam espécimes que verdadeiramente haviam sido modificados ou, em outras palavras, alguém havia dado um empurrãozinho no processo evolutivo, alterando de alguma maneira a constituição física daqueles seres. Aliás, ao que parecia, não somente o aspecto físico havia sido impulsionado, a ponto de serem visivelmente tão diferentes. Havia algo nos olhos daqueles primatas que revelava algo não físico, uma presença inteligente, uma inteligência muito mais avançada, embora ainda distante da dos astronautas. Sem dúvida, o olhar chamava atenção, de modo especial.

Será que finalmente, depois de centenas de anos de experimentos, conseguiriam encontrar um ser à altura das necessidades dos astronautas? Será que finalmente a busca havia encontrado termo? Mal sabiam que Lamarion e Alotron é que haviam rastreado os espécimes mais apropriados. Se estes deixassem a busca à revelia, ao acaso, essa atitude poderia custar-lhes mais um milênio e inúmeras outras aberrações até que os exemplares fossem encontrados. Embora Alotron não aprovasse tais experiências, que considerava abjetas, resolvera ajudar a fim de evitar mais sofrimento para a espécie primata. Afinal, aprendera a amar aquele mundo e aqueles seres, que eram objeto de sua pesquisa há centenas de anos, segundo o padrão de tempo de Tiamat.

Vestal aproveitou a curiosidade dos dois seres à sua frente e disparou a arma narcótica, deixando-os desacordados, para poderem ser examinados mais de perto. Eram armas que não causavam danos permanentes, se fossem ajustadas para tal. Somente em casos raros as programavam para matar. Mas ali estavam espécimes diferentes, especiais; um salto da evolução naquele mundo primitivo. Aproximaram-se mais e auscultaram cada uma das criaturas. Cabelos negros compridos nasciam e cresciam em diversas partes de seus corpos. Concentravam-se aqui e ali, muito diferentemente do que se via nos corpos dos astronautas, cuja pele era lisa e finíssima. Os primitivos tinham maior concentração de pelos na cabeça, na região genital e nos peitorais. Um deles apresentava apenas uma leve penugem, diferentemente do outro. Sim, eram espécimes distintos. Talvez um deles fosse batizado no futuro, mais de 400 mil anos depois desses acontecimentos, como *australoptecus*. Este guardava mais semelhança com os astronautas do que os primitivos e primeiros seres capturados.

Depois de examinarem detidamente o indivíduo, Vestal atreveu-se a comentar, pois não conseguia mais guardar a curiosidade nem a satisfação de haver deparado, pela primeira vez, com um ser bem mais adiantado, dentre todos que conheceram até então:

— Vejam a cabeça deste exemplar!

Os dois astronautas se olharam, pois não aprovavam um ser de casta inferior dirigir-se a eles sem receber permissão para isso. E esta já era a segunda vez que Vestal fazia tal coisa. Entretanto, não podiam naquele momento fazer nenhuma reprimenda, pois dependiam de seus conhecimentos para identificar a melhor das criaturas que servisse a seus intentos. Voltaram-se ao ser à sua frente. Para acentuar seu poder sobre Vestal, Enlil se pronunciou:

— Fale, Vestal, nós o permitimos — mas logo sentiu que teria de modificar em algum momento sua forma de agir com os de castas diferentes ou inferiores. Não estavam mais em seu planeta, mas todos, igualmente, num mundo-prisão.

Parece que Vestal ou ignorava o sentido de suas palavras ou, então, não mais se intimidava perante os que se consideravam superiores. Ignorando se os dois seres sublimes entendiam ou não o que falava, segurou a cabeça de um dos primatas e declarou:

— Sem a menor dúvida, o crânio pode até guardar semelhança com um símio daqueles encontrados logo que aterrissamos neste planeta; mais precisamente, os que habitam as árvores. Mas se trata de mera semelhança; nada que sugira um parentesco tão próximo.

Modificando o jeito como segurava o humanoide, mostrou mais detalhes para seus superiores Enlil e Ninhar's, pronunciando cada palavra devagar, como se aguardasse que ambos pudessem compreender o que explicava:

— Reparem como a testa é bem diferente; isso denota um cérebro também muito diferente e maior que o dos símios mais primitivos. É um bom sinal. A testa deste arqueia-se para cima, ao contrário do que se vê no espécime ao lado — falou apontando o outro ser, que sugeria estar um grau atrás no processo evolutivo natural daquela espécie.

Continuou:

— Dificilmente encontraríamos dois seres tão distantes em termos evolutivos juntos assim, como encontramos estes dois. Até parece que fomos ajudados por mãos invisíveis. O outro ser, ao lado, assemelha-se mais aos primitivos das florestas, mas este aqui denota um desenvolvimento da inteligência num grau superior. Quem sabe possamos ajudá-lo um pouco com nosso conhecimento de engenharia genética?

Abrindo a boca do ser à sua frente, algo que fez com relativa dificuldade, pôde perceber uma diferença que de maneira incomum sobressaía entre os dois espécimes. Cheio de ardor, e tomado de curiosidade científica, Vestal explicava para Enlil e Ninhar's, sem que estes se sentissem ofuscados com seu conhecimento, nem ao menos pudessem considerar como insolente sua forma de lidar com os superiores:

— Vejam os dentes. Faltam-lhe os caninos! — e olhou em direção aos dois astronautas.

Neste instante, observou o grupo de humanoides primitivos se achegar a eles. Estavam apenas curiosos, sem demonstrar nenhuma atitude agressiva. Pareciam saber, de alguma maneira que não poderiam explicar, por lhes faltar ainda mecanismos de comunicação eficientes, que estavam diante de seres mais avançados que eles. Seus olhares pareciam diferentes, pois um brilho intenso demonstrava que atrás de cada par de olhos havia um espírito, um ser pensante, uma atividade mental diferenciada, embora os pensamentos se desenvolvessem numa trilha mental restrita à realidade em que se encontravam e às suas necessidades básicas. Mesmo assim, algo definitivamente brilhava dentro deles — fato que incomodou os astronautas cientistas, não obstante estivessem imensamente satisfeitos com o achado.

Ali mesmo começou uma história diferente, que marcaria para sempre, ou talvez por milênios quase sem fim, o histórico de vida dos seres. A partir dali, seriam desenvolvidos pelos astronautas degredados em Tiamat. Os seres humanoides, tão logo miraram os olhos dos seres do espaço, notando com maior intensidade as diferenças entre sua espécie e a daqueles visitantes, ajoelharam-se a seus pés. Balbuciavam sons incompreensíveis, mas demonstravam total submissão aos seres estrangeiros, que agora dominavam o mundo primitivo para onde foram banidos. Nascia ali um período de adoração que seria o maior trunfo dos seres do espaço para dominar a raça programada para servi-los. Prevaleceria a forte tendência instintiva a endeusar e venerar tudo aquilo que desconheciam e a submeter-se às forças que não dominavam. Enlil olhou para Ninhar's significativamente.

Além dos limites da matéria física e etérica, olhos vigilantes acoplados magneticamente a Enlil observavam os acontecimentos. Forças que se opunham ao progresso e à evolução estavam interessadas na reação dos humanoides. A partir do que se vira ali, resolveram que seriam estes os detentores de conhecimento e inteligência, em proporção quase ilimitada, comparando-se aos primatas do planeta. Seriam os deuses da nova raça que nasceria ali, naquele mundo, num processo de manipulação genética, mas também de ordem mental e espiritual. A nova espécie, depois chamada *Homo sapiens*, seria forjada para obediência e servidão àquelas forças, por meio da manipulação de seus pensamentos, suas vontades e emoções. Estava decidido o futuro dos humanoides, estava selado o nascimento de uma nova raça, que reinaria na superfície do planeta sob o império dos dominadores do submundo, os quais manipulavam também os astronautas degredados, mas particularmente Enlil, visando à realização de um plano esboçado por eles, mas que ainda consumiria séculos e milênios para se concretizar. Tinham tempo de sobra para isso. Sabiam que só sairiam de Tiamat quando lhes fosse permitido pelos senhores do sistema, os dirigentes maiores, que velavam pelo destino da humanidade nascente.

Por outro lado, Lamarion e Alotron sentiam-se aliviados por terem conseguido limitar a ação dos eloins, os cientistas de seu povo, impedindo-os de conduzir intermináveis experiências com os seres do mundo primitivo. Os eloins eram a raça mais respeitada e, ao mesmo tempo, os grandes conhecedores dos elaborados processos de manipulação genética. Tidos como cientistas da natureza, transformaram-se em criaturas hábeis em exobiologia e no trato com inteligências de várias etnias e famílias siderais. Não obstante, eram perversos. Em poucos deles se poder notar algum sentimento de consideração em relação aos seres ainda em desenvolvimento ou formação cultural e social; não mais que isso.

Apesar desses fatores de preocupação, Lamarion e seu amigo sabiam que o longo processo evolutivo receberia um impulso muito grande a partir daquele momento. Os degredados de seu povo teriam de ensinar aos novos seres sua ciência, transmitir-lhes conhecimento e treiná-los em diversas situações, ao longo das eras, nem que fosse para que estes os servissem da maneira mais precisa possível. Além disso, esses mesmos que pretendiam escravizá-los não consideravam certas variáveis do processo evolutivo. Não contavam com a interferência de seres mais esclarecidos, de orientadores evolutivos que, de tempos em tempos, viriam a se materializar nos corpos humanoides para, misturando-se à nova raça, poder educá-los, e assim deixar marcas profundas na formação cultural e espiritual dos povos deles derivados. Considerando o extenso percurso que a humanidade nascente teria de palmilhar em sua trajetória de desenvolvimento, eles, os guardiões da eternidade e os demais que trabalhavam silenciosamente atrás da delicada película que separa as dimensões, disporiam de um tempo dilatado — milênios — para acompanhar e educar suas crianças cósmicas. Nascidas ali, levavam em seu cerne, em seus genes, a marca dos filhos das estrelas, como resultado da manipulação genética das mais elaboradas de que se tinha notícia, desde eras remotas.

LÊMUR NÃO PODERIA SER considerado como os outros continentes do planeta. Era especial. Não somente devido às estranhas construções que abrigava, mesmo que àquela altura a maioria estivesse coberta pela vegetação ou pelo gelo, mas também em razão do bioma ali existente. Seres que há muito já não se viam nos demais continentes pareciam ali encontrar uma espécie de redoma invisível, sobrevivendo em meio à flora riquíssima da região.

Foi para lá que se dirigiram os mais temíveis seres degredados, tão logo se viram capazes de penetrar a mente de Enlil. Os membros do primeiro comando de vibrações — ou, como se dizia no planeta original daqueles seres, os ditadores cósmicos, os pretendentes ao posto de deuses do sistema — cavalgaram sobre as trilhas de energia presentes nas dimensões próximas à crosta do planeta. Vasculharam tudo ao redor, embora ainda não dominassem todos os recantos obscuros e ainda desconhecidos do mundo para onde foram banidos por uma força superior. Passaram acima de pântanos e florestas negras, auscultaram tudo ao redor, como que procurando por vestígios de algo que eles mesmos talvez desconhecessem.

Além deles — os seis representantes de um poder desumano —, havia algo, uma presença bem maior, ainda mais ostensiva, porém invisível, que abarcava tudo com os poderes de seu espírito, por meio de forças paranormais superlativas. Tais habilidades psíquicas, embora conhecidas dos *capensis*, naquele ser em particular assumiam proporção absurdamente distinta em relação à verificada em seus compatriotas ali exilados. Uma superconsciência, inumana. Quem fosse por ela tocada, por esse ser hediondo, perdia a vontade, era submetido ao seu poderio devastador. Mas ninguém, nem mesmo os seis dominadores, sabiam de quem se tratava. Sob máscaras e disfarces, quem era essa consciência capaz de controlar até mesmo a vontade dos seres mais tenazes, os dominadores de todas as ciências e de todo o conhecimento de seu povo? Sua identidade era ignorada. Apenas eram dominados, manipulados, subjugados por uma consciência que sintonizava com os piores instintos, os mais primitivos, os mais abjetos e as emoções mais primárias que jamais haviam rondado as auras dos povos. Havia absorvido o conhecimento dos demais através de intricados processos e habilidades psíquicas, roubando das mais brilhantes inteligências deportadas toda a bagagem arquivada nos centros de memória de seus corpos mentais. Era uma entidade satânica, e jamais se deixava perceber ou ser descoberta em seus mil e um disfarces.

Assim começou o processo mais macabro de manipulação dos seres do abismo, ainda quando os primatas acordavam para a existência de um mundo novo, ou melhor, quando seus olhos, iluminados pela razão e pelo conhecimento, abriram-se às belezas do mundo de Tiamat, que passaram a chamar de Terra.

4

RELATO DAS CRÔNICAS DA TERRA – OS CONSTRUTORES

O APARELHO DE CONTATO ZUMBIU. Era um chamado direto de nossa base em torno de Tiamat, o planeta que nos abrigava.

Por momentos hesitei em deixar minhas atribuições e os documentos a mim confiados a respeito dos réprobos. Mais de cem vezes o conteúdo dos arquivos secretos me deixou preocupado, e uma vez mais eu os lia e observava as imagens que traduziam os tempos novos, difíceis, nos quais vivíamos. Estávamos no ano zero da nova era dos proscritos — afinal, deveríamos conviver com um novo parâmetro temporal, muito diferente daquele vigente nos mundos aos quais estávamos habituados. Os anos em Tiamat passavam bem mais rápido do que em nosso mundo. Segundo os padrões no mundo dos proscritos, éramos quase imortais, tendo em vista a demora milhares de vezes maior de nosso orbe para girar em torno de seu sol. Um ano nosso correspondia a cerca de 3,6 mil anos deste novo mundo cheio de mistérios, vida e oportunidades. Tinha calafrios só de pensar como seria a vida dos milhões de seres degredados e por quanto tempo, o tempo deste mundo novo, ficariam restritos a ele, sem poder retornar ao infinito.

Demorei um minuto eterno, no passar das horas, observando quase estático a luz verde-oliva que se acendeu no painel à minha frente. Era o que restava de nossa tecnologia, o que sobrevivera aos elementos da atmosfera de Tiamat, não raro danosos ao tipo de matéria de nosso mundo, devido à constituição íntima das moléculas mais abundantes por aqui. Nossa base mais importante orbitava em torno do globo onde nos situávamos, pois lá, no espaço, ficaríamos ao abrigo de intempéries e de certos elementos nocivos, que causavam a desestruturação material de nossos instrumentos. Tiamat era um mundo inóspito, selvagem, cuja matéria era em tudo diferente daquela existente em nosso planeta natal.

O aviso luminoso ainda piscava com forte intensidade quando uma voz me chamou pelo aparelho sobre a mesa. Era um videocomunicador, que facilitava o contato com nossos conterrâneos que gravitavam em torno do novo orbe. Depois de relativa demora, acordei daquela espécie de transe e me dispus a responder o chamado, ainda sob o impacto das informações dos arquivos secretos que tinha à minha disposição. Acionei o instrumento visivelmente incomodado com a intromissão.

— Al Lian falando. Quem me chama? Houve algum evento urgente?

A face magra e escultural de um dos seres da minha espécie apareceu na tela do comunicador à minha frente. Era uma mulher de nossa raça. Uma refaim, alguém que se imiscuía em todos os assuntos e era capaz de se fazer passar por qualquer outra casta, devido a certas habilidades. Era alta para os nossos próprios padrões, e tinha o corpo esbelto, como quase todos de nosso povo; cabelos longos e sedosos, mas que no momento permaneciam enroscados no alto da cabeça. Movia-se quase lentamente demais, no entanto sem perder a elegância. O rosto de minha meia-irmã de casta apareceu, numa nítida interrupção de meu sossego enganador. Preocupava-me sobremaneira com os seres que vieram para Tiamat, aqueles que escoltamos até o mundo-prisão. Ela, minha irmã de raça, almejava uma posição de comando entre os nossos e fazia valer sua origem celestial para tentar se impor, mesmo sabendo que eu não aprovava suas ideias e pretensões. De modo geral, obtinha êxito ao dissimular suas intenções, mas não comigo. Reagi da maneira habitual, sem lhe dar muita importância. Frio como eu conseguia ser quando queria, embora prestasse atenção, quando o assunto me interessava, sem dar a entender tal coisa.

Não poderia deixar transparecer curiosidade no que quer que ela tivesse a me comunicar. Correria perigo de ser mal interpretado ou de ter intenções descabidas imputadas a mim. Minha atitude de cautela tinha razão de ser, mesmo com uma meia-irmã. Era nítida sua intenção de se aproximar de mim e usufruir de minha posição a fim de se beneficiar na nova política que se estabelecia entre nós, os novos habitantes deste mundo onde, talvez, vivêssemos por tempo indeterminado. No fundo, eu estava com vontade de enviar Lin el Baar, a irmã de casta, de volta a Nibiru. Ela era muito tenaz quando se tratava de suas pretensões.

— O comandante de nossa base está querendo falar com o senhor, caríssimo irmão de casta.

— Al Lian, o filho do nascente — respondi firme, tão amável quanto pude, embora ela percebesse o tom de minha voz. Devia ser o mais prudente possível, afinal ela se aliara instintivamente à casta dos marducai e não conseguia esconder o interesse por seus métodos imensamente reprováveis. Deixara-se seduzir pela política dos exilados.

Preocupei-me com a repentina notícia relacionada ao comandante da base voadora em torno de Tiamat. Ele era um excelente estrategista, porém estava desconfiado de mim, suspeitando que eu estivesse mancomunado com algum dos degredados a ponto de ter favorecido o motim sideral que acabou por significar a destruição de inumeráveis seres vivos, de todo um planeta. Ele me sondava e eu o evitava. Eu não queria revelar o que pensava a respeito de Lin el Baar, que ela houvesse auxiliado os renegados quando se amotinaram num dos veículos que os transportavam ao mundo-prisão.

— Levitran deseja que o procure imediatamente, senhor Al Lian — insistiu a meia-irmã de casta, menosprezando minha discreta discordância em relação à maneira como me tratava.

Meu segundo cérebro imediatamente ocupou-se com um plano para evitar me encontrar com Levitran. Enquanto isso, o cérebro que dominava o consciente e as operações da memória atual fazia de tudo para que minhas expressões faciais não refletissem a inquietação reinante em meu ser. As forças de meu espírito estavam ativas e a pleno vapor.

O comandante da estação era representante do governo e da corporação dos guardiões que serviam no espaço intermundos. Era um homem sempre preocupado com a segurança dos poucos representantes das forças mais expressivas do nosso povo, que viemos para Tiamat num dos quantos comboios que trouxeram muitos degredados.

Quanto a mim, exercia um cargo importante na nova colônia, se assim pudéssemos chamar o pequeno agrupamento de seres de nossa espécie que nos reuníamos às margens de um rio naquele recanto do mundo. Apelidamos o rio de Eufrates, em homenagem a um gigantesco mar em nosso mundo. Chefiava um pequeno grupo de homens da minha raça, os quais se ofereceram livremente para acompanhar os deserdados ao mundo novo.

Levitran era um agente da polícia secreta de Nibiru e um dos responsáveis por manter a ordem nos primeiros momentos de nosso povo neste mundo de exílio. Logo ele retornaria ao nosso lar sideral, levando notícias da primeira colônia dos rebeldes em Tiamat. Tinha um objetivo ou uma convicção a que se dedicava quase como uma obsessão: queria a todo custo convencer o parlamento de nosso mundo a autorizá-lo a impedir as experiências genéticas que os exilados realizavam em Tiamat. Ele simplesmente as abominava e não via sentido em tamanha intromissão no sistema de vida do planeta-prisão. Porém, Levitran não conhecia os detalhes dessas experiências como eu. Talvez por isso tentasse aproximar-se de mim, quem sabe como fonte de informação.

Tive de deixar aquele pequeno abrigo improvisado com material do mundo onde estávamos e ir a um lugar onde tivéssemos condições de nos falar. Na sala onde conversaríamos havia um sistema de comunicação precário, devido à influência magnética exercida pelo planeta e seu satélite natural. Liguei ali um novo aparelho, sem que a meia-irmã pudesse nos escutar.

— Bem-aventurado Levitran! Seja tua vida a mais longa dentre nós todos.

— Olá, Al Lian! Salve o sol nascente, o pai de tua casta — não quis comentar a saudação de Levitran, mas é fato que fez o máximo para ser cortês comigo.

O agente de segurança vestia-se com um uniforme comum ao seu cargo e a um chefe de operações de uma base tão importante como aquela que girava em torno do planeta. Era nosso último refúgio, a única maneira de retornarmos ao nosso mundo após os eventos catastróficos que marcaram a chegada das legiões de seres degredados.

— Sabe que se passaram milênios deste mundo desde que aqui chegamos — prosseguiu ele.

— Para nós foram somente alguns anos. Afinal, nosso ano solar é quase uma eternidade para os padrões deste mundo.

— Mas ao longo desse tempo, que para nós de fato é pequeno, foram constatados diversos problemas. A temperatura não nos é favorável. Embora o ar seja da mesma composição que o do nosso planeta, existe poluição, oriunda de vulcões em atividade. A fauna do planeta é o maior dos desafios, e os exilados terão de conviver por séculos e milênios com esse bioma até que a própria natureza o solucione, através da seleção natural ou da evolução.

— Pelo que sei, os eloins estão mexendo na estrutura atômica e molecular de várias espécies. Talvez não demore tanto tempo até que o ambiente deste mundo esteja completamente renovado.

— Isso pode ser perigoso, meu amigo — falou Levitran. — Tanto os eloins quanto os refains são castas perigosas, nós sabemos, e eles têm algum plano que não conhecemos por completo. Pelo contrário, aposto que desejam algo muito maior do que possamos imaginar.

Olhando pela abertura da construção improvisada às margens do Eufrates, rio que cortava uma região de grandes riquezas naturais, o Levitran continuou, algo sisudo:

— Temo pelo futuro. O governo central do nosso mundo me enviou um comunicado importante. Brevemente chegarão a este mundo outros exilados, que o administrador do Sistema Solar decidiu localizar neste mesmo planeta. São advindos de uma estrela binária.

Temo pelo que possa ocorrer entre as legiões que aqui se encontram, os *annunakis* e esses outros exilados.

— Não sabia disso. Os documentos que possuo não fazem referência a essa outra espécie de seres.

— Não se preocupe; afinal, são humanoides como nós mesmos, do mesmo tronco humano. É impossível duas espécies diferentes conviverem no mesmo mundo por tempo dilatado. Uma colocaria fim à outra, como sabe. Mas, neste caso, parece que os indivíduos que aqui virão morar são de uma índole muito perversa. Portanto, podem ocorrer sérios confrontos entre os que aqui estão e os que chegarão.

— Isso é perigoso até mesmo para nós, sentinelas.

— Exato, amigo. Por isso venho propor uma trégua em nossa forma de ver e pensar.

— Trégua? Mas acaso estamos em guerra?

— Não no sentido concreto do termo. Mas não ignoro que temos sérias desavenças no campo das ideias. Ocorre que agora precisamos nos unir para tentar, de alguma maneira, organizar a vida dos degredados até que tenhamos de retornar ao nosso mundo de origem.

— Retornar? Você sabe de alguma coisa a esse respeito que está me escondendo, Levitran?

— Sei de alguma coisa, filho do sol nascente, mas

não estou lhe escondendo nada. É que chegou a meu conhecimento há bem pouco tempo, através de uma comunicação de rádio desde nosso mundo até nossa base.

— Então posso saber as últimas notícias?

— Claro que sim, amigo. O governo do nosso sistema decretou que devemos retornar em breve.

— Mas como deixar as legiões de degredados neste mundo sem supervisão, sem ninguém que os impeça de destruir este planeta, como o fizeram com o quinto mundo durante o motim?

— Não poderemos fazer nada, Al Lian! Infelizmente. Seja como for, não será por agora. Quando se fala em algo iminente, temos de levar em conta que o tempo em nosso planeta é diferente do tempo aqui.

Levitran considerava que, em Tiamat, o tempo necessário para o planeta realizar uma rotação completa em torno de si mesmo era de pouco mais de 24 horas, embora esse número pudesse sofrer alterações, devido aos abalos decorrentes da chegada das legiões de *annunakis*. Em nosso mundo, por outro lado, a rotação consumia mais de 90 horas, contadas conforme os padrões daqui. Sem falar a duração de nosso ano, cerca de 3,6 mil vezes maior...

— Outra coisa me preocupa bastante, Al Lian: os seres primitivos deste mundo. Nas pradarias de determinado continente, existe um tipo quase humanoide. Embora ainda sem inteligência, segundo observei tem grande probabilidade de desenvolvê-la. São primatas em um estágio de desenvolvimento inferior aos do nosso planeta, mas os eloins demonstraram interesse neles. Não detectamos, ao menos até agora, nenhum ser vivente portador de inteligência desenvolvida, ao qual pudéssemos dar o nome de humanos. Não obstante, levando-se em conta o perfil e as habilidades dos eloins, refains e olmalains, provavelmente tentarão usar esses primatas. Devemos preservá-los, antes que seja extinta sua espécie.

— Sei disso, nobre Levitran! Isso me inquieta, também. Fiz algumas excursões pelas pradarias e notei que alguns dos olmalains exilados observavam esses primatas. Temos de descobrir os planos deles, urgentemente.

— Como eles sabem que estarão circunscritos a este planeta por longas eras, temem se ver compelidos a corporificar nesta espécie tal como está hoje, uma vez que é a mais propícia à imersão no mundo material, entre as disponíveis. Contudo, sabemos que os *annunakis* jamais consentiriam em ter de assumir corpos tão primitivos. Então...

— Resta-lhes apenas fazer experiências de aprimoramento genético a fim de aperfeiçoar esse tipo mais propício às futuras corporificações de nossos conterrâneos. A questão é: e se suas experiências derem errado?

— Muito provavelmente produzirão aberrações da natureza. Já vimos como algumas experiências genéticas deram origem a seres medonhos, que felizmente não conseguiram sobreviver por muito tempo.

— Além do sofrimento que causam às suas cobaias, no processo.

— Felizmente, Al Lian, o que restou das naves que os trouxeram foi bem pouco. A maioria foi destruída durante a chegada, devido à rebelião *annunaki*. Dispomos de poucos elementos e parcos recursos tecnológicos que resistiram, e isso é providencial. Se tivéssemos ao alcance toda a tecnologia que trazíamos a bordo, sem dúvida seria um desastre nas mãos das castas rebeldes.

— Ademais, a era de gelo, o esfriamento repentino do planeta, obrigou-nos ao recolhimento no espaço, retirando-nos com toda a nossa frota, e aquilo que ficou na superfície foi totalmente destruído, corroído pela matéria planetária ou soterrado por um tempo longo demais debaixo das camadas de gelo, que tomaram conta de tudo.

— Somente depois de um período de muito dilatado é que pudemos retornar. Daí em diante, tornou-se impossível a mineração no continente dos primatas.

— O ouro ainda existe, mas, nas condições atuais, nada foi mais acertado do que interromper o fluxo do mineral até nosso mundo central.

— Até porque os rebeldes *annunakis* não admitem mais trabalhar nas minas. Exigem que sejam enviados seres inferiores, de mundos primitivos, para realizar o trabalho que faziam.

Cogitar nova rebelião no novo mundo fez com que os dois ficassem pensativos. O primeiro levante ocorrera justo no momento em que se aproximavam do planeta Tiamat, o que redundou no extermínio de toda uma raça. Mais tarde, após centenas de anos de trabalho nas minas do continente antigo, os *annunakis* se rebelaram e destruíram tudo a sua volta. Al Lian e Levitran temiam o que poderia suceder caso os principais líderes, as forças que engendravam todos os conflitos, nos bastidores, resolvessem destruir também este planeta. Eram seres criminosos; aliás, criminosos cósmicos. Al Lian ensimesmou-se.

— Preocupam-me, Al Lian — retomou o *annunaki* — as incursões dos nossos conterrâneos expatriados aos mares do sul. Foi exatamente ali que pousaram nossas primeiras naves quando chegamos há alguns milênios, ainda antes do gelo cobrir o planeta inteiro.

— Não havia ponderado sobre isso — confessou Al Lian.

— Pois bem... Caso encontrem algum resquício das naves que se perderam na chegada, poderemos ter um problema sério. Os primeiros astronautas não tiveram tempo de salvar os equipamentos e precisaram deixar o local usando barcos. Mas se os principais rebeldes encontrarem alguma coisa da antiga tecnologia usada por nós...

— Há muitos desafios aqui na cidade de Eridu, meu amigo. Não podemos perder o foco, ocupando-nos agora com outras questões, sob pena de não sanar problemas mais próximos e concretos. Nosso pequeno acampamento transformou-se numa cidade, e nossos conterrâneos se dispersaram por vários recantos do planeta, buscando pesquisar a nova morada sideral. Sem mencionar as dificuldades nas minas de ouro, causa da grande rebelião dos deportados.

— Você tem razão, Al Lian — concordou o outro. — Mesmo assim, não posso deixar de antever tempos difíceis. Quanto aos rebeldes, eles não concordam em trabalhar nas minas, mas, ao mesmo tempo, não dispomos de outra mão de obra.

— Quem sabe resida nesse ponto o repentino interesse das castas mais especializadas nos primatas deste mundo? Talvez pensem em adestrá-los ou, quem sabe, promover seu aperfeiçoamento, a fim de que trabalhem para eles?

— Faz sentido a observação, Al Lian. Contudo, apesar de não serem inteligentes, são seres vivos. Receio o que possa resultar de uma eventual intervenção no sistema genético dessa raça. Afinal, ainda não temos conhecimento detalhado da espécie encontrada nas pradarias do continente.

— É um continente primitivo, sob todos os aspectos. Apesar disso, eu já vinha avaliando um local para construir marcos e sinaleiros com vistas ao pouso de outras naves, que, conforme relatou, podem chegar a Tiamat dentro em breve. Temos de ser honestos, meu caro. Com as florestas vastíssimas, os animais estranhos e ferozes e outras peculiaridades deste mundo, não podemos deixar de pensar nos nossos irmãos que para aqui virão no futuro. Considero reunir os melhores projetistas entre os renegados e erguer pirâmides. Elas assinalarão para as naves o local onde pousar — pois as verão de longe, ainda no espaço —, como também para o abastecimento solar.

— Ignorava que estivesse envolvido num projeto tão amplo e grandioso, Al Lian — comentou Levitran. — Mas conte comigo! Admiro bastante seu gênio empreendedor. Em meio a tantos problemas, a disputas de poder entre os mais hábeis representantes dos povos degredados, ainda é capaz de pensar no bem-estar de nossos irmãos que desejarão aterrissar aqui no futuro. Você pensa no auxílio a seres que nem sequer conhece, bem como numa fonte de abastecimento natural.

— Claro, irmão! Sei que é de seu conhecimento que as pirâmides de nosso planeta absorvem energias diretamente do Sol e as acumulam, de modo que até nossos comboios se abastecem delas. Como Tiamat está bem próxima do Sol, imagine a cota de energia que poderá ser acumulada, caso venhamos a erguê-las?

— Você acha que será capaz de convencer o povo de Eridu, ou mesmo os chefes dos rebeldes, a trabalharem no erguimento das pirâmides?

O *annunaki* Al Lian assumiu uma postura empertigada, erguendo-se acima da altura de Levitran. Eram muito altos os representantes daquela raça de seres, bem mais altos que os hominídeos das pradarias, os chamados primatas. Diante destes, eram verdadeiros gigantes, e os primatas poderiam até ser considerados seres em miniatura, diante do porte dos visitantes do espaço que então assumiam a direção de seu mundo.

— Já convenci Enki e Enlil a assumirem a direção dos trabalhos. Além do mais, com nossa tecnologia, ou o que resta dela, ainda conseguimos fazer verdadeiras proezas — falou quase eufórico Al Lian. — Mesmo que a matéria física deste orbe seja distinta da que nos é familiar, mais densa, a dificuldade em manipulá-la é compensada pelo fato de se tratar de um mundo virgem, se assim podemos dizer. É bem mais fácil agir sobre a matéria bruta e sobre os elementos sutis, dispersos na atmosfera, do que o será daqui a milhões de anos. O ambiente extrafísico do planeta ainda não está densamente povoado e, por isso mesmo, há como movimentar grandes cotas de energia, moldando e transportando material de regiões remotas, a fim de levá-lo aonde se fizer necessário.

Levitran parecia interessado nos pormenores do plano de Al Lian. Porém, mostrou-se também preocupado com uma ideia abordada pelo amigo. A esta altura, as diferenças entre ambos pareciam haver sido diluídas, a tal ponto que Levitran passar a admirar Al Lian, diante de seu comprometimento com o grupo de seres degredados e, também, de sua abrangente visão do futuro.

Mas... havia outro aspecto envolvendo os exilados. É que nem todos vieram para Tiamat em corpos etéricos e físicos, evidentemente. Havia numeroso contingente que viera em corpo astral, em forma espiritual. Estes constituíam a população invisível e mais ativa do novo mundo, da nova morada para onde foram banidos sem nenhuma perspectiva de regressar à pátria natal. O comandante tinha esses seres em mente.

— Parece que seu semblante ficou pesado, nobre colega — falou Al Lian de repente, observando o vinco que momentaneamente se formara na fronte do outro. Não combinava com sua aparência semelhante marca no rosto anguloso. Seus cabelos pendiam sobre o corpo formando ondas. Media mais de 3,40m de altura. Como ainda não havia uma civilização nativa, por assim dizer, era esse o padrão naquelas eras remotas. Era perfeitamente natural seres com tal aspecto: altos, esguios, braços compridos, dotados de força descomunal, sem que para tanto fossem musculosos. A aparência era quase andrógina. Contudo, sabiam distinguir-se muito bem, embora para outros certamente fossem semelhantes entre si. Levitran modificou seu semblante, deixando transparecer as preocupações cada vez mais abrangentes que dominavam seu pensamento. Respirou fundo, mas não perdeu a postura, que facilmente se confundiria à de um deus.

— Temos tido inúmeros conflitos nas dimensões vizinhas, nobre amigo. E isso muito me preocupa.

— Sei disso, Levitran. Tenho comigo documentos secretos que relatam as ocorrências do outro lado da membrana psíquica da realidade. Parece que o príncipe dos exércitos celestes[9] encontrou grande dificuldade com os dominadores; estes, os mais perigosos que conosco vieram, assenhoram-se de nossos conterrâneos com facilidade, numa espécie de intrusão psíquica.

— Você também recebeu uma cópia dos documentos secretos?

— Estou com minha cópia guardada numa cápsula dimensional. Pelo que li, o arcanjo enfrenta sérias dificuldades para agrupar os banidos do invisível em grupos de famílias semelhantes. Os grandes chefes julgam-se os maiorais e querem a todo custo dominar.

— Não sei se você já tomou conhecimento de todo o conteúdo dos documentos secretos, meu nobre irmão — Levitran deixou de lado qualquer reserva a res-

[9] Miguel (cf. Dn 12:1; Jd 1:9; Ap 12:7).

peito do amigo; tinha agora o coração aberto. — Temo que um dos dois irmãos, Enlil e Enki, esteja correndo sério perigo. Não sei o que seria de nós caso sucumbissem à ação dos ditadores mais perigosos dos degredados. Nem mesmo sei até que ponto é desenvolvido seu cérebro complementar; se, como nós, travam contato direto com a realidade além da membrana psíquica que separa as dimensões.

— Infelizmente, nem todos de nossa espécie desenvolveram plenamente o segundo cérebro. Portanto, as habilidades psíquicas não são comuns a todos os *annunakis*.

— Com certeza, meu nobre amigo — pela primeira vez Levitran chamava Al Lian de amigo de maneira genuína. — Como dizia, temo por um dos dois irmãos. Segundo os documentos secretos, os dominadores das regiões invisíveis, os seres mais perigosos de todos, estão empenhados em controlar nossos irmãos que têm tarefas mais expressivas, principalmente os que são referência entre a população de viventes.

— De certo modo, eles já conseguiram uma proeza como essa — respondeu Al Lian — durante o motim a caminho de Tiamat. Fomos obrigados a chamar o príncipe dos exércitos e ele teve de intervir com força descomunal para evitar algo pior.

— Pior do que a destruição de um planeta com seus bilhões de habitantes?

Al Lian respirou fundo, revelando uma tristeza dificilmente contida.

— Talvez muito pior, meu amigo Levitran. Desconfio que alguém dentre nosso povo *annunaki* tenha sido o elo que permitiu aos chefes dos seres degredados realizar a intromissão psíquica e ganhar o controle da maior de todas as naves. Como se não bastasse, ainda arrastaram consigo a elite científica dos degredados. Certamente não teriam tamanho êxito sem que alguém lhes servisse de apoio psíquico, alguém dotado de habilidade mental, cuja percepção fosse capaz de ultrapassar os limites da delicada membrana psíquica entre dimensões.

— E, como você já disse, nem todos de nossa raça possuem tais habilidades; muito pelo contrário.

— Exatamente. Isso reduz bastante o leque de suspeitos a investigar, a fim de descobrir quem esteve por trás dos eventos catastróficos que marcaram o fim de um mundo e de uma civilização.

— De duas! — acrescentou Levitran. — Pelo que ficamos sabendo, o quinto planeta era razoavelmente adiantado. Tinha uma tecnologia bem avançada; porém, havia uma raça, um tanto primitiva, de seres que sobreviviam com energias roubadas, espécie de vampiros de vitalidade. Foram igualmente dizimados, embora não merecessem isso.

— Quem dá mais trabalho ao arcanjo supremo são precisamente os grandes responsáveis pelo crime hediondo, os artífices desse atentado cósmico. Eles dominam a arte da intrusão psíquica e, por isso, temo muito pelos irmãos Enlil e Enki. Devido à posição de poder de que desfrutam perante os renegados, têm sérias chances de serem alvo de um ataque psíquico de grande poder de devastação.

— Temo pelos dois, igualmente, meu amigo. Mas tanto Enki quanto Enlil têm condições de rebater a investida psíquica dos monstros do abismo. Afinal, são muito bem preparados; ainda por cima, vieram para cá antes de nós.

— Na verdade, a trajetória deles aqui me preocupa ainda mais, nobre companheiro, ao invés de me tranquilizar — externou sua apreensão o filho do sol nascente. — Logo que aqui chegaram, transcorrido um breve período no qual ergueram Eridu, os dois se desentenderam. Um dos irmãos revelou pretensões de domínio sobre o planeta novo, e sua cobiça foi agravada pelo estoque de combustível fóssil suficiente para milênios de abastecimento, o que permite a exploração de muitos projetos. Sem falar na imensa quantidade de minerais, especialmente o ouro, elemento primordial não apenas para manter a atmosfera de Nibiru, deteriorada desde a agressão dos degredados, que intentaram nos destruir, mas também essencial à operação de inúmeros equipamentos de nossa tecnologia. Excelente condutor, fundamental no desenvolvimento de novas tecnologias, creio que em todas as civilizações que conhecemos ao longo de nossa experiência — mesmo as de famílias siderais diferentes, como as que respiram outros gazes, no lado oposto da Via Láctea —, o ouro acaba desempenhando papel similar. Fato é que essa larga oferta de riquezas naturais parece ter atiçado o interesse de um dos irmãos.

— Nada podemos fazer quanto a isso, meu caríssimo. Infelizmente — acrescentou Levitran. — Como sabe, não podemos nos intrometer; aliás, nem sequer somos capazes de abarcar todos os problemas decorrentes do expurgo de um número tão alto de imigrantes cósmicos. Alguns problemas terão de ser resolvidos no futuro. Contudo...

— Isso me angustia — interrompeu o filho do sol nascente.

— Contudo, podemos construir uma base em algum ambiente do planeta e deixar para as gerações futuras o registro dos eventos aqui ocorridos nesta época de terrores e desafios.

Al Lian se pôs a pensar na proposta do amigo e comandante da base espacial. A ideia lhe parecia melhor do que ficar se afligindo com questões que somente ao longo do tempo seriam solucionadas.

— Creio que a ideia é de todo favorável, Levitran. Uma base incrustada nas profundidades das rochas de Tiamat, que só pudesse ser descoberta daqui a milênios.

— É importante preservar a história dos degredados. Além do mais, é preciso deixar pistas de nossa presença. Creio que será inevitável que os *annunakis* rebeldes desenvolvam uma relação próxima com os habitantes primitivos. Caso não possamos interferir em sua ciência e sua metodologia, ao menos podemos deixar nosso rastro em diversos recantos do planeta. Talvez assim, nos milênios sem fim, os povos em desenvolvimento na superfície deste mundo possam saber da nossa história e, quem sabe, abrir as mentes e acautelar-se contra o processo de manipulação numa dimensão cósmica. Afinal, sabemos que os experimentos científicos dos dominadores não se restringem apenas à área genética; seus objetivos vão muito além. Pretendem dominar as mentes e, para tanto, lançarão mão de todo e qualquer recurso que estiver a seu alcance.

Mas eles não sabiam que outros seres, na dimensão além-física, já se ocupavam de limitar as experiências genéticas em andamento. Ignoravam que dois guardiões do tempo estivessem determinados a auxiliar na próxima experiência para que fosse exitosa, e não mais ocorressem barbaridades na tentativa de manipular o código genético dos primatas. Ainda não sabiam da ação de Lamarion e Alotron, mas o plano já estava em andamento.

Os dois amigos se entreolharam, preocupados como o futuro do mundo primitivo, mas naquele momento não podiam tomar nenhuma atitude que mudasse o curso dos acontecimentos.

Nos momentos que se seguiram, Al Lian levou a termo os planos discutidos com Levitran, contando com a ajuda de Enki, um dos irmãos siderais. Preparavam tudo para construir os artefatos que deveriam ser localizados em pontos estratégicos e manter-se de tal maneira alinhados que, nos milênios do porvir, pudessem apontar o endereço celeste onde ficava o distante lar dos primeiros degredados. Eram as pirâmides, que também serviriam para acumular energias advindas da estrela do sistema, de modo que pudessem reabastecer as naves que, de tempos em tempos, viriam a este mundo em diversas missões. As estruturas deveriam ser cobertas com uma finíssima camada de ouro para este fim, pois as propriedades condutoras do metal possibilitariam o abastecimento das células de energia de suas naves. Al Lian começou a procurar as mentes mais brilhantes, nas quais se tivesse desenvolvido algum sentimento altruísta e um sentido de ética. A obra monumental começou, enfim, a ser esboçada.

Concomitantemente a estes acontecimentos, em outra parte do sistema, algo mais acontecia.

SEU NOME ERA YMAR. Era o mais experiente dos seres que visitavam o mundo novo. Representava uma raça estelar especializada na construção de estações de observação e tinha um histórico de trabalho realmente notável. Curiosamente, ninguém ali sabia ao certo se esses seres eram originários de determinado mundo que girava em torno de uma estrela do cinturão de Órion ou se provinham de outras terras do espaço ainda mais remotas. Apareceram ali já havia milhares de anos e vez ou outra se interessavam pelos mundos nos quais a vida florescia. Ymar ocupava uma posição de destaque numa equipe de cientistas que trabalhava no satélite natural de Tiamat.

Eram conhecidos como *os construtores*. A seu lado, atuavam outros pesquisadores, provenientes de pelo menos cinco mundos distintos, embora todos tivessem formas humanoides, com diferenças não tão acentuadas.

Ymar, Tronion e Auxchuenil, nomes comuns em suas respectivas culturas planetárias, tinham algo em comum. Queriam transformar aquele satélite em um lugar onde pudessem conviver seres com alguma diversidade cultural. Teriam um grande desafio pela frente. Já na largada, nem todos que se ofereceram para trabalhar na base lunar respiravam ar de mesma composição. A maioria sobrevivia à base de oxigênio, o que lhe proporcionava relativa familiaridade cultural; já os respiradores de composições gasosas mais distintas pensavam por outras trilhas, com uma lógica um tanto diferente; apesar disso, estavam determinados a ajudar. Mas criar ambientes artificiais, cada qual dotado de uma atmosfera própria, era um desafio e tanto, principalmente levando-se em conta que o planeta logo abaixo deles não havia se desenvolvido a ponto de oferecer uma tecnologia apreciável. A única disponível era a dos *annunakis*, os seres que vieram deportados para a prisão espacial, cuja tecnologia remanescente mostrava-se seriamente comprometida, devido a incompatibilidades iniciais em relação à atmosfera e à matéria de Tiamat. Até conseguirem contornar a situação, Ymar teria de se ver com os recursos que, aos poucos, importaria de outros mundos.

Fato é que Tiamat não poderia ser descuidado. Sua localização no Sistema Solar era de uma importância estratégica muito grande. Caso o novo orbe fosse descoberto por culturas desenvolvidas, mas não comprometidas com a política de paz daqueles mundos ali representados, a situação poderia se tornar muitíssimo séria e delicada. Além do mais, teriam de fazer de tudo para zelar pelo desenvolvimento de uma possível civilização no planeta nascente.

— Temos de transformar este satélite, primeiramente, num lugar habitável, Auxchuenil. Por enquanto, antes de nos aventurarmos a quaisquer obras de vulto, precisamos de alojamentos dignos para os trabalhadores.

— Teremos enorme empreitada aqui, Ymar. O satélite é um corpo celeste morto. Será necessário realizar escavações profundas, entre outras providências. Quanto à localização, o melhor mesmo é aproveitarmos o chamado lado oculto — isto é, que não é visto de Tiamat —, onde a matéria parece oferecer menos resistência aos nossos instrumentos.

— Inicialmente, teremos de usar as próprias naves

como estações de repouso. Somente depois de construir o primeiro abrigo teremos como nos transferir diretamente para dentro das redomas. Mas você está coberto de razão no que se refere aos obstáculos materiais, até porque trabalhar num ambiente sem gravidade é desafiador. As sondagens e os cálculos demonstram, também, que a matéria é muito bruta.

Uma mulher advinda da constelação mais próxima de Tiamat entrou na conversa:

— Na Crosta, os *annunakis* pretendem construir estações sinalizadoras para receber visitantes do espaço, que poderão aterrissar mais facilmente e reabastecer as naves com a energia solar captada e acumulada em baterias. Podemos ser úteis uns aos outros.

— Não vejo como fazer um trabalho em conjunto, Sal-ali-naan. Eles trabalham no solo do planeta e têm um objetivo claro, que é preparar os seus para uma empreitada gigantesca ao longo de milênios. Não podemos interferir na vida dessa civilização incipiente. Nem ao menos descer na superfície do planeta, por enquanto, senão causaremos um transtorno evolutivo apreciável. Os estatutos de convivência entre os povos não recomendam interferir da forma como sugere.

— Sei que devemos, com efeito, respeitar cada cultura com a qual deparamos, nobre Ymar. Porém, não é preciso nos isolarmos mutuamente. Lembro que os ditadores vivem neste mundo; a vida deles e suas estratégias interessam muito aos nossos governos e à nossa segurança pessoal. Quem sabe os dois atores, os *annunakis* e nossa organização, não possamos nos ajudar mutuamente sem interferência ou prejuízo? Está certo de que não há uma maneira? Afinal, o que faremos aqui é também do interesse dos povos aprisionados no planeta. De mais a mais, com a barreira colocada pelos guardiões dos mundos, talvez nem sequer possamos viver lá embaixo. Contudo, talvez possamos trocar conhecimento. Os *annunakis* detêm conhecimento a respeito de satélites cuja superfície está como a deste aqui, morta, sem atmosfera nem vida. Eles têm oito satélites assim em seu mundo original. Quem sabe...

— E o que pensa que possamos oferecer em troca, já que propõe um intercâmbio de informações?

— Primeiramente, sugiro acatarmos a sugestão do amigo Auxchuenil: atenhamo-nos ao lado oculto do satélite. Além da vantagem mencionada, ficaremos ao abrigo de possíveis inspeções a partir de Tiamat. Preservando-nos, nem ao menos as eventuais naves dos *annunakis* que aqui vierem descobrirão nossa base. Queremos ficar no anonimato tanto quanto possível, não é esse o objetivo?

— Nisso estamos de acordo. Minha questão permanece, entretanto: o que ofereceremos a eles em troca por sua contribuição?

— Estava observando, meus amigos. Sabem como a curiosidade é comum às fêmeas de nossa espécie, não é?

— Somente de sua espécie, Sal-ali-naan? Creio que esta é uma marca deixada pela mãe geradora em todas as suas filhas, em todos os mundos. Mas prossiga, senhora das estrelas...

— Notei grande movimento na região onde construíram o protótipo de uma cidade; a atividade por lá é febril. As construções lembram laboratórios, o que me leva a crer que estão mexendo com as forças titânicas da evolução.

— Acredita que estarão os *annunakis* fazendo algo proibido pelas leis estelares? Estarão alterando de modo sensível o curso da evolução em Tiamat?

— Não tenho um juízo formado, nobre companheiro — disse a mulher. Observando-os atentamente, ergueu a mão, com seus seis dedos, e mostrou algo aos engenheiros:

— Vejam este líquido precioso. Tanto nos poderá ser útil aqui, em nossa construção, quanto poderá facilitar as vidas dos *annunakis*.

— E para que serve?

— Na verdade, não fiquei somente na observação distante. Usei de alguns artifícios de nossa tecnologia e ouvi a conversa dos *annunakis*. Eles pretendem escavar as pedras e construir monumentos e câmaras de abastecimento energético para as naves. Isso nos poderá ser útil também, caso eventualmente venhamos a descer no planeta ou a precisar de energia proveniente do Sol.

— Ainda não compreendi aonde quer chegar.

— Mesmo daqui do satélite, pudemos identificar onde se encontram as montanhas com a matéria-prima mais propícia às construções. Localizam-se a mais de 1.500km de distância de onde pretendem erguer as primeiras construções. Ainda que tivessem trabalhadores aptos a transportar tais pedras, a tarefa consumiria cerca de 2 mil anos de Tiamat, sem falar na extração dos blocos. E é impossível fazer isso com mão de obra humanoide. Além do mais, ao que me parece, ainda não dispõem de toda a tecnologia necessária para tal empreitada; não bastam as máquinas que já possuem. Este líquido, meus amigos, é produto de nossa técnica de edificações. Ele tem a propriedade de amolecer qualquer material natural, modificando sua constituição molecular, o que permite moldar os elementos à disposição com grande liberdade.[10] Foi necessário desenvolver algo assim em meu mundo, que é rochoso, onde não existe matéria mineral domesticável, como nos mundos de vocês. Com isso, é possível diminuir drasticamente o tempo gasto no preparo das rochas, tanto nas nossas construções neste satélite como nas da superfície, que os *annunakis* farão.

— E como a reação funciona? Não teme oferecer aos *annunakis* um elemento tão precioso?

— Claro que não. Jamais poderão reproduzir este líquido aqui em Tiamat. Os elementos para sua elaboração e catalisação só são encontrados no meu mundo de origem.

— Sem dúvida, isso poderá nos ser muito útil, nobre dama.

---

[10] Uma vez que a física ensina, em termos gerais, que a mudança entre os estados da matéria se dá por alterações nas condições de temperatura e pressão, o autor espiritual foi questionado acerca do trecho em que a personagem aponta modificação na *constituição molecular* do material usado em construções. Ao ratificar tal informação, comentou a intenção de explicar melhor essa tecnologia, que sem dúvida causa surpresa, num próximo volume desta série Crônicas da Terra.

A mulher sorriu disfarçadamente.

— Sei disso, meus amigos. Mas há um problema. Precisamos dedicar um tempo a instruir e treinar os *annunakis*, entretanto, eles parecem estar em guerra constante entre suas castas. Não sei como solucionar esse impasse. Não basta colocar o líquido precioso em suas mãos; é preciso treiná-los. Até porque tenho um estoque limitado, que não permite desperdício.

— Por quanto tempo se dá o efeito de mudança na estrutura molecular dos materiais?

— Bem, esse é um problema que nosso povo não conseguiu resolver...

— Mais outro problema? Pensei que trazia apenas soluções.

— Nada que não se possa contornar — respondeu a mulher, sem ater-se à brincadeira do amigo. — Os *annunakis* ainda têm alguns equipamentos que trouxeram do seu planeta. Pois bem, a transformação se dá em apenas alguns minutos, e o efeito se preserva por mais ou menos duas horas de Tiamat, apenas.

— Então tanto eles quanto nós teremos apenas duas horas para moldar as rochas e transportá-las? Isso é impossível. Impossível! Nem com toda nossa tecnologia conseguiríamos.

— Mas o tempo é suficiente ao menos para moldar as rochas, antes que os efeitos cessem; diminuiremos em anos o processo todo. O transporte pode se valer de outros recursos tecnológicos.

— Como sugere que os *annunakis* transportem o material com que construirão os monumentos e instrumentos de abastecimento?

— Eles os chamam de pirâmides, meus amigos...

— Pirâmides? Que nome mais estranho para um equipamento.

— Não se preocupem. Eles possuem naves, que ainda preservam em seus estaleiros nos polos deste planeta. Ainda por cima, dominam a tecnologia da antigravidade. Dessa maneira...

— Depois de moldar os materiais de que precisam, mesmo que voltem a endurecer novamente, transportarão com suas naves através de equipamentos de antigravidade. Creio que nos convenceu. Efetivamente, convém estabelecer parcerias com os *annunakis* no planeta. Depois, precisamos elaborar nosso plano de trabalho aqui nesta lua. Até onde vejo, Sal-ali-naan, você tem condições de fazer contato com os governantes dos *annunakis*. Faço apenas dois alertas: não podemos nos envolver mais do que isso, e cuidado com o jogo de poder lá embaixo. Saiba que sua contribuição facilitou muito nosso trabalho de escavação das rochas lunares. Primeiro terá de nos ensinar a trabalhar com este líquido do seu planeta. Em seguida, entraremos em contato com os *annunakis* para auxiliá-los.

Com o passar do tempo, surgiu um projeto de cúpulas no satélite natural de Tiamat. Porém, não ficou somente nisso. Com a ajuda de outros povos do espaço, o satélite foi aproveitado ao máximo em sua estrutura. Através das crateras, obteve-se o acesso ao interior do astro. Fez-se uma variedade de instalações ali, preparando-o para, bem mais tarde, ser a base principal dos guardiões. As construções na superfície lunar eram apenas pequena parte do que se veria no subsolo; a atividade era incessante na contraparte etérica do satélite. Embora as construções na superfície tenham sido estruturadas em matéria de mesma densidade do satélite,[11] as cons-

[11] Parece natural depreender desta afirmativa que as referidas construções teriam densidade compatível não só com a matéria física lunar, mas também com a terrena. Sendo assim, deveríamos percebê-las sem maiores dificuldades, desde que pudéssemos observar o chamado lado oculto da Lua, seja pessoalmente ou através de sondas espaciais. Segundo o escritor J. J. Benítez e outras fontes na internet, é exatamente isso que teria ocorrido já na missão Apolo 11,

truções do interior foram forjadas em matéria etérica, o que facilitaria aos guardiões, bem mais tarde, a criação e o manuseio de suas ferramentas. A escolha não poderia ter sido melhor. A partir do satélite natural, com equipamentos apropriados, poderiam ser observadas, com máxima precisão, as cadeias montanhosas que, no planeta, milhares de anos no futuro, seriam conhecidas como Apeninos, Alpes, Cáucaso, além de outros recantos do mundo Tiamat. Excelente estratégia escolhida pelos representantes das estrelas.

O projeto fora concebido levando-se em conta os eventos complexos que envolviam o nascimento da nova humanidade. Destacadamente, a presença dos dragões era motivo de grande preocupação, bem como a cobiça de outros seres do espaço, filiados a política análoga, que pudessem ser atraídos para Tiamat e tentassem subjugar ou anexar o planeta a seus sistemas de governo.

---

em 1969. Embora o assunto seja envolto em muita especulação e evidente controvérsia, é razoável inferir que a nota do autor espiritual reforça a hipótese, e tais achados constituiriam evidências de vida extraterrestre, ainda hoje negada pelos órgãos oficiais. Cedo ou tarde, o futuro se encarregará de esclarecer o problema.

Com o tempo, os redutos construídos no satélite seriam oferecidos aos guardiões. Os construtores, então, partiriam para regressar apenas se fossem requisitados pelos novos ocupantes da base de observação, o quartel-general dos guardiões da humanidade.

Pouco tempo depois de prontas as instalações e redomas sobre a superfície lunar, os cientistas que as construíram desapareceram sem deixar rastros. Era uma característica dos construtores, e ninguém sabia dizer por que agiam assim e tanto prezavam o anonimato. Logo após os dois milênios em que atuaram no mundo Tiamat, todo aquele aparato foi ocupado por equipes de técnicos e especialistas dos guardiões. Alguns dos povos que auxiliaram os construtores permaneceram por mais algum tempo no satélite, organizando equipamentos e testando novas tecnologias. Enquanto isso, na crosta, os *annunakis* prosseguiram suas construções. Entre um evento e outro, Sal-ali-naan desceu à superfície para confabular com um dos representantes daquele povo degredado.

— Desculpe-nos, senhora das estrelas — falou Enki à mulher que oferecia ajuda. — Nós temos condições de atuar na matéria bruta deste mundo. Ainda temos algumas naves e armas à disposição, as quais poderão moldar a mais dura rocha. Não rejeitamos sua ajuda, mas creio que seu instrumento de trabalho poderá ser mais útil em outros recantos do mundo. Por aqui, em nossas cidades, temos como nos arranjar.

— Mas poderão acelerar e muito o trabalho de vocês. A mão de obra é escassa...

— Sabemos disso, senhora; no entanto, já estamos trabalhando. Se quiser, venha ver como conseguimos alcançar nosso intento.

Entrementes, as pesquisas e os experimentos visando à modificação genética dos humanoides já estavam em andamento. No tempo equivalente a apenas alguns poucos anos de Nibiru, o mundo original dos *annunakis*, caminhava sobre a superfície a raça nova, cujos representantes foram batizados de *homens*. Tendo a aparência física substancialmente melhorada, já se notavam traços de uma inteligência mais elaborada. Alguns exemplares da nova espécie foram especialmente trabalhados, dezenas de vezes, cruzando-os com *annunakis* de castas inferiores. O resultado foi o aprimoramento cada vez maior da raça de homens novos, que não mais lembravam os antigos primatas. Um considerável salto de qualidade, em todos os sentidos.

Quando chegaram ao vale de onde eram retiradas as pedras para a construção dos primeiros monumentos, a dama das estrelas, Sal-ali-naan, ficou encantada com a técnica *annunaki*. Havia se enganado quanto a suas possibilidades. Duas grandes naves estavam paradas sobre uma montanha, enquanto alguns dos seus técnicos orientavam campos de antigravidade e, com os instrumentos trazidos de Nibiru, conseguiam fazer em pouco tempo o que mais de 20 mil homens levariam uma eternidade. Um raio vinha da nave e cortava os blocos em tamanhos iguais. Alguns eram especialmente medidos, de acordo com a orientação dos técnicos e engenheiros desse povo. Enki mostrou todo o aparato tecnológico à mulher das estrelas que oferecia auxílio. Poucos *annunakis* estavam ali.

Havia um acampamento erguido com pele de animais selvagens e outros recursos de Tiamat. Enki a conduziu para lá, apresentando-a aos arquitetos do projeto arrojado:

— Em diversos lugares do planeta, são erguidas construções semelhantes a estas. Mas não cessa aí nosso projeto. As pirâmides serão revestidas com uma camada finíssima do ouro deste mundo, e funcionarão como armazenadoras de energia solar. Um potente acumulador energético e, ao mesmo tempo, um condensador, que disporá de estoque para recarregar as naves que, de tempos em tempos, virão a Tiamat.

— Seu projeto é realmente arrojado, nobre Enki — falou a mulher, visivelmente impressionada.

— Como sabemos, ao ter contato com um novo mundo, não se trata simplesmente de importar ou copiar a técnica, os recursos avançados e as descobertas científicas que já detemos. No entanto, podemos adaptá-los e aplicá-los à matéria deste orbe, a fim de construir o que precisamos. Deixar instrumentos como os nossos nas mãos de uma espécie tão jovem poderia ser fatal, além de constituir uma interferência indevida no processo evolutivo de qualquer mundo com a condição deste.

— Sim, amigo Enki, esta é uma recomendação elementar a todos os povos que dominam as viagens espaciais: nunca interferir de maneira drástica no contexto social e evolutivo dos mundos primitivos.

— As novas espécies, os seres de conhecimento primário, não amadureceram a ponto de usar nossos instrumentos, por isso nosso cuidado. Depois de transportarmos tudo, todo o material de que precisamos para o vale onde serão erguidos os monumentos, não deixaremos nossos equipamentos à mostra. Serão todos recolhidos e guardados para as futuras gerações, em alguns esconderijos preparados para isso. Somente daqui a muitos milênios, quando nossos irmãos de Nibiru vierem observar os resultados da evolução desses seres, eles mesmos, e não nós, é que decidirão se o homem de Tiamat está capacitado a usar essa tecnologia.

— Instrumentos tão valiosos quanto impressionantes como estes podem ser armas fatais nas mãos de crianças, como são os novos homens.

— Vamos, nobre Sal-ali-naan. Quero que veja de perto alguns avanços nossos neste planeta — convidou-a o sábio Enki.

Ocuparam uma das pequenas naves que servia para vencer distâncias consideradas menores e sobrevoaram outro vale, a cerca de mil quilômetros dali, de onde se extraíam rochas de granito em peças de mais de nove toneladas cada. Ao voarem a baixa altitude, puderam observar as naves que transportavam aquelas rochas esculpidas de maneira tão perfeita pelos raios de suas naves potentes. Eram transportados 10 blocos simultaneamente, depositados em novo vale, aonde se dirigiam Enki e Sal-ali-naan, seres de mundos completamente diferentes. Ao chegarem lá, Sal-ali-naan avistou a base de uma das pirâmides.

Diversas construções menores abrigavam a equipe técnica que orientava a empreitada. Havia um quê de euforia no ar. Tudo indicava que Enki e seus parceiros, com a ajuda de, Al Lian, que era especialista em cálculos, haviam acertado ao pôr em prática a ideia das construções em todo o globo. Os *annunakis*, que até então haviam se recusado a trabalhar em serviços braçais, aderiram por completo aos novos projetos. Também participavam dos trabalhos os chamados homens, os primeiros entre eles a serem treinados, embora ainda não tivessem condições de compreender os detalhes e assumir as tarefas. Os exemplares mais aperfeiçoados estavam em Eridu, a cidade-estado dos deuses. Ali eram adestrados para viver em comunidade e treinados em algumas aptidões e ofícios do conhecimento dos deuses. Aprendiam a plantar, domesticar animais, e alguns se aventuravam a aprender um tipo de escrita adequada ao seu estágio de aprendizado. Era o alvorecer de uma era, na qual deuses e homens conviviam sobre a superfície do planeta.

Ao se aproximar das construções, Sal-ali-naan admirou ainda mais o conhecimento dos *annunakis*.

— Veja aqui nosso projeto, irmã das estrelas — apontou Enki para uma maquete da grande pirâmide. — Segundo os arquitetos, ela terá mais de 150m de altura. Planejamos de maneira que esteja alinhada em direção à constelação de Órion, o lar da lonjura.

— Este é um projeto arrojado, nobre Enki, pois daqui a milhares de anos a posição das estrelas se modificará substancialmente nos céus deste mundo.

— Sabemos disso, dama das estrelas. Contudo, depois de muito ponderar e de dezenas de reuniões, tanto nossos astrônomos quanto os engenheiros e arquitetos da grande pirâmide conseguiram uma proeza matemática: calcular as posições dos astros a partir de hoje até mais de 500 mil anos no futuro.

— Vocês pretendem ficar tanto tempo assim neste planeta?

— Pessoalmente, amo este lugar. O mesmo já não ocorre com meu irmão, Enlil. Ele deseja muito voltar a nossa pátria, mas os compromissos nos prendem aqui. Infelizmente, tentou por duas vezes destruir nosso acampamento, por revolta; ele e seu filho chegaram ao absurdo, inclusive, de detonar um aparato nuclear. Varreram nossa cidade do mapa de um dia para outro, protagonizando uma cena triste e lamentável. Nessa revolta descabida, conseguiram matar a maioria dos espécimes que manipulávamos nos laboratórios de nossas naves. Tivemos de nos retirar para o espaço até que a radiação se dissipasse. Enlil está sob severa observação. Parece possuído por alguma força estranha. Mas...

a vida prossegue, e o fato é que não há como retornar ao nosso mundo entre as estrelas. Nossas naves não conseguiriam mais vencer tamanha distância, muito menos com a velocidade necessária.

Após um suspiro, Enki continuou, sem deixar que seus temores ou pressentimentos mais sombrios emergissem, prejudicando o planejamento de sua equipe:

— Farei deste mundo meu paraíso particular. Quero muito ver os humanos daqui crescer e progredir e velarei pessoalmente por eles. Aprendi a amar esses seres primitivos...

Engolindo seco, enquanto as naves descarregavam as toneladas de pedras no local previamente preparado, presas por campos de antigravidade, Enki continuou com voz mais suave e mais tranquilo:

— Os cálculos dos nossos engenheiros não foram tão exatos como esperávamos, pois temos de contar com algumas variações ao longo do tempo. Precisamos nos prevenir, também, contra eventos climáticos, catástrofes naturais e outros abalos que porventura este mundo jovem venha a enfrentar — explicou, apontando os registros dos arquitetos que trabalhavam incessantemente em várias outras construções menores.

Pôs o dedo sobre determinado local e continuou:

— Foram necessários meses a fim de que chegássemos a um denominador comum: a segurança dos monumentos. Tivemos de fazer uma base muito sólida para as construções, para que resistam às mais tormentosas catástrofes ao longo dos milênios. Considerando todas as variáveis, chegamos ao alinhamento dos vértices das pirâmides à constelação de Órion, com uma variação não maior que 0,6mm.

— Mas essa variação foi proposital ou algo que fugiu aos esquemas matemáticos do projeto?

— Levando em conta a instabilidade do planeta e a modificação de sua órbita em torno do Sol — algo previsível ao longo dos próximos 300 ou 400 mil anos —, tivemos de inserir esse fator em nossos cálculos. Por isso, os arquitetos alinharam o máximo possível as pirâmides ao cinturão de Órion, de modo a não deixar dúvidas acerca de nossa intenção. Precisávamos de uma referência que pudesse estar visível mesmo daqui a milhares de anos. Ao estudar o movimento do planeta em torno de si mesmo e seu trajeto no espaço, rumo à constelação de Hércules, chegamos a esse dígito de variação. Nesses cálculos, previmos até mesmo catástrofes como, por exemplo, bólides do espaço, asteroides ou cometas que porventura viessem a se chocar com Tiamat daqui a milhões de anos. Tivemos de vasculhar os céus deste mundo e o espaço; comparamos com as cartas estelares de nosso planeta e identificamos, com antecipação de mais de 500 mil anos, os artefatos cósmicos que estão vindo em direção ao planeta. Somente depois disso chegamos a essa variável de 0,6mm, cuja cifra contempla uma provável mudança no eixo de Tiamat.

— Ou seja, vocês alcançaram algo dificílimo até mesmo para muitas raças que já adentraram a era do desenvolvimento tecnológico. Parabéns, *annunaki*! Conseguiram um feito prodigioso, tanto arquitetônico quanto matemático.

— Sim, mas não foi somente o desejo de construir algo tão preciso que nos levou a estipular o alinhamento com a constelação de Órion. A pirâmide é umas das formas mais perfeitas de acumular energias, e precisávamos utilizá-la também para absorver energias das estrelas, além de apontar aos futuros habitantes deste mundo o lar de onde vieram. Queríamos mostrar que não são feitos exclusivamente da poeira deste mundo. Em seus corpos e suas mentes, há o mesmo tipo de energia e matéria da qual são feitas as estrelas. Por isso, o píncaro da grande pirâmide aponta para o céu, para o olho do deus, como se diz em meu mundo, ao mirar as estrelas da fantástica nebulosa.

— Pelos deuses de Órion! — exclamou Sal-ali-naan, dando a entender que era muita informação ao mesmo tempo. Enki entendeu a sugestão. Após instantes, ela tornou a indagar:

— O fato de as pirâmides apontarem para determinada área do espaço, para a constelação de Órion, constitui, então, uma espécie de indicação ou sinal para os futuros habitantes deste mundo.

— Não um sinal, minha querida Sal-ali-naan. Trata-se de um convite, um chamado. Monumentos em outros pontos do planeta também apontarão para o mesmo endereço cósmico. É um convite para que, quando os humanoides deste mundo forem capazes de vencer as grandes distâncias siderais, possam nos encontrar no endereço cósmico especificado. Portanto, não se trata apenas de um sinal, mas de um convite expresso, com endereço marcado e uma linguagem tão clara que, independentemente da época em que os humanoides estiverem, poderão compreendê-lo. O endereço sideral é perfeitamente visível, e não somente neste sítio, mas em outros que espalharemos mundo afora.

— Nobre companheiro do espaço, vejo que não precisam mesmo de meus préstimos. Mesmo assim, deixarei com você, como presente, parte do líquido precioso que trouxe de meu mundo. Peço-lhe apenas que o guarde em segredo; não o ofereça a ninguém. Sei que mais tarde poderá ser-lhe útil, como já foi para muita gente. De todo modo, não posso levá-lo de volta, pois sua instabilidade faria com que perdesse suas propriedades em uma nova viagem pelo espaço, principalmente se utilizarmos as trilhas energéticas.

— Agradeço sua ajuda, senhora, mas não gostaria que fosse sem antes conhecer os experimentos genéticos realizados com os primatas. Quero que veja com os próprios olhos.

Uma grande cidade foi erguida em torno daquele sítio, aproveitando a presença dos técnicos que ali estavam para levantar os monumentos. Outras mais seriam construídas, tanto ali como em outros recantos do planeta, cada qual com múltiplas finalidades; constituíam verdadeiras joias da civilização *annunaki* e de outros povos do espaço, seus auxiliares. Seriam observatórios, condensadores e acumuladores de energia solar, pontos de reabastecimento das naves ao longo dos milênios e, ainda, sinaleiros para quem estivesse no ar — os pilotos e tripulantes das naves —, a fim de indicar o campo de pouso e o sentido em que deveriam seguir. Uma cidade-paraíso foi erguida ali, na futura Mesopotâmia, cobrindo toda a extensão do vale. Era algo inimaginável para outras épocas, passadas e futuras. Fantásticos jardins suspensos constituíam o prodígio da arquitetura e do urbanismo na região entre os Rios Eufrates e Tigre — centro de todos os deuses, local onde foram feitas as modificações genéticas nos primatas do novo mundo. De laboratório, transformou-se o lugar em um verdadeiro paraíso bem no chão de Tiamat. Templos enormes concorreriam para a educação da nova raça, para o ensino de ciências, matemática, agricultura, leis e o estudo dos céus. Somente mais tarde, muito mais tarde é que os templos dedicados ao ensino de ciências foram utilizados para festividades e rituais religiosos. Quando isso ocorreu, já haviam os deuses regressado às estrelas, e o povo começou a se multiplicar sobre a superfície do planeta, formando seus próprios reinos, embora assistidos pelos veladores — seres remanescentes, que ficariam em Tiamat a fim de gerenciar o aprendizado dos povos do mundo. Posteriormente, esses veladores começaram a ser venerados e adorados como divindades por aqueles que tinham uma visão mística. Então, foi perdido o contato com a realidade dos astronautas, de cujo conhecimento o homem se distanciava gradativamente.

— Vamos lá, amigo do espaço. Tenho pouco tempo, mas ainda posso ir com você ver a obra-prima de sua civilização.

Os dois pegaram o primeiro comboio que levantou voo naquele vale e rumaram à cidade dos deuses, próximo ao Eufrates. Do alto, Sal-ali-naan pôde perceber a grandeza da obra que os *annunakis* levantavam no vale daquele rio, que serpenteava em meio a palmeiras e oásis maravilhosos. Era um vale muito verde, de tonalidades exuberantes, com seus jardins primorosamente construídos e projetados pelos povos auxiliares dos *annunakis*.

Havia intenso movimento de energias, seres e naves, do qual se destacava a construção de uma longa pista de aterrisagem, sinalizada pelas pirâmides. Somente do alto poderia ser vista a direção em que apontavam as pirâmides. Para quem estivesse no solo, pareciam apenas monumentos. A bordo de uma nave, entretanto, podia-se perceber que dois montes logo à frente formavam uma linha reta, perfeita, a partir das pirâmides, numa porção de terra que bem poderia ser um espaçoporto no novo mundo. Sal-ali-naan sorriu ao ver a sabedoria dos *annunakis*. Enki sorriu de volta.

— Vocês não deixaram passar nada, meu amigo.

Somente daqui de cima se pode perceber o alinhamento das pirâmides, sinalizando para os pilotos o sentido do pouso.

— Você compreendeu bem, minha amiga das estrelas; captou a plenitude de nosso projeto.

Respirando com uma leve melancolia, que parecia querer se instalar em sua alma, Enki disse, arrematando a conversa:

— Infelizmente, nem tudo é eterno, minha nobre companheira. Daqui a milhares de anos, os habitantes deste mundo, como em qualquer outro lugar, esquecerão seu legado. Ao olharem estes monumentos, não lembrarão e nem sequer conhecerão com que finalidade foram construídos.

— Com efeito, é um preço alto que se paga com o passar do tempo, meu querido Enki. Não nos resta muito a fazer. Saberemos, entretanto, que teremos cumprido nossa tarefa ao nos recolher à mansão da paz, entre nossos antepassados. De lá, olharemos nossos meninos, nossas crianças, brincando de adultos. Quem sabe um dia possamos voltar para vê-los e falar com eles que somos seus pais, que somos nós os seus deuses, que os criaram e ensinaram a andar, a falar, a calcular.

— Sim! E um dia, quando voltarem às estrelas, levarão consigo a lembrança de que não são deste mundo; ao menos não totalmente. São filhos das estrelas do firmamento. São estrelas também.

A nave cruzou o céu, partindo para outra região daquele mundo, a fim de apresentar à visitante do espaço a obra-prima da engenharia genética *annunaki*: o *Homo sapiens sapiens*.

5

MEMÓRIAS DE ENLIL, O "ANNUNAKI" FILHO DE ANU

ESTE RELATO ESTÁ GRAVADO *em nossos bancos de memória, mas também em milhares de pedras, tabuletas e placas de argila deste mundo. Que saibam as futuras gerações que eu, Enlil, sou o emissário dos deuses, dos senhores do conhecimento e da sabedoria. Fui declarado Yaveh, um deus, aquele que sou o que sou. Depois de mim, meu filho, e depois dele, outros filhos do meu povo.*

Vivemos uma vida cheia de contradições. Embora nosso título de deuses, somos apenas homens de Nibiru, da espécie Homo capensis, *degredados das estrelas para este miserável mundo de Tiamat.*

Criamos os homens à nossa imagem e semelhança. Conseguem pensar, raciocinar e agora nos veneram, estes seres a quem repugno. Ao mesmo tempo, os transformamos em deuses, em heróis, em uma contradição evolutiva e um paradoxo da ciência como nunca conhecemos. Embora não lhes reconheçamos nenhum direito, eles o conquistaram. Enki, meu irmão, ama esses seres ao absurdo. Em vez de torná-los simplesmente deuses ou heróis, ele se fez homem para viver a vida deles. Traiu nosso legado mais precioso. Em nossa comunida-

de de deuses, a posição social de humana corresponde à de escravo. Não exatamente de animal, pois que conseguimos com aqueles o prodígio de nossa civilização: os homens raciocinam e são capazes de aprender e ensinar. Multiplicam-se como nenhuma outra espécie, e desenvolveram algo incomum a outras espécies do seu mundo: sentimentos e emoções.

Eles não têm o direito de manifestar suas opiniões sobre nosso sistema de governo; devem restringir-se ao papel de escravos, seja nas minas de ouro, seja para auxiliar nos nossos projetos. Mas aprendem rápido. Estão erguendo sua própria civilização — fazem cálculos, conseguem estudar as estrelas e, além do mais, estão se organizando como os deuses, apoiados por Enki e seus amigos que desonram a casta dos eloins, os criadores de vida. Agora, embora inferiores aos deuses, não podemos mais viver sem eles. Dependemos dos homens para arar a terra, semear, colher, atender nossas necessidades e nos servir. Que grande ironia! O novo ser, inferior, domina-nos a ponto de precisarmos dele em tudo. Sei que, em breve, nós, os seus deuses, seremos banidos de suas vidas e esquecidos na poeira do tempo.

Eu sou Enlil, o filho de Anu, de Nibiru.

Os amigos Enki e Sal-ali-naan sobrevoaram a cidade reconstruída após os eventos catastróficos patrocinados pelo irmão de Enki, o semideus Enlil. Abaixo deles, a cidade prosperava com seus palácios e jardins suspensos, primorosamente reconstruídos, mais de mil anos depois dos eventos que determinaram o fim de um ciclo. Nesse ínterim, o homem, produto da técnica genética *annunaki*, fora enviado para o planeta original dos exilados, a fim de lá ser aperfeiçoado e retornar ao mundo, depois de uma era glacial, em que geleiras cobriram o planeta e as naves se refugiaram no espaço. Tudo foi então reerguido, e uma nova civilização veio a florescer no mundo novo, com uma nova ordem de coisas. A cidade era um monumento à parte, e estava cheia de vida.

Quando Enki e Sal-ali-naan desceram num aeroporto pequeno, reservado à casta dominante, foram recepcionados por Enlil.

— Tente ignorar as palavras às vezes rudes de meu irmão, preciosa dama.

— Não se preocupe, Enki; saberei me portar. Afinal, convivi por muito tempo com especialistas em psicologia de outros povos. Quando me formei e fui admitida para navegar pelo espaço, fiz um estágio de 20 anos com personalidades das mais sombrias e discordantes possíveis, em quatro mundos-prisão. Creio estar preparada.

A mulher das estrelas tinha uma estatura baixa para os padrões *annunakis:* aproximadamente 1,60m. Cabeça muito maior do que a dos degredados, olhos vivos e grandes. Vestia um tecido cinza quase prateado, forma de se preservar da agressividade da atmosfera, que, para sua raça, representava algo perigoso.

Enlil recebeu os dois de maneira muito especial. Portava-se como um deus e era servido dessa forma até por outros *annunakis*. Da espécie *Homo capensis*, não admitia que outras espécies pudessem ser comparadas consigo e os seus. Na verdade, acentuara tal comportamento após a vinda para Tiamat. Ao que se podia notar, de tempos em tempos pensamentos intrusos assaltavam sua mente, e sentia-se à beira da loucura. Nesses momentos, isolava-se em seu palácio nas cercanias de Eridu. Assim que os violentos dominadores, os dragões, foram definitivamente banidos e aprisionados no planeta, começaram as vozes em sua cabeça. Eram chamados muito claros, e ele começou, então, a desenvolver certo tipo de sentimento em relação à nova humanidade que florescia ali, no novo mundo. Até onde isso o levaria, ninguém saberia responder.

Enki tentava a todo custo reverter os estragos causados pelas atitudes do irmão. Visivelmente, porém, um fosso se abrira entre os dois. E a distância entre ambos parecia cada vez maior e mais perigosa.

Enlil intitulava-se o deus-sol e fez com que várias inscrições ostentassem seu símbolo pessoal, que era de grande significância para a comunidade dos filhos das estrelas.

— Seja bem-vinda, dama do espaço! — saudou Sal-ali-naan, que chegava de braços dados a seu irmão. Quase ignorando Enki, tomou a mão da visitante de um dos mundos da imensidade, um planeta rochoso que ficava a mais de 25 anos-luz de Tiamat. Olhando Enki de modo a dar a entender que sabia o que se passava, ela prosseguiu a caminhada rumo ao interior do palácio, construído primorosamente na matéria de Tiamat.

Enki fez questão de acentuar o motivo da visita de Sal-ali-naan.

— Nossa convidada, meu irmão das estrelas, não tem mais muito tempo para ficar em Tiamat. Visitamos um dos campos de trabalho onde nossos técnicos erguem um dos preciosos condensadores energéticos situados nos pontos de intercessão de forças magnéticas do planeta.

— Isso mesmo, nobre Enlil. Preciso aproveitar a

porta de aproximação para o salto pelas trilhas energéticas. Tiamat se aproxima do ponto onde a partida das naves é mais favorável.

— Senhora, espero que tenha tempo suficiente para apreciar as belezas de Eridu, a capital dos deuses *annunakis*.

— Como gostaria, nobre Enlil, mas situações urgentes me aguardam entre meu povo. Asseguro que me programarei para retornar antes de terminarem os dois próximos milênios do tempo deste mundo. Em uma próxima ocasião, ficarei como sua convidada.

— Que pena, senhora. Bem, dois milênios é pouco tempo comparado a um *shar* do nosso planeta, que equivale a 3,6 mil anos-Tiamat. Saberei compreender.

Sem interromper a fala de Enlil, mas assim mesmo apressando seu interlocutor, falou a que viera:

— Fui convidada pelo sábio Enki a conhecer a obra-prima de sua ciência, nobre deus. Enki não se fartou de enumerar suas qualidades como o maior responsável pelo desenvolvimento dos primatas, junto com sua irmã e conselheira.

Enlil não gostou de maneira alguma da bajulação, mas resolveu aquietar-se, pois de alguma maneira se sentia o rei daquele lugar. Enki compreendeu a intervenção de Sal-ali-naan e ficou mais quieto, observando. Sabia da situação espiritual do irmão e podia sentir, em certos momentos, como era dirigido por uma consciência perigosa, num franco processo de intrusão psíquica.

Adentraram um recinto iluminado por um dispositivo central, que irradiava uma luz semelhante à do luar. Figuras de animais do novo mundo, esculpidas de maneira primorosa, falavam do bom gosto estético, ainda que excêntrico, dos habitantes do lugar. Belíssimas cortinas, penduradas do teto ao chão, mostravam as habilidades desenvolvidas pelos novos homens e suas mulheres. Enlil assentou-se numa espécie de trono, uma poltrona talhada em madeira especial e trabalhada em ouro, trazido das minas do continente negro. Enki e Sal-ali-naan assentaram-se em outras cadeiras mais simples, porém esculpidas com bom gosto. Um ser feminino entrou no ambiente para servir-lhes uma bebida de acordo com o gosto dos *annunakis*. Era um belo exemplar, cujos traços fisionômicos guardavam semelhança com os dos *annunakis*, mas, observando-se melhor, claramente não pertencia à mesma raça. De todo modo, o que isso importava, naquele momento? Aquela era uma época em que os filhos das estrelas conviviam de perto com os filhos dos homens.

Enlil deu ordem para que se trouxesse um espécime dos novos homens, a fim de que Sal-ali-naan conhecesse o padrão a que chegaram com sua técnica de engenharia genética.

Enquanto isso, ela mirava os jardins ao redor, pela abertura localizada em uma das paredes do palácio. Animais estranhos conviviam na área externa. Alguns eram aberrações da natureza: em parte primatas, em parte quadrúpedes; outros pareciam o cruzamento de raças animais diferentes. Era um tipo de museu a céu aberto a atestar as bizarrices a que chegaram os *annunakis* antes de conseguirem desenvolver o ser que lhe seria apresentado.

Logo chegou um dos novos seres, a que deram o nome de Homem. Tinha os olhos negros e menos pelos no corpo que os primatas, estando mais concentrados na cabeça, no peito e nas pernas. Já não parecia animal. Havia um brilho diferente nos olhos da criatura.

— Venha, homem. Você sabe que foi preparado para sua tarefa de nos servir, desde sua criação. Além disso, foram-lhe concedidos alguns privilégios devido a pedidos de nosso irmão Enki.

O homem realmente parecia compreender o que lhe falava o semideus Enlil. Aproximou-se de Sal-ali-naan; olhava interessado para a mulher, notando as diferenças no corpo dela em relação aos dos demais. Fez menção de se curvar. Mas foi imediatamente detido por Enki.

— Fique em pé mesmo, homem. Não precisa se curvar diante de ninguém.

— Somente diante de seu deus e senhor — falou Enlil, deixando claro que pensava diferentemente do irmão.

— Mas por ora, homem, fique tranquilo, sinta-se à vontade — insistiu Enki.

Sal-ali-naan sabia muito bem o que se passava ali. Pelo pouco que pôde observar, anteviu como seria a luta do novo ser para se firmar, ao longo do tempo, como senhor de si mesmo e do planeta. Haveria disputas das mais brutais entre os chamados deuses, os astronautas, visando influenciar o novo ser. Sal-ali-naan admirou aquele a quem os *annunakis* chamaram de Homem. Ainda não era um ser aperfeiçoado e estava longe ainda de parecer um ser superior; contudo, havia traços nítidos de humanidade em seu corpo, e seu olhar parecia vivaz e dava a entender que compreendia muito bem a linguagem. Os olhos espelhavam a alma de procedência divina.

— Este é apenas um dos primeiros exemplares que conseguimos. Depois destes, vieram outros.

— E atualmente enfrentamos um problema social muito grave entre nossos conterrâneos, bela dama — falou Enki para a visitante interestelar.

Nisso concordou Enlil e, repentinamente tomado por outra atitude, deixou de confrontar o irmão e deu mais atenção ao fato relatado por Enki.

— Como aprimoramos cada vez mais a espécie em inúmeras tentativas, notamos que os primeiros seres não se reproduziam. Foi um dos grandes obstáculos, até descobrirmos como solucionar a questão. Agora, passado um milênio de intensas atividades, conseguimos criar seres mais desenvolvidos. O problema é que nossos *annunakis*, os das castas menos importantes em nossa hierarquia, principalmente os técnicos e o povo mais comum, resolveram se enamorar das filhas dos homens. Os novos exemplares de fato eram muito mais belos e elegantes do que os primeiros.

— Isso significou uma miscigenação racial imprevista, não é assim? E como resolveram a questão? — comentou a visitante interessada.

— Aquilo que no início se mostrou uma preocupação acabou por solucionar muitos entraves para nossos cientistas e geneticistas.

— Não entendo, nobre Enki — falou Sal-ali-naan, olhando fixamente para o homem que estava diante deles, calado e de cabeça baixa, em respeito aos semideuses astronautas, seus criadores.

— Acontece que, depois de muito tempo longe de sua terra natal e com poucas fêmeas da nossa espécie, a maioria dos *annunakis* desejava procriar, constituir seus clãs familiares; além disso, a força primária que se manifesta em forma de sexualidade falou mais alto que sua origem celestial. Foi aí que tudo aconteceu. Quando se deitaram com as primeiras fêmeas modificadas geneticamente, justamente as mais belas e primorosas da nova raça, começaram a nascer-lhes filhos. Estes, porém, traziam características das duas raças. Algo que não imaginávamos jamais! Os novos seres nasciam com um corpo diferente, mais aperfeiçoados. Nós os chamamos de emins, de estatura gigante para os padrões dos humanoides, porém com aparência mais delicada que a dos primatas, mesmo os mais desenvolvidos e os manipulados geneticamente — ou seja, os homens. Foi uma mistura racial que se mostrou útil para a proposta de criação de uma nova humanidade. Depois de algumas gerações e novos cruzamentos raciais, os *annunakis* que escolheram suas fêmeas entre os humanoides modificados geraram outros e outros. O fato ficou ainda mais patente à nossa observação quando os machos da espécie nascente envolveram-se com algumas de nossas fêmeas, nossas mulheres. Aí o novo tipo humano parece haver se aprimorado bem mais. Ainda nos intriga essa diferença marcante. Estamos estudando o que pode ter ocorrido. Além do mais...

Enlil interrompeu o irmão, falando com repentino interesse científico:

— A duração da vida dos humanoides primatas era de aproximadamente 80 anos do tempo de Tiamat, porém os novos seres, fruto da miscigenação racial com os *annunakis*, alcançaram 8 séculos de vida ou mais.

— Então não foi somente o tipo físico que mudou com a união, mas também a expectativa de vida? — indagou Sal-ali-naan.

— Isso mesmo. Provavelmente, isso se deva ao fato de que vivemos muito mais do que os seres deste mundo. Como viemos de outro sistema de vida, de outro contexto cósmico, nosso tempo de vida em Tiamat obedece a esse fator externo. Essa é uma das razões pelas quais nos consideram deuses. Mas também tem ocorrido o inverso conosco, fator que está na pauta de nossos cientistas. Nossa descendência, que deveria viver muito mais do que os 800 anos alcançados pelos *nephilins*, tem assistido à diminuição progressiva de cada ciclo de sobrevivência. Se antes podia chegar a um tempo bastante dilatado — 2 mil anos de vida no corpo, por exemplo —, transcorridos todos estes milênios em Tiamat, parece haver um conjunto de forças agindo sobre os corpos, de modo que a duração média da vida diminuiu sensivelmente, aproximando-se muito da encontrada nos novos seres — disse Enlil, nitidamente alarmado com as consequências e o impacto dessas mudanças.

— Creio, nobre dama — retomou Enki, não sem preocupação —, que o tempo que ficamos aqui, muito longo para os padrões deste mundo, tem nos afetado a constituição física e energética. Isso é algo novo para nós. A hipótese mais plausível de nossas investigações é a de que o Sol, pela extrema proximidade com este planeta, emite algum tipo de radiação que afeta o sistema de vida daqueles que aqui permanecem por um longo período, nivelando-o o máximo possível. Os novos homens, gigantes pelos padrões atuais, vivem muito mais que suas mães humanoides ou seus pais da espécie humana deste mundo. Enquanto isso, nossa raça tem se deteriorado visivelmente, diminuindo seu tempo de vida e assemelhando-se cada dia mais com o habitante natural deste planeta. É um fenômeno para o qual ainda não encontramos explicação.

— Nunca havia presenciado algo assim, nesta dimensão — falou Sal-ali-naan, muito interessada nas questões levantadas pelos dois irmãos. Tratava-se de algo realmente preocupante para o estilo de vida dos astronautas.

— Seja como for, teremos de aguardar os próximos milênios deste mundo — tornou a falar Enlil. — As coisas têm se modificado tanto que, muito provavelmente, como disse Enki, nosso povo verá o tempo de vida física nivelado ao dos novos homens deste planeta. Somente as novas gerações de humanos e *annunakis* poderão observar essas mudanças. Por ora, tudo nos leva a concluir que os homens, assim que se estabilizarem as oscilações e desenvolverem seu próprio tipo, permanecendo como característica da nova raça, deverão aproximar-se de um tempo de vida em torno de 140 anos. A estatura dos novos seres, os novos humanos que se acasalam entre si, também parece indicar uma tendência a se estabilizar. Os primeiros primatas, com os quais desenvolvemos as pesquisas genéticas sem sucesso, tinham uma estatura muito baixa. Por outro lado, os representantes decorrentes da miscigenação racial são altos demais em relação à raça humanoide original do planeta. Mas esses novos seres, resultado do segundo ciclo de miscigenação com nossa espécie, deram origem a um tipo intermediário. E melhor: com uma inteligência que excede significativamente os padrões anteriores.

— É o resultado de mexer com as forças da criação... Tudo é imprevisível. Terão de aguardar alguns milênios deste mundo antes de verem o tipo humano daqui estabilizar-se e produzir o padrão da raça.

As variáveis eram muito complexas quando se tratava da miscigenação racial de dois tipos tão diferentes, o *Homo capensis* e o *Homo sapiens*.

Um sinal emitido por algum aparelho chamou os dois irmãos urgentemente. Pediram desculpas à dama das estrelas, prometendo retornar dali a pouco tempo. Era um novo levante nas minas de ouro. Teriam de vê-lo de perto, mas, com suas máquinas voadoras, poderiam retornar em breve. Deixaram a dama ali, junto com o novo exemplar da raça.

O homem ousou olhar fixamente para a mulher das estrelas, que tentava comunicar-se de maneira o mais delicada possível, usando um aparelho que traduzia seu idioma, como era corrente ao se falar com povos diferentes. Sal-ali-naan enfrentou seu olhar curioso e lhe perguntou:

— Qual o seu nome? Você me entende?

O aparelho traduziu as palavras de Sal-ali-naan, que

aquele ser bem poderia tomar como uma deusa.

— Meu nome é Homem — respondeu numa língua que soou bizarra, mas que foi perfeitamente traduzida pela máquina que Sal-ali-naan trazia ao peito.

Ela se surpreendeu, pois não imaginava que o ser pudesse compreendê-la. Ele falava com alguma dificuldade; ou seria apenas impressão dela? Teve medo de ser agredida.

— Se não fosse um ser natural, embora manipulado geneticamente, eu diria que você possui uma inteligência fora do comum, Homem.

O ser se manteve quieto. Talvez tentando entender o que significavam as palavras da mulher tão diferente dos *annunakis*.

— Fico feliz de que seja capaz de me entender. Sinal de que tem a luz da razão e um espírito.

— Eu também fico feliz, acho... — respondeu o ser, deixando novamente Sal-ali-naan espantada. Ele a entendia muito bem. — Você é uma deusa? — perguntou o homem.

Ela não sabia o que dizer. Estava conversando com a obra-prima da criação dos seres de Nibiru. Mas se aquele era um espécime ainda não aperfeiçoado, como seria conversar com representantes das gerações mais novas?

Sal-ali-naan tinha apenas a altura de uma cabeça humanoide a mais do que o homem de Tiamat, talvez por isso a confundisse com uma deusa. Com certeza não seria devido a sua aparência, pois as escamas cobrindo sua pele a faziam muito distinta dos *annunakis*, além de outras peculiaridades de sua raça. Tentou pensar no que dizer ao ser e preferiu responder com outra pergunta, para avaliar melhor a criatura.

— Sabe quem são seus criadores?

Homem ficou quieto. Não sabia o significado da palavra *criadores*. Notando que ele não a compreendia, Sal-ali-naan tornou a formular a pergunta, de outro modo:

— Conhece esses que conversavam comigo? Sabe quem são?

— Pai! Pai de Homem. Mas não são todos iguais.

A máquina de tradução novamente fez jus à técnica com a qual fora construída.

— Como não são todos iguais? Você me entende?

O homem fixava o olhar nos olhos de Sal-ali-naan; depois de algum silêncio, respondeu ou balbuciou:

— Tem pai bom e tem pai mau. Homem fica calado, mudo. Pai pensa que Homem não fala, ainda.

Novamente, Sal-ali-naan entendeu a tradução das palavras. Uma curiosidade imensa tomou conta de seu espírito, quase esquecendo que tinha pouco tempo até a próxima oportunidade de salto para sua nave. Porém, aproveitaria ao máximo o tempo em Eridu.

— Com quem aprendeu a falar? — a máquina traduziu suas palavras para o homem de Tiamat.

— Com outros homens. Com um dos pais de Homem.

— Com o deus Enlil? — perguntou novamente Sal-ali-naan.

O homem permaneceu em silêncio.

— Com o deus Enki?

O homem a olhou significativamente e tentou fazer um gesto que ficaria marcado para sempre como uma característica sua: balançou a cabeça em sinal de concordância. Sal-ali-naan logo compreendeu o papel de Enki e seu irmão Enlil na composição da nova raça. Não queria estar na pele dos novos humanos, de maneira alguma. Ainda tinham muito caminho a percorrer. Faltavam muito mais de 100 mil anos antes que os novos seres conseguissem se desenvolver a ponto de formar sua própria civilização. As experiências genéticas haviam terminado definitivamente e Enki tratou de destruir os laboratórios, de sorte que ninguém mais os pudesse reconstruir, não com os recursos deste mundo.

Quando os dois irmãos retornaram, Sal-ali-naan se

despediu do novo ser, enquanto ele apenas respondeu com um leve meneio de cabeça, a fim de evitar problemas com um dos semideuses. Homem sabia disfarçar. Isso era um bom começo, pensou a visitante. Ele sobreviveria os séculos e milênios. Admirou a nova raça. Algum dia gostaria de retornar a Tiamat para ver a que ponto chegaram em sua evolução. Partiu, levando consigo o registros daqueles acontecimentos. Nunca mais retornaria a Tiamat, mas disso ela ainda não sabia.

— ENLIL! ENLIL, RESPONDA ao meu chamado! — a voz se imiscuía em seu cérebro de maneira que não poderia evitar. — Você é meu eleito. Você está submisso a mim — repetia a voz inarticulada, acompanhada de uma risada sarcástica. — Eu sou o supremo, o maioral, e você é meu eloim, meu *yaveh*. Prepare-se, pois o tempo está chegando.

Enlil não conseguia se livrar da estranha voz que repercutia em sua alma, arrancando-o da sua realidade e transportando-o a outras paragens, a um plano obscuro de um mundo imaterial. Era cativo de um ser medonho. Sofria, mas também, paradoxalmente, sentia uma estranha atração pelas propostas daquele ser inominável.

— Eu o fiz deus e o elevarei acima das mais altas nuvens; você será meu ministro entre os homens. Prepare-se, Enlil. Em breve virei até você.

A dor de cabeça parecia aumentar cada vez mais. De repente, avistou uma figura. Viu uma cabeça em forma de cone e ouviu uma outra voz. Uma voz hipnótica fez-se ouvir no recôndito de sua alma:

— Deixarei com você a fórmula para desenvolver este aparelho. Ele será nosso meio de comunicação. Todo aquele que portar este capacete será um deus; este será nosso ponto de contato com os novos seres e a nova civilização.

Enlil acordou molhado de suor, com a cabeça quase explodindo de dor. Aos poucos, as imagens se diluíram e a voz distanciou-se. No entanto, o esquema do aparelho permaneceu impresso em sua mente, pois era produto de uma ordem pós-hipnótica. Tinha ciência de todo o plano de construção, de cada material a ser usado e de cada etapa que deveria seguir para construir o aparelho. Enlil ocupou-se dia e noite para reproduzi-lo. Ignorava que o tal aparato seria o elo entre ele e as inteligências sombrias, que o dirigiam da escuridão.

Uma voz gutural repercutiu nas regiões ínferas. Uma risada satânica cruzou a escuridão quase material daquelas paisagens mais densas do submundo.

Nova leva de degredados foi encaminhada ao terceiro mundo do sistema. Agora, proveniente de uma estrela a mais ou menos 42 anos-luz de Tiamat. Vinham da Constelação do Cocheiro, uma estrela binária. Por essa época, os guardiões já haviam se albergado no satélite natural do planeta. Foi exatamente ali que ocorreu a reunião entre seres do Cocheiro e os guardiões planetários de Tiamat, a fim de preparar tudo para receber as levas de seres, incluindo as providências que visavam evitar confrontos entre as duas raças:

— Preocupamo-nos sobretudo com os seres mais perversos do nosso sistema, que guardam pretensões descabidas de comando e de poder — falou Mnar, um dos capelinos responsáveis, para o guardião.

— Aqui as coisas não são diferentes do que ocorreu em seu mundo. Os dragões, ou *daimons*, como chamamos os arquitetos da destruição, independentemente do mundo de onde vieram ou de sua cultura espiritual, são os mais violentos que conhecemos neste quadrante da Via Láctea. Devemos trabalhar para que o encontro de ambos os grupos com pretensões de poder não coloque em risco os progressos alcançados até então.

— O que sugere, guardião? Você está aqui há milênios, segundo o cômputo de tempo deste mundo...

— Temos aqui, nobre Mnar, regiões inteiras que ainda estão inexploradas e outras ainda não habitadas. Os degredados, por enquanto, concentram-se na parte oriental do planeta, próximos ao Rio Eufrates, e outro grupo já se espalha pelas imediações. Contudo, existe uma ilha-continente para a qual somente pouquíssimos degredados se atreveram a ir. Quem sabe possamos localizar os novos imigrantes nessa região? São continentes muito extensos, embora a instabilidade de um deles. Mas creio que podemos contar com a ajuda de um dos dirigentes responsáveis pelos *annunakis*, um dirigente corporificado. Sabe dos grandes avanços deles nas pesquisas e no desenvolvimento genético?

— Ainda não, nobre guardião. Em nosso mundo, já tivemos muitas iniciativas nesse sentido, mas, devido às grandes dificuldades geradas com as experiências, acabaram sendo proibidas, principalmente no reino animal. Ficaram restritas apenas ao reino vegetal, mas de uma forma especial ao desenvolvimento de plantas que pudessem sobreviver no ambiente contaminado depois das guerras desencadeadas pelos dominadores e dragões do nosso mundo.

— Pois bem, nobre Mnar. Aqui as coisas se passaram de modo um pouco diferente. Devido à localização distante deste mundo, os cientistas desenvolveram inúmeras pesquisas e conseguiram produzir enormes variações de diversas espécies. Queriam produzir um tipo humanoide que lhes servisse como escravo. Isso fez com que alguns seres mais experientes entrassem em cena, visando poupar as cobaias de tanto sofrimento. Ajudaram no rastreio da espécie certa e, tão logo os *annunakis* elegeram o primata mais adequado, seus cientistas foram conduzidos, de maneira que as tentativas de manipulação genética pudessem ser as últimas realizadas em Tiamat, porque certeiras.

— E isso deteve as experiências?

— Sim, pois assim que alcançaram um resultado compatível com sua expectativa, que era de certo aperfeiçoamento da espécie humanoide, destruíram-se tanto os laboratórios quanto os equipamentos que se prestavam para tal. Houve interferência de outras raças do espaço, cuja atenção foi chamada para o que ocorria em Tiamat. Bem, fato é que tenho algumas ideias.

— Fale, guardião, pois tenho de providenciar os meios de transporte para nosso povo — disse Mnar.

— Minha ideia é que possamos trabalhar juntos, talvez com a ajuda de Enki, o mais corajoso parceiro de quem dispomos entre os *annunakis*. Levaremos alguns exemplares do novo homem para os continentes de Lêmur e Axtlan; creio que será a medida possível a fim de evitarmos confrontos imediatos e desnecessários.

— Não obstante, guardião, tenho certeza de que esses confrontos ocorrerão, cedo ou tarde, devido à natureza guerreira e belicosa dos dois lados, principalmente entre os seres da outra dimensão. Falo dos dragões e ditadores.

— Teremos tempo para providenciar recursos. De todo modo, vamos nos preparar. Conte com nossa ajuda e amparo no que for necessário.

— Temos outro assunto, guardião. É que os nossos virão para cá, em boa parte, em corpos que, para nós, são densos — considerados, é claro, os parâmetros dimensionais e materiais em cada um dos mundos. A grande maioria, porém, virá em corpos espirituais. Precisamos de ajuda para o transporte dessas criaturas. Não será fácil vencer as grandes distâncias entre mundos.

— Podemos recorrer ao auxílio de outros povos, nobre Mnar. Caso enfrentem essas distâncias siderais sozinhos, demorarão muito tempo, milhares de anos para chegar aqui, no terceiro mundo deste sistema. Mas existe uma tecnologia muito avançada em outros mundos, daqueles que chamamos de povos auxiliares. Eles conseguem, com naves feitas de matéria etérica adensada na proporção certa, movimentar-se nas trilhas energéticas que rasgam o espaço em todos os recantos da galáxia. Uma vez nessas trilhas, a velocidade passa a ser ultraluz, ou seja, milhares de vezes a velocidade da luz. Assim conseguirão trazer em menos tempo os milhões de degredados para o terceiro planeta desse sistema. De qualquer forma, não será uma tarefa fácil, pois temos de transportá-los em etapas. Impossível fazê-lo de uma única vez; não há naves suficientes.

— Creio que será melhor assim, também por outros aspectos, caro guardião. Em etapas, haverá tempo de os primeiros imigrantes se adaptarem ao ambiente novo, formarem as primeiras colônias e depois receberem os demais, que virão aos poucos. Creio que poderemos demorar uns 10 mil anos deste mundo até que todos tenham vindo para cá.

— Um tempo relativamente curto, amigo do Cocheiro. Que são 10 mil anos-Tiamat? Que venham os nossos hóspedes. Faremos de tudo para auxiliá-los.

Milhares de anos depois, os continentes de Lêmur e Axtlan exibiam um primor de cultura e técnica que dificilmente se diria ser fruto do conhecimento dos *annunakis*, que chegaram primeiro. Embora fossem raças parecidas, todos humanoides, conviveriam ali por longo tempo. Até que um dia se confrontassem...

Nas regiões próximas à superfície planetária, a densidade das partículas alcançou níveis muito perigosos. As formas mentais irradiadas por seres em constante ebulição mental e descontrole emocional fizeram com que trevas imensas tomassem conta de vastas regiões do submundo. Havia constantes disputas pelo domínio das regiões astralinas. Grupos de seres que alegavam mais inteligência buscavam prevalecer, escravizando os mais fracos da própria espécie. Formaram-se facções de poder, conluios e alianças entre os mais perversos seres degredados. Evidentemente, nada disso passou despercebido pelos maiorais.

— Não posso permitir que passe mais tempo sem tomar uma medida urgente — falou a voz do número 1 numa audiência programada entre seus ministros principais. — Tragam perante mim os chefes principais dos espectros que vieram arrastados conosco. Quero também conversar pessoalmente com os ministros religiosos do miserável planeta destruído. Eles foram arrastados para cá junto com seus amigos e governantes. Tenho de me impor perante eles; precisam saber quem é o ditador deste mundo, de uma vez por todas.

— Como pretende fazer para convencê-los de seu poderio? Como obedecerão, se nem ao menos nós sabemos sua identidade?

— Essa é a força do meu poder: não saberem quem sou — falou a voz quase mecânica e gutural, que repercutiu pelo salão e nas mentes dos seis outros maiorais.

— Onde você se esconde, majestade do abismo? Onde será seu reduto? Será mesmo neste mundo ou no mais profundo dos infernos imaginados pelas criaturas mais vis?

— Isso não lhes diz respeito. Quero apenas que façam a minha vontade, ou até mesmo o seu poder será questionado aqui, no miserável terceiro mundo. Ou se unem definitivamente a mim ou serão aniquilados pelos poderes de Miguel e sua política infame. Ainda duvidam de meu poder? Duvidam de que posso mais que todos vocês juntos?

— Sabemos do que é capaz. Mas será que será capaz de enfrentar a oposição de toda essa legião de seres degredados? Terá realmente o poder de enfrentar as mais astutas inteligências que vieram para cá e que querem, por sua vez, elevar-se ao poder, formar coalizões e dominar este mundo?

— Saberão, em breve, até onde meu poder alcança. Vão, tragam os espectros miseráveis. Eles acabaram sendo tragados pelas energias desencadeadas em seu mundo e foram arrastados, como nós, para este miserável terceiro planeta. Quero-os aqui. Já!

A voz calou-se de repente, ignorando as palavras dos outros maiorais. Os seis emissários do poder supremo dos dragões saíram pelos redutos do submundo, a fim de trazer perante o maioral os mais cruéis representantes de uma raça cujo mundo fora destruído. Eram um povo diferente, tanto os espectros quanto os famigerados sacerdotes do culto estranho que um dia dominou aquele planeta. Depois de vagarem durante algum tempo pelas regiões abismais, os *daimons* trataram de submeter os representantes daquele povo ao seu poder mental, utilizando-se de técnicas avançadas de manipulação mental. Regressaram arrastando-os pelo solo pegajoso do submundo, mas, junto com eles, veio quase um exército de seres que os seguiam de perto, aqueles que mais crueldade traziam estampada em suas faces e identidade energética. O grupo de aproximadamente 400 espíritos brigava entre si, todos disputando o poder, o domínio e quem seria o mais cruel entre eles.

De um momento para outro, o silêncio tomou conta

do ambiente no qual se reuniam. Parecia que as mentes haviam recebido alguma influência externa, dificilmente compreendida pelos próprios seres do abismo. Os seis maiorais sabiam o que estava ali em andamento, e que estavam sendo sondados pela mente maquiavélica e inumana do número 1 — ou melhor, daquele ser inominável, que pretendia a supremacia entre todos os representantes do poder nas regiões abissais. Somente transcorrida mais de uma hora é que uma voz se pronunciou. Luzes estranhas precederam a aparição. Serpentes aladas pareciam cruzar o ambiente, formando um estranho signo acima das cabeças dos presentes. Os seis maiorais já conheciam o símbolo do dragão. A luz, uma mistura de vermelho, amarelo e negro, vibrava no ambiente e formava uma espécie de registro mental que interferia na capacidade de raciocínio dos mais de 400 espíritos que para ali foram conduzidos. Instalou-se um clima emocional deveras tenso, pois o medo parecia arrancar de dentro das criaturas algum tipo de emoção das mais violentas e, ao mesmo tempo, deixava se acentuarem as mais vis paixões. Tal situação constituía algo muito comum na presença da entidade, aquele que se intitulava o deus, o maioral dentre os maiorais.

Foi no auge desses acontecimentos que a voz se manifestou, de maneira tão audível que parecia proveniente do âmago dos presentes, inclusive dos demais *daimons*. A voz repercutia dentro de cada um:

— Sei que desejam o poder neste mundo e que daqui jamais sairão, sem que seja concedida permissão de um poder superior, que desafia a todos nós. Mas se quiserem dominar, se têm como meta obter tudo o que querem, seja pela força ou pela violência, devem se submeter à minha vontade, pois aqui, neste mundo, eu sou deus e não há nenhum outro que possa fazer jus a esse nome. Não somente ao nome, como à posição de dominador supremo.

Um rebuliço de vozes, impropérios e palavrões se ouviu, partindo da assembleia agitada, em franco desequilíbrio. Alguns espectros avançaram sobre os espíritos dos degenerados sacerdotes, como se estes fossem presas suas, alimento para sua sede de energias. Imediatamente os *daimons* entraram em ação. Usando de sua capacidade de persuasão mental, dos poderes e habilidades de suas mentes adestradas, suspenderam os seres rebeldes até o teto, fazendo-os rodopiar em torno do próprio corpo para, em seguida, chocar-se estrondosamente contra o solo. Caíram rugindo e grasnando como animais pré-históricos, daqueles encontrados nas pradarias e pântanos do terceiro planeta. Sem que o maioral interferisse, os seis penetraram nas almas cheias de ódio e fizeram com que imagens e seres dos mais bizarros e medonhos, fruto de seus medos mais profundos, pudessem surgir nas telas da memória de cada um. O pavor se estampou nos semblantes. Os *daimons* utilizavam das crenças dos seres trevosos contra eles próprios. Rugiam no chão, chorando e gritando, como se estivessem loucos. Os demais se aquietaram imediatamente, com medo de que com eles acontecesse a mesma situação.

Os seis maiorais, que antes haviam desejado ver como o número 1 se imporia diante de tamanha assembleia de seres dos mais vis dentre os deportados, sem dúvida haviam concorrido para o sucesso da empreitada. E a voz novamente ressoou na escuridão de suas almas tenebrosas:

— Observem atrás de vocês!... — falou o maioral, direcionando a atenção de todos, inclusive dos seis ministros, para o lado oposto. Em meio às luzes exóticas que riscavam o espaço e às imagens das serpentes que formavam o símbolo dos maiorais, de repente se abriu um rasgo de natureza energética, por onde entraram mais de 600 seres, entre cientistas, pesquisadores estrategistas e os melhores técnicos da raça dos *annunakis*, rebeldes da mais alta patente diante do poderio dos dragões.

— Nossos conterrâneos! — falou o número 2 em poder. — Que pretende o maioral?

— Vejam vocês que estes representam a maior força de combate que eu possuo neste mundo. São seres que para cá vieram e me auxiliaram em muitos eventos patrocinados por mim, em que promovi a destruição e a morte de milhões de seres. São minha elite intelectual — e um a um adentraram no ambiente, cada qual envolvido em uma aura que dificilmente revelava a capacidade daquelas almas rebeldes, das mais comprometidas entre os degredados. Estavam mergulhados num estágio de dominação mental tamanho, que mal conseguiam caminhar. Algo medonho havia acontecido com eles, como se ainda não houvessem saído do estado de dormência mental a que foram induzidos durante a viagem de degredo. — Estão sob meu comando hipnótico. São meus aliados prediletos e constituem a elite científica do mundo de onde viemos.

Todos se puseram em silêncio, sem conseguir perceber o que o maioral desejava, afinal, com aquela demonstração de autoritarismo, que ninguém compreendeu, nem mesmo os seis outros maiorais. Ali se reuniam também os maiores representantes das regiões trevosas do novo mundo, seres realmente cruéis e sanguinários. De tal maneira eram cruéis que não poderiam conviver mais proximamente da maioria dos degredados, sob pena de causar um grau de desequilíbrio dificilmente passível de controle, até mesmo por parte dos guardiões.

— Não quero tomar o seu tempo precioso — falou a voz inarticulada do demônio mais vil daquelas paragens.

Imediatamente após essas palavras, os mais de 600 seres que ali chegaram por último foram suspensos em pequenos grupos e começaram a girar em torno dos 6 maiorais, dos espectros e dos sacerdotes presentes. Giravam cada vez mais velozmente. De um momento para outro, começaram a gritar, e sua aparência logo se deformou mais e mais. Severo inchaço acometeu as cabeças e os corpos de matéria etérica, que alcançaram um processo de degradação tão misterioso que nem mesmo os outros maiorais compreendiam integralmente. Tudo indicava que o número 1 intentava fazer-se respeitado por meio do terror que era capaz de infligir a qualquer criatura que se interpusesse entre ele e sua sede de poder.

Alguns daqueles *annunakis* começaram a explodir diante dos olhos atentos da multidão de criaturas vis. Mesmo os seis maiorais gritavam, atônitos diante da ruína de seus conterrâneos; corriam de um lado para outro, temendo que com eles pudesse suceder algo equivalente. Outros literalmente derretiam, e o líquido viscoso e nauseabundo, com um odor característico das regiões inferiores, vertia das placas de matéria pútrida que caíam ao solo. Um *show* de horror e da mais absoluta falta de qualquer consideração à criatura vivente. Tratava-se da mais bárbara e pérfida demonstração de desprezo para com um ser vivo da criação, para com um ser da própria espécie.

Enquanto isso, uma gargalhada sinistra invadia as mentes, em meio aos gritos e loucuras de todos, inclusive dos seis maiorais, que a tudo assistiam, em meio ao pavor e descontrole emocional. Os horrores mais profundos, que estavam de alguma maneira latentes na memória espiritual de cada um, ganhavam vida do modo mais insano e horripilante possível. Todos conheceram a dimensão da treva da alma do maioral. Agora, até mesmo os outros maiorais se submeteriam definitivamente ao seu poder audacioso e pretensioso. Ninguém ali, nenhum deles ousaria sequer tentar se erguer contra um demônio assim, dos mais vis e, ao mesmo tempo, inteligentes, de uma inteligência demoníaca, como o maioral, o príncipe dos infernos. O inferno ali era algo palpável, completamente visível, impossível de negar. E a gargalhada era demoníaca.

Depois de muito gritar, do medo acachapante que solapara suas almas, os espectros conseguiram escapar daquela região, secundados pelos sacerdotes, que correram apavorados, sem saber para onde ir nem o que fazer. Os seis *daimons*, por sua vez, quedaram-se, agachados num canto qualquer, choramingando e implorando por suas vidas miseráveis, que, a partir daquele momento, estariam totalmente sob o comando do inumano ser das profundezas abissais. Toda pretensa fibra, toda ameaça de resistência ao magnânimo número 1 ruía naquele fatídico dia, que ficaria para sempre assinalado naquelas almas hediondas.

De volta à base, incrustada num recanto do submundo, o maioral número 1 caminhava entre centenas de corpos que construíra, corpos artificiais, que ficavam na região mais ignota do abismo, tão profunda quanto as profundezas das trevas de sua alma. Caminhava elegante, graciosamente. Os cabelos negros pareciam ter vida própria, com mechas que lhe caíam até as espáduas e ondulavam, movimentando-se como cobras, deixando à mostra a face do ser medonho. Nas feições, parecia um anjo das estrelas; na intimidade, o mais vil dos demônios jamais encontrado pelos terráqueos. A entidade banhava o rosto num líquido incandescente, que mais parecia o produto de algum vulcão que se derramara naqueles recantos obscuros do mundo-prisão. Levantou o rosto sinistro num sorriso angelical e foi passando e tocando em cada um dos mais de 500 corpos dependurados em esquifes à sua frente. De repente, perdeu o sorriso irônico, que não combinava com seus traços angelicais. Uma solidão imensa ameaçou querer invadir sua alma. Estava sozinho mais uma vez. Era o dominador implacável, mas também refém inescapável de uma solidão infinita. Num compartimento ao lado, avistava os mais de 600 corpos mentais degenerados de seres de sua raça, os quais mantinha em cativeiro.

— Formarão um computador biológico de grande potencial. Servirão a meus desígnios neste estado alterado de suas personalidades; uma união de consciências que posso consultar e de cujo conhecimento, arquivado durante milênios, desde já me aposso. Ninguém mais conhece os meus planos, mantidos no mais absoluto sigilo — e forçando uma situação, conseguiu rir um riso, uma gargalhada sórdida, um misto de horror e ódio. — Maldito Todo-Poderoso! Verá do que sou capaz!...

Com a mão direita em riste, esbravejou:

— Subirei às mais altas nuvens, nas estrelas farei o

meu trono. Serei semelhante ao Altíssimo...

Tendo como resposta apenas o silêncio, saiu. Lacrou o recinto, que somente ele sabia onde se encontrava, nos recantos escuros e sombrios do submundo. Pensava consigo mesmo:

— Nenhum outro poder há senão o meu neste mundo. Sou o supremo senhor de todos os reinos. Os sacerdotes serão meus magos negros, os principais entre tantos outros; os espectros, meus aliados, minha polícia secreta. Obedecerão somente a mim e a ninguém mais. Jamais se esquecerão de quem os governa. Esses e quaisquer outros pretendentes ao poder ouvirão e sentirão o império da minha vontade.

Subiu das regiões sombrias para ver as obras dos homens. Ali, entre os seres que construíram a primeira civilização dos novos humanos, ergueu-se como deus e anunciou, ladeado por seus emissários, os donos do poder no submundo:

— Eu sou a luz celestial, o filho de Anu e o regente da casa real.

As palavras só poderiam ser compreendidas por quem fosse descendente direto da dinastia real, pelos eleitos e povos que vieram do espaço. Dificilmente um ouvido mortal ouviria essas palavras; muito menos ainda, seria capaz de entendê-las. Foram gravadas em tábuas de pedra e argila, em folhas de metal, e somente depois de muito tempo seriam lidas, guardadas e, ainda assim, dificilmente compreendidas. O ser abismal voltou a reunir sua multidão de seres convertidos em servos fiéis, de uma fidelidade baseada no medo, no terror e na insegurança.

— De agora em diante, vocês serão minha legião de magos e dominadores, ministros que ensinarão outros, seus iguais, as leis e os métodos de dominar e manipular não só fluidos e seres da natureza, mas mentes, convicções e emoções dos habitantes deste mundo desgraçado. Ensinarei a vocês os segredos adormecidos no tempo e serão meus emissários — falava a voz que repercutia no pensamento da turba de magos, que pela primeira vez se reuniam sem guerrear, apavorados com a força sobre-humana do ditador mais astuto do submundo.

O número 2 em poder assumiu a situação:

— Cada qual de vocês reúna sua própria legião. Recrutem os seres mais perigosos e sem escrúpulos, dentre os quais elegerão sete principais a serem treinados. Cada um dos sete encontrará mais sete vilões, cruéis entre os cruéis. Selecionem aqueles que consigam se superar e vencer a qualquer custo a crueldade alheia. Tragam-nos e os faremos para todo o sempre os mais bem treinados, os maiores conhecedores de certas leis do mundo oculto. Nós mesmos os coroaremos, perante seus iguais, como comandantes em chefe, principados do mal.

— Quando estiverem prontos — arrematou o número 3 dos maiorais —, sairão pelo mundo e farão adeptos entre todos os degredados. Dividiremos o planeta em 10 quadrantes e ergueremos as cidades do poder, governadas diretamente pela tirania dos cruéis e deserdados, e aqui formaremos nosso império. Em breve, chegarão outros mais; deverão estar a postos para a grande guerra entre os magos, pois vencerá quem por nós for treinado. Quem se submeter ao nosso ensino e à nossa política será investido da coroa de principado, e ninguém abaixo de nós jamais o poderá questionar.

Os maiorais provocaram uma debandada dos seres horrendos, todos atrás de adeptos, seres os mais perniciosos e maldosos entre os que foram deportados, até encontrarem cada mago representante seu, formando o colegiado de sete ministros que pudessem ser treinados diretamente pelos mais vis inimigos da nova humanidade.

Enquanto isso, os guardiões do planeta se preparavam para receber as novas levas de seres que viriam extraditados para Tiamat. Uma ligação estreita se fez necessária entre os arquitetos da nova civilização e os seres que guardavam os destinos das humanidades reunidas naquele recanto da galáxia. Um grande cometa surgia nos céus do novo mundo, e uma nova história começaria ali, escrita por dois povos que se uniriam ao longo dos milênios a fim de superar seus limites, suas intrigas e solucionar o que fosse possível sobre a terra nova, onde pisariam durante a noite intensa dos séculos no porvir.

Até aquele momento, nem Enki e nem Enlil sabiam que, por trás dos acontecimentos do novo mundo, havia uma inteligência tão astuta e tão medonha como esta que agora tentava assumir o poder nas regiões mais profundas. Somente Enki era capaz de sondar o imponderável e antever, por via psíquica, os tempos difíceis que se avizinhavam. Intuitivamente, também captava que algo de muito grave se passava com seu irmão. Rendia-se, enfim, às evidências de que havia muito mais em andamento do que se supunha até ali.

ANAIS DAS ERAS REMOTAS (EXTRATO)
BASE DOS GUARDIÕES DA HUMANIDADE

SÉCULOS MAIS TARDE, novo surto de progresso se fez

presente na nova morada das estrelas, no terceiro mundo do sistema. Foi então, num instante em que tudo parecia caminhar, que, no mundo astral, manifestou-se um dos mais trágicos embates entre magos negros e príncipes das trevas daquela era. A primeira guerra entre os seres da maldade de Capela e os *annunakis* rebeldes, a qual passou para os anais da história do mundo astral como um dos eventos mais trágicos de todos os tempos, contribuiu para o afundamento de um dos mais importantes continentes das eras remotas.

Foi uma guerra travada com as armas da magia, empregando-se energias etéreas e manipulação da natureza por meio dos elementais, além de técnicas e aparatos de hábeis cientistas da escuridão. Hostes de inteligências as mais sombrias disputavam sua parcela de domínio sobre o novo planeta. Durante centenas de anos, o mundo sombrio se enfrentou com suas armas mais poderosas — a força da mente, as manipulações de seres vivos através do domínio emocional, mental e fluídico —, e o mundo conheceu uma época na qual os problemas de ordem psíquica atingiram o ápice de sua manifestação.

De um lado, os deportados do Cocheiro queriam a todo custo estabelecer as bases de seu reinado num mundo que odiavam, mas do qual não conseguiam mais sair por vontade própria. Utilizavam os recursos mais avançados de que dispunham em matéria de técnica e ciência, que temiam perder ou, pelo menos, esquecer, devido ao imperativo de mergulharem na carne, através dos processos de reencarnação ou corporificação, como era conhecido na época. Os céus dos continentes eram riscados pelos elementos da natureza em turbulência, enquanto um grupo seleto de magos, organizados pelos outrora dominadores dos eventos do Cocheiro, reunia-se para formar uma frente de combate. Durante esse evento, canalizavam forças mentais a fim de manipular o povo, transformando-o em suas baterias energéticas vivas, as quais lhes permitiam agir sobre os elementos fluídicos do planeta. Serviram-se de energias primitivas e violentas para gerar e difundir correntes mentais inferiores, promovendo o surgimento da magia negra, em larga escala, no terceiro mundo do Sistema Solar.

De outra parte, os *annunakis* rebeldes, os mais inteligentes, os que desenvolveram o mal numa escala amedrontadora, conheciam mais profundamente o sistema de vida de Tiamat, pois chegaram antes ao mundo do desterro. Não arredavam pé da ideia de que o orbe lhes pertencia. Baseavam-se no fato de que as primeiras expedições ao planeta haviam sido realizadas por indivíduos de sua raça estelar, bem como no conhecimento de que as primeiras levas de deserdados chegaram quando os humanoides nem sequer haviam desenvolvido a inteligência. Uma vez que foram eles os primeiros — segundo acreditavam — a manipular o código genético dos habitantes do terceiro mundo, arvoraram-se deuses. Eram liderados pelos mais inomináveis verdugos do mundo oculto, os quais tiveram tempo suficiente para aprimorar o conhecimento e treinar os vis serviçais da escuridão, seus asseclas, manipuladores de vontades, mentes e fluidos do planeta primitivo. Grupos numerosos de seres vampiros fortaleceram-se nesse ínterim, completando as legiões do mal organizado. As primeiras organizações de magos negros, de magos dominados ou que se renderam à crueldade sem limite dos *daimons*, remonta a esse período, que a história humana não registra nem dispõe de elementos para pesquisar.

Os *annunakis* tinham acesso a energias mais densas, porque haviam realizado um mapeamento de imensas paisagens e regiões do mundo extrafísico. Muito antes da chegada dos novos habitantes do espaço, já conheciam os elementos astrais constituintes do globo, portanto deles se valeram no grande conflito que determinou o afundamento de um reino portentoso e o início de outra era no condomínio espiritual do planeta.

A guerra foi levada a cabo não somente no plano imponderável, no invisível. Como todos os seres na dimensão das formas são mais ou menos sensíveis aos pensamentos, emoções e intenções dos verdadeiros artífices ou autores dos eventos nos bastidores da vida, os desafios, lutas e disputas na superfície do planeta acabaram por sacudir, efetivamente, as balizas da civilização de seres corporificados. Os grandes colégios de magos ingressaram no combate, causando repercussão vibratória nas partes física e astral do planeta. Como consequência, houve enorme perda de qualidade energética e espiritual na estrutura do novo mundo.

Nessa guerra, na qual se empregaram forças da natureza, elementos e elementais naturais e artificiais, bem como energias que permanecerão desconhecidas pelos habitantes da chamada era moderna, o planeta conheceu o combate mais acirrado das eras remotas. Como prêmio das lutas inglórias, assistiu-se à destruição de templos sagrados e palácios, à derrocada de deuses e homens e à ruína do sistema de vida de continentes inteiros, onde havia florescido uma civilização tão grandiosa.

O resultado das energias ali desencadeadas, dos embates de forças malignas que se libertaram e do ódio dificilmente aplacado de reis, magos e senhores da ciência da escuridão, fez com que determinado elemento do espaço fosse atraído vibratoriamente. Um bólide, uma grande rocha que vagava pelo sistema, passou a rumar em direção ao terceiro mundo, onde eclodia a guerra. Muitos dos seres vencidos naquelas batalhas, entre magos, cientistas e outros miseravelmente transformados em escravos, ainda vivem nas dez cidades do poder, guardadas a sete chaves pelos mais implacáveis senhores da guerra, os chefes de legião.

Os guardiões do sistema tiveram grande trabalho a fim de preservar ao máximo as obras da civilização e conseguir inspirar os magos brancos, depositários dos ensinamentos sagrados e da sabedoria, a fugir em seus barcos para diversos recantos do planeta. Embarcações amplas, mas também outras menores, singraram os mares do mundo com seus pergaminhos sagrados, guardados pelos magos brancos. Deixando para trás os horrores de uma guerra que demoraria a terminar, desembarcaram nas praias de outros continentes, de outras terras, e dirigiram-se às montanhas e terras longínquas. Lá fundaram colégios iniciáticos e templos de sabedoria, onde magos comprometidos se pudessem se dedicar à preservação da ciência original, à disseminação dos novos ensinamentos e à formação de discípulos que pudessem legar à posteridade a memória desses eventos. Como parte de sua missão, objetivavam reunir uma casta de seres, selecionados durante os processos iniciáticos, que atestassem verdadeiro compromisso com o bem da humanidade.

Enquanto boa parte desses emissários ainda se distanciava dos eventos catastróficos da grande guerra de magos e deuses decaídos, grande tremor se fez sentir num dos continentes envolvidos na batalha. Uma estrela desceu do céu, rasgando a escuridão da noite, e balançou para sempre as estruturas físicas e psíquicas, a contraparte astral e energética do mundo antigo. Levou aquela civilização ao fundo dos mares, como atestado da frivolidade e da futilidade das batalhas entre poderes e domínios, que traziam como prêmio inglório a morte, a decepção e a destruição de um povo orgulhoso, bem como de seus prepotentes dominadores. Depois do impacto, viam-se esquadras destroçadas, boiando sobre as águas revoltas, com o que restava do povo exaurido e oprimido por seus ditadores do abismo, que o manipulavam movidos pela sede de dominar a civilização e a natureza indomável, de um mundo vivo e vibrante de vida.

Os dirigentes do mundo, atrás da película sensível

que separa as duas realidades, conduziram a população que se salvara aos recantos mais longínquos do planeta, dispersando-a e fomentando o surgimento de novas comunidades. Adaptada a novos ambientes, floresceria novamente a humanidade, que recomeçaria sua trajetória sob novos auspícios, sob a esperança de dias melhores.

A partir daí, novos seres do espaço vieram integrar a enorme falange de seres que recomeçaria, nas terras do novo mundo, sua trajetória evolutiva. Com a permissão dos governadores solares, os céus do planeta foram marcados por luzes do espaço, barcos celestiais, trazendo seres de Órion, Sirius, Antares e da longínqua Andrômeda, entre outras terras do espaço. Alheio à vontade das inteligências sombrias, o mundo recebeu em seu seio mais de 20 tipos humanos distintos, de seres das estrelas redivivos nos corpos físicos dos povos do planeta ou, então, entre os habitantes invisíveis. Miscigenaram-se, conforme o objetivo superior, integrando-se numa única raça. No momento oportuno, quando a ampulheta do tempo escoar-se totalmente, os redimidos retornarão a seus mundos de origem ou, quem sabe, serão novamente redirecionados, deportados e alocados em novas terras do espaço, onde, um dia, contarão a história do paraíso perdido e da morada de deuses e homens.

6

O DESPERTAR DO ESPECTRO

A LUA REFLETIA OS RAIOS do Sol enquanto era observada por um homem num recanto qualquer de Tiamat. Ele se perguntava sobre aquela imagem luminosa que via durante muitas noites, ora redonda, ora em outros formatos. Ele não sabia, mas o lado do satélite que lhe era invisível apresentava uma vida palpitante, que atestava a atuação de forças do universo dificilmente compreendidas pelos mortais que habitavam a superfície do planeta. Do lado oculto do satélite natural, de onde se avistavam nuvens e algumas formações geológicas, Tiamat era visto apenas parcialmente, em formato análogo àquele que a lua nova apresenta para o observador terreno. A Lua, elemento outrora capturado do espaço intermundos pelo magnetismo e pela gravidade do planeta, milênios depois, formaria o sistema Terra-Lua, o qual algum astronauta, aproximando-se, poderia ver como dois planetas irmãos.

Desde eras remotas, esse satélite serve de base às inteligências extrafísicas que ajudam a administrar os destinos de Tiamat. Além disso, constitui um ponto estratégico que facilita o trânsito de outras inteligências extraterrestres — que estejam na posse do corpo físico, ainda que de natureza sutil — até a Terra ou desta rumo ao espaço sideral, como uma espécie de trampolim. Sempre foi a Lua o mais importante ponto de apoio, em diversas ocasiões, no contato com seres de outros mundos, desde a época em que vieram os eloins, a casta considerada sagrada entre os annunakis, em processo de degredo. Suas missões: aprimorar as condições de vida, modificar as estruturas da raça nascente e fazer prosperar e crescer uma nova civilização na superfície do planeta.

Mesmo antes dessas épocas remotas, milhares de anos antes de Tiamat haver sido descoberto e catalogado nos mapas estelares de certos povos da galáxia, o orbe fora visitado pelos antigos. Os semeadores de vida, aqueles que levaram aos oceanos do planeta as sementes, as moléculas de vida, deixaram nos seres do novo mundo a marca ou a memória energética que ainda hoje está impressa na estrutura do DNA. Todos trazem essa marca; todo ser humano tem em si inscrito o selo da humanidade que provêm das estrelas. Os semeadores testemunharam o nascer dos hominídeos, seres ainda infantis na escala do progresso, mas com potencial para desenvolver as faculdades anímicas e espirituais que caracterizariam o novo tipo humano que emergiria ao longo dos séculos vindouros. Assim como em algum dia vieram, nas noites perdidas no tempo, partiram. Foram-se sem deixar vestígios; aliás, seus vestígios até hoje não foram descobertos pela humanidade moderna deste início de terceiro milênio — pelo menos não ainda. Rastros dos pioneiros, entretanto, persistem soterrados sob milhares de toneladas de gelo; seus monumentos fabulosos permanecem enterrados nos polos do planeta, como a atestar às gerações vindouras, quando atingirem a maturidade, que sua origem está nas estrelas. E será às estrelas que irão em algum dia, quando estiverem preparadas para respeitar a morada planetária que habitam.

A Lua, a irmã sideral da Terra, guarda lá seus enigmas. Muitos deles, conhecidos, embora não inteiramente compreendidos por uma elite de cientistas e representantes do novo homem a qual se julga no direito de esconder certas verdades. Considerando-se apenas a parte física do satélite lunar, erguem-se monumentos e laboratórios, alguns, observados e registrados nas proximidades das diversas crateras da face oculta, embora ainda não admitidos oficialmente. Construções abandonadas há milênios atestam, em muitas partes da Via Láctea, a presença dos pioneiros, os semeadores de vida. Somente o futuro será capaz de ditar o momento oportuno em que as evidências de tais edificações serão levadas a público, de maneira a despertar a atenção dos filhos da Terra para sua procedência divina, sua origem cósmica.

Enquanto isso, na parte etérica e astral da Lua, atividade incessante se desenrola, oculta aos olhares dos homens que habitam a superfície do planeta, o qual se vê brilhando como uma pérola azul, logo abaixo do firmamento lunar. Ocupados com conflitos intestinos e guerras insalubres, com querelas de ordem pessoal, disputas de poder e manipulações mentais e emocionais, os humanos desconhecem o que se passa, mesmo quando ocasionalmente observam, acima de suas cabeças, o brilho refletido pelo astro.

Há muito que o romantismo associado à Lua deixou de preencher espíritos e convidar olhos mortais à contemplação; estes a fitam vez ou outra, de longe. Não obstante, um mistério ainda a envolve; um véu imaginário permanece ocultando sua verdadeira realidade. Por detrás do limiar sensível que separa os mundos ou os universos, que convivem em dimensões paralelas, há vida, há atividade, há seres, humanos e não humanos, humanoides e de outras raças; há seres espirituais, energéticos, etéricos e materiais — embora segundo um conceito de materialidade mais amplo do que aquele acanhadamente estabelecido pelos homens a partir de sua morada terrena.

Descendo mais de 10 andares no subsolo lunar, entre rochas, dimensões e percepções, ali se encontra uma importante base dos guardiões, incrustada nos fluidos mais ou menos materiais, mais ou menos sutis, mais ou menos etéricos. Vigoram ali certas leis da física que desafiariam os mais experientes cientistas do planeta. Leis talvez desconhecidas fazem com que elementos de natureza distinta convivam num mesmo espaço dimensional, sem se anularem, sem se autodestruírem, demonstrando, aos olhos atentos de quem estuda a ciência universal, que a vida além da Terra guarda intricados processos, progressos e tecnologia, que permanecem — e por muito tempo permanecerão — inexplorados pelos mais brilhantes habitantes da Crosta.

— Levante, Raul! Acorde para a vida fora da matéria.

O homem mexia-se lentamente, ora para um lado, ora para outro, como se o corpo físico fosse para ele apenas uma referência necessária para apoiar-se e alçar voo rumo a novas fronteiras, a novas ideias e a um universo diferente daquele em que se movimentava com seu escafandro denominado corpo físico. Sentia-se como numa rede, balançando-se de um lado para outro. A impressão ocasionada pelo cérebro físico, o qual ameaçava afrouxar em alguma medida os laços que o prendiam à mente, era a de que estaria totalmente oco. Um fenômeno largamente conhecido desde épocas da Antiguidade das civilizações humanas produzia-se no interior de si mesmo. Sua mente assumia o controle completo da situação, de maneira que o corpo não poderia significar mais do que um instrumento, um amparo a partir do qual decolaria e voaria além de tudo aquilo que impressionava os sentidos humanos. Para trás ficariam as dores, as lutas mundanas, as decepções emocionais e as tribulações da vida cotidiana.

O sujeito erguia-se meio preguiçoso, lento, até recobrar plenamente a consciência, que estava prestes a readquirir a maior parte de sua lucidez e suas habilidades. Impulsionado pelo influxo do pensamento de um espírito mais experiente, porém tão humano e perfectível como ele próprio, o agente erguia-se sobre o próprio leito, observando o corpo deitado sobre a cama.

— Preparado para mais uma tarefa? — indagou o guardião ao seu lado, chamando a atenção para o trabalho que teriam pela frente.

— Vejo o corpo ali deitado e fico pensando...

— Não pense muito, rapaz, pois a nave dos guardiões o espera para algo mais interessante e estudos mais urgentes. Não temos muito tempo.

Como que ignorando o amigo que o visitava e convidava ao trabalho, o homem retomou seus pensamentos: “Graças a Deus que não sou esse corpo aí. É incrível como as pessoas confundem a carcaça com a realidade e como, consequentemente, se decepcionam mais e mais ainda...”.

— Vamos, Raul! Irmina e mais alguns amigos desdobrados nos aguardam mais além. Temos pouco tempo para a próxima janela.

Raul voltou-se imediatamente para o amigo guardião e, olhando-o fixamente nos olhos, percebendo-lhe a seriedade, questionou:

— Meu Deus, homem! Será que você não tem o mínimo de sensibilidade? Será que não pode compartilhar comigo este momento especial? Deus me livre de trabalhar assim como você. Relaxe! Veja se descontrai um pouco...

O guardião permaneceu calado, e esse gesto, em si, já foi uma mensagem inarticulada. Afinal, na outra dimensão, a além-física, também se pode comunicar através do pensamento. Embora nem todos consigam tal proeza, para um guardião superior da categoria daquele que falava com o rapaz ali desdobrado, isso era absolutamente trivial. Raul reagiu:

— Está bem, mal-humorado! Eu vou, eu vou... E onde está Irmina?

— Ela e os outros estão aguardando junto ao mar. Iremos para lá em um aeróbus convencional, mas lá precisaremos nos transferir a uma nave maior. É urgente, eu garanto.

— Mal-humorado! — resmungou Raul, enquanto saía em direção à rua. — De que adianta ser desencarnado, um ser de outra dimensão, se não tem nenhum senso de humor e nenhuma sensibilidade? Adianta? Adianta? Claro que não!...

Ambos se deslocaram até as proximidades onde o pequeno aeróbus dos guardiões aguardava com mais dois outros espíritos. Um deles, nitidamente preocupado com o que se passava consigo, via-se em meio a seres que antes nem imaginava existirem. Assim que adentraram o ambiente, o guardião Kiev apresentou o novo integrante aos demais:

— Este é Zecharia, Raul!

— E aí, Zeca? Como vai? — Raul tentou ser amigável, mas só conseguiu um olhar de reprovação do guardião. Felizmente, o convidado não entendeu o vocabulário empregado por Raul. Ele ficou quieto.

Olhando para o homem, que os encarava com um olhar bastante desconfiado, falou:

— Estes são Raul e Irmina, que irão conosco. Fiquem tranquilos, que tudo será rápido, e nossa viagem será prazerosa, pelo menos a viagem em si.

A observação de Kiev pareceu ter sido recebida pelos três de maneira mais intensa do que ele pôde supor. A nova empreitada parecia um mistério. Kiev não dera nenhum sinal sobre o lugar aonde estariam indo. Mas também, Irmina e Raul jamais perguntariam. Morreriam de curiosidade, mas não perguntariam.

— Não têm curiosidade em saber sobre nossa missão? — perguntou o guardião, tentando estabelecer uma comunicação mínima entre os participantes da excursão.

— Quanto a mim, não! — desta vez, era Raul quem estava mal-humorado.

— Nem a mim! — respondeu Irmina, como que compartilhando com Raul seu estado de espírito, embora Kiev soubesse que era apenas uma brincadeira de ambos.

Tentavam a todo custo esconder seus pensamentos para que não fossem percebidos pelo guardião.

— E quanto a você, caro Zecharia? Deseja alguma explicação?

— Estou habituado com o inusitado, meu amigo.

Mas esses dois aqui ao lado talvez ultrapassem minha capacidade de absorver o incomum — apontou para Irmina e Raul, que fingiam não lhe dar ouvidos. Sabiam disfarçar muito bem, ainda que estivessem o tempo todo atentos ao que ocorria e morrendo de curiosidade quanto ao destino da empreitada.

— São viventes desdobrados, não se preocupe! Eles são parceiros nossos de longa data. Não fazem mal a ninguém.

Irmina olhou para Kiev com um olhar de secreta discordância.

— Bem, pelo menos não fazem nenhum estrago que não tenha por trás um objetivo maior ou um planejamento mais elaborado para ajudar a humanidade.

Raul deu um riso discreto, e somente Irmina pôde captar o motivo daquela reação. Kiev procurava dissimular ao máximo o acentuado sotaque russo, mas, ao tentar, parecia mais caricatural. Era um tipo de militar, um guardião superior, mas nunca conseguia ser hábil nos disfarces. Soava estranho para todos ali.

Entrementes, chegaram ao local onde estava estacionada uma nave maior dos guardiões. Havia outras pessoas ali, tais como os espíritos responsáveis pelo transporte, que demonstravam estar ocupados, indo de um lado para outro, com uma inquietação maior que o normal, o que talvez se devesse à presença de passageiros ilustres. Pousaram ao lado da nave principal, que tinha mais ou menos 50m de diâmetro e um aspecto diferente do das demais com as quais Irmina e Raul estavam habituados. Apresentava um formato quase esférico, ou melhor, ovalado, e contavam-se diversos compartimentos.

— Entremos logo, meus amigos. Vocês são aguardados em nosso comando.

Irmina olhou novamente para Raul, como que a indagar aonde iriam. Havia um quê de mistério no ar.

Um guardião, na verdade, um técnico da nave, pediu de maneira enfática:

— Dirijam-se, por favor, ao compartimento de animação, onde serão conduzidos a um estágio de sono profundo para o salto.

— Salto? Sono profundo? O que isso significa? — perguntou Irmina baixinho para seu amigo Raul.

— Você, Zecharia, queira acompanhar Dimitri. Ele o conduzirá para junto dos demais.

Agora as coisas haviam ficado mesmo nebulosas para os agentes. Como o tal Zecharia seria conduzido para outro ambiente enquanto eles ficariam trancafiados em algum lugar onde deveriam adormecer? Dormir fora do corpo? Que significava tudo aquilo?

Não tiveram tempo de externar sua desconfiança, nem ao menos de fazer perguntas. Uma mão forte os arrancou de seus pensamentos e os levou até determinado compartimento da nave quase oval. Ao que parecia, havia urgência por parte dos guardiões, que, no tempo disponível para esclarecer dúvidas, ficaram calados. Com efeito, fazia-se necessário correr contra o tempo, mas Raul e Irmina não sabiam a respeito. Apenas se deixaram conduzir para um ambiente totalmente diferente de outros aos quais estavam acostumados.

A sala era ampla. Contava com muitos nichos — espécie de recipiente feito de vidro, cristal ou material semelhante —, cada qual com aproximadamente 2m de altura e 0,80m de largura. Dentro deles, parecia haver um gás. Na frente, eram ovalados, e viam-se tubos e fios que partiam de cima e de baixo dos receptáculos.

— Não se preocupem, amigos. É um tipo de composto para vocês se preservarem durante o transporte. Terão de ficar durante um pouco de tempo adormecidos, mas, logo depois, acordarão para participar conosco de uma reunião bastante interessante.

Irmina e Raul constataram que não havia nada a fazer no momento. Confiaram no guardião que os assistia e se entregaram ao seu comando. Adormeceram na câmara de preservação, como a chamara o agente superior. Nem sequer viram a nave dos guardiões alçar voo, muito menos aonde ela se dirigia. Quando acordaram, estavam num ambiente totalmente diferente. Por que tiveram de ser preservados naquela câmara? Não tinham resposta ainda, e, pelo que parecia, demoraria até que a obtivessem. No entanto, foram tomados de perplexidade diante do que viram. Diversas galerias, paredes cobertas com aparelhos de uma técnica que ignoravam e grupos de espíritos que iam e vinham, caminhando rapidamente, como se algo muito importante estivesse por acontecer. Foi Watab, o guardião africano, quem os recebeu e os conduziu a partir de então:

— Venham, amigos. Jamar espera por vocês e também por outros guardiões e agentes.

O lugar era imenso, uma espécie de laboratório de aspecto quase futurista, não fossem a disposição dos aparelhos e um ar retrô, que dava uma aparência um tanto diferente a tudo. Era definitivamente uma base dos guardiões, mas onde? Irmina e Raul não tinham nenhuma indicação a respeito. Olharam para todos os lados, mas não conseguiram divisar nada que pudesse lhes dar uma pista da localização daquele que mais parecia um laboratório de experiências extrafísicas. Aparelhos diversos distribuíam-se em painéis à sua frente; cadeiras de formato anatômico espalhavam-se por todos os lados, embora de modo sutilmente organizado. Decerto o ambiente havia sido preparado para algo incomum, algum acontecimento.

Olhando para cima, Raul apontou, chamando a atenção de Irmina:

— Olhe, mulher! Veja aquelas galerias. Que coisa mais estranha!...

Irmina olhou curiosa e pôde observar que havia gente por trás dos vidros, mas não se podia ver com clareza de quem se tratava.

— Olhe, Raul. Ali... — apontou para determinada direção, a outra galeria, diferente das demais, mas ainda ao lado destas. Percebiam-se vultos atrás das imensas janelas de puro cristal. Mas eram vultos disformes; parecia que a silhueta das pessoas se movia em câmera lenta, e seu aspecto, em meio aos gases que enchiam o local vizinho, era algo incomum.

Raul e Irmina foram chamados a se acomodar em duas cadeiras mais afastadas, em torno das quais um anteparo energético os envolveria numa redoma de vibração superior. Todavia, esse campo de força não cercearia seus movimentos nem impediria que entrassem em relação com as demais pessoas no ambiente.

Jamar assumiu seu lugar numa cadeira, juntamente com Anton, o guardião superior. Um a um, entraram e instalaram-se os visitantes e os convidados. A maioria Raul e Irmina não conheciam, contudo, puderam divisar as figuras de Ranieri, Júlio Verne, Dante[12] e o estranho que lhes fora apresentado com o nome de Zecharia, além de mim e alguns outros aos quais fomos apresentados. Embora se comportasse como um militar da mais alta patente, Watab não deixava de lado seu faro felino; parecia estar com as antenas psíquicas projetadas em todas as direções, atentas ao mais leve sinal de perigo. Um grupo de cinco guardiões estava de prontidão na sala, toda ela, envolvida em campos de força potentíssimos.

Jamar tomou a palavra diante de todos:

— Meus amigos, vocês foram convidados a este experimento porque de alguma forma contribuíram para o desfecho de uma história milenar. Refiro-me à história dos dragões e dos que vieram para a Terra em

---

[12] Cf. PINHEIRO, Robson. Pelo espírito Ângelo Inácio. *A marca da besta*. Contagem: Casa dos Espíritos, 2010. p. 50s.

tempos imemoriais.

O que viria logo em seguida nos deixou ao mesmo tempo perplexos e satisfeitos, devido à curiosidade aguçada que era perceptível no ambiente.

— Como bem sabem, em alguns lances do nosso combate contra as forças do abismo, vários espectros, seres que servem diretamente aos *daimons*, capitularam e pediram abrigo aos guardiões. Dentre eles, alguns poucos ofereceram-se, oportunamente, para compartilhar suas memórias conosco, de maneira que pudéssemos incrementar nossa visão acerca do grande xadrez cósmico e, quem sabe, compreender melhor certos pormenores dos lances que determinaram o degredo de um dos primeiros povos a ser deportado para a Terra. Recentemente, nossos técnicos em psicologia extrafísica e exoplanetária conseguiram chegar a um estágio bastante avançado no que concerne a recuperar as lembranças de um dos mais representativos e antigos chefes de legião dos ditadores. Eis que os chamamos para, juntos, assistirmos à história de um povo, ao nascimento de nossa civilização, dentre outros elementos compartilhados pelo espectro, que logo adentrará o ambiente.

Raul e Irmina se entreolharam, agradecidos e, ao mesmo tempo, cheios de curiosidade quanto ao que viria em seguida.

— Convidamos especialmente alguns cientistas que, na última residência física, contribuíram muitíssimo com novas descobertas, as quais em breve poderão ser mais apreciadas e valorizadas pelos irmãos encarnados. Um deles é o amigo Zecharia, profundo conhecedor de línguas antigas, desde o hebraico até as línguas semíticas. Logo após sua chegada à nossa dimensão, demonstrou supremo interesse em confirmar os estudos que desenvolvera e procurou aprofundar-se na arqueologia espiritual e energética. Pelo conjunto de seu trabalho, julgamos que seja uma das personalidades mais capacitadas a avaliar o resultado de nossos experimentos com o espectro. Albert, renomado pesquisador da ciência universal — como prefere ser chamado —, é outro convidado, grande conhecedor de nosso sistema de trabalho. Acreditamos que também nos poderá auxiliar, e brevemente vocês entenderão por quê.

Enquanto Jamar apresentava um a um, Raul abaixou-se na poltrona e cochichou com Irmina:

— Meu Deus, mulher! Somos gafanhotos perto dessa gente aqui. Estou sem graça; nem sei como me comportar...

— Ora, Raul, deixe de ser tão besta assim; parece

que está acometido da síndrome de U... — Irmina evitou pronunciar a palavra completa, pois sabia que Raul a compreenderia.

— Como você se sente diante de tanta gente graúda?

— Poderosa, lindíssima! Maravilhosa, insubstituível!

— Você não presta mesmo!

— É, mas, como você sempre me diz...

— Sem mim, nada podeis fazer! — e não aguentaram, dando uma risada simultaneamente.

Por um instante, Jamar interrompeu a apresentação e olhou na direção de ambos, sabendo muito bem o que pensavam e conversavam. Eles entenderam o gesto firme do guardião. Anton evitou encará-los. Sem que pudessem prever, Jamar apontou os dois e disse:

— Estes são nossos agentes ainda na posse de corpos físicos. Na verdade, são parceiros nossos, juntamente com outros tantos espalhados pelo mundo.

Irmina e Raul não esperavam por essa. Ficaram vermelhos de vergonha, pois não imaginavam ser introduzidos diretamente pelo guardião superior. Engoliram em seco. Jamar percebeu o constrangimento de ambos e deu um sorriso meio forçado.

— São nossos colaboradores e nunca fugiram do confronto em favor dos ideais da nova humanidade. Abdicam de sua vida privada e familiar, enfrentam batalhas desafiadoras e se entregam de tal forma às lutas pela transformação do planeta que se expuseram não apenas a críticas e tentativas de frustrar seu trabalho, mas a ameaças à sua própria integridade física em função de sua dedicação. Convidei-os pessoalmente, como reconhecimento à sua dedicação incondicional.

Raul e Irmina choraram. Não puderam conter as lágrimas, apesar da vergonha que sentiam, pois sabiam que não passavam de simples colaboradores, sobretudo em meio à elite ali reunida. Era nítido que Jamar falara de coração e que sua amizade e seu reconhecimento eram genuínos. Diante de tantas personalidades tão capacitadas, silenciaram, sem que soubessem como se portar. Raul olhou para Irmina, e ela entendeu o jeito esquivo do amigo. Quedaram-se em silêncio.

Após vários comentários a respeito dos convidados e dos participantes do experimento, Watab tomou a palavra:

— Espero que todos se sintam à vontade em nosso meio. Temos à disposição projetores holográficos que estarão ligados diretamente à mente do espectro. Trata-se de uma tecnologia cedida por amigos que logo conhecerão. Tudo que o espectro rememorar será projetado em torno de vocês, em todos os ângulos possíveis. Caso encontrem dificuldade em visualizar as projeções, poderão se conectar a um dispositivo ao lado da poltrona de vocês, e, assim, elas serão transferidas diretamente à mente de cada um, evitando-se o esforço para absorver os detalhes através de imagens puramente externas. Ângelo Inácio é nosso repórter, no sentido de que irá compilar as informações e dar-lhes escopo compreensível, num formato mais ou menos linear, caso seja possível.

Watab parou por algum tempo, deixando que os convidados se movimentassem e se familiarizassem com os equipamentos de transmissão e projeção holográfica. Em seguida, continuou:

— Pedimos uma atenção especial por parte de nossos cientistas convidados e da equipe técnica, pois não sabemos exatamente quais serão as reações do espectro diante do mergulho no próprio passado. Recomenda-se toda a cautela, mas não queremos perder essa oportunidade. Sabemos que muito foi escrito sobre o assunto, e pesquisadores sérios debruçaram-se em investigações de diversas fontes ao redor do mundo. Ainda assim, estamos diante de uma chance extraordinária: presenciar o depoimento de alguém que foi ele mesmo um dos que *vivenciaram* o degredo; apreender impressões diretamente da fonte — suas memórias pessoais — sobre aqueles tempos que marcaram o início de nossa caminhada no solo planetário. Ademais, o próprio sujeito que compartilha as lembranças o faz sem nenhum tipo de coação mental ou moral; pelo contrário, ofereceu-se voluntariamente. Decerto, conheceremos pormenores que nos permitirão, aliando outros elementos de que já dispomos, preencher lacunas a fim de esclarecer o xadrez cósmico e muitos lances de nossa história, da história de um mundo e de vários mundos.

A respiração de todos estava ofegante, e não terminava ali a surpresa. Anton levantou-se logo em seguida, depois de reverente silêncio, e disse poucas palavras:

— Quero agora convidar alguns amigos que, desde algum tempo, têm diligentemente contribuído com a organização de guardiões da humanidade — visivelmente emocionado, apontou para determinada direção, onde se abriu um portal na estrutura do lugar. — Aqui, na Lua, estabeleceu-se há bastante tempo um grupo de amigos das estrelas, seres de outros mundos que nos auxiliam no processo de transmigração.

Raul olhou Irmina boquiaberto, e ninguém conseguiria dizer qual dos dois estava mais comovido. Zecharia Sitchin levantou-se num salto, quase chorando ao ouvir Anton anunciar, a um só tempo, que estavam no satélite lunar e ainda receberiam visitantes do espaço. Soluçava baixinho, embargando a voz. Raul não se conteve e deixou as lágrimas caírem.

Concomitantemente a isso, o portal do quartel-general dos guardiões abriu-se e entraram seres de diferentes aspectos. Três deles eram muito altos; mediam algo em torno de 3m. Com olhos vivos, como pérolas negras, embora de aparência inconstante; quem os observasse veria cores se misturando, modificando-se de tempos em tempos. A cabeça chamava a atenção: embora de formato cônico, o rosto em si era perfeitamente humano, com leves características próprias de sua raça. Dois outros tinham feição semelhante, porém, diferiam na estatura. De peles alvíssimas, eram mais altos do que o ser humano comum, tendo entre 2m e 2,10m de altura cada. Também chamava a atenção o formato de cone sobre as cabeças. Marcas na face remetiam a algum tipo de mutação que talvez tivessem experimentado, segundo me pareceu. Quase deslizavam sobre o chão do local onde nos encontrávamos, em movimentos que, para nós, os humanos, talvez lembrassem o bailar de pássaros. A boca não diferia consideravelmente da boca do homem terráqueo. Braços e membros inferiores longilíneos exibiam uma elegância que causaria inveja aos exemplares mais belos da raça humana atual. Com efeito, havia algo de muito humano neles. Ou éramos nós que nos parecíamos com eles? Não saberia dizer.

De qualquer maneira, a conformação externa dos representantes daquela raça, os de tamanho menor, denotava densidade maior em relação aos três anteriores; quase pareciam encarnados. Será que poderiam ser? Se assim fosse, por que a diferença tão marcante entre seres da mesma espécie? Uns, de formato energético, etérico ou espiritual tão delicado e menos denso, e outros, tão belos quanto os primeiros, porém, menores e com densidade molecular claramente maior. Não sei se estava preparado para saber a resposta nem mesmo se procurava por respostas. Apenas constatava os fatos, anotando tudo.

— Estes são nossos amigos da espécie *Homo capensis*. Também são conhecidos como *annunakis*.

Espécie *capensis*; raça dos *annunakis*! Era demais para a maioria de nós. Zecharia teve uma vertigem e precisou ser auxiliado por Kiev, que se mantivera, até então, quieto em seu lugar, sem se pronunciar. O guardião segurou-o pelos braços e o conduziu à poltrona de onde se levantara. Ele tremia todo. Kiev tocou-lhe a cabeça suavemente, realizando uma transfusão magnética, porém, não logrou estancar-lhe as lágrimas. Somente aos poucos, Zecharia aquietou-se, porém, continuava com seu espírito sobressaltado, abalado. Tivera ali uma das maiores provas, jamais revelada após décadas e décadas de estudos. Deparara-se com os mesmos elementos que pesquisara ao longo de sua vida; estava frente a frente com eles, sobre os quais havia falado em inúmeros seminários pelo mundo. Nunca esperaria encontrar aqueles seres pessoalmente.

Jamar olhou para ele e sorriu discretamente. Logo depois, entraram seres bem diferentes. Eram menores, bem menores, com mais ou menos de 1,50m a 1,60m de altura, porém, tinham também traços humanoides. Com cabeças mais proeminentes, vestiam-se com um traje tão delicado e de um tecido tão finíssimo que se confundia com a própria pele. Era como se o traje pudesse protegê-los de alguma influência externa. Mãos graciosas, embora com formato bem diferente, como se os dedos fossem unidos por uma cartilagem, aparentando haver menos dedos do que na mão humana. Os corpos eram mais densos, porém menores, delicados, embora firmes, sugerindo uma maleabilidade extraordinária e uma força desproporcional à delicadeza de suas formas. Olhos protuberantes, de uma negritude belíssima; ligeiramente puxados, recordavam de maneira muito distante o tipo oriental terrestre. O olhar era muito humano, e os olhos estavam proporcionalmente esculpidos no crânio avantajado. Cabeça completamente calva, embora, em uma observação atenta, pudesse se notar uma penugem bem suave, que poderia passar despercebida à pessoa comum.

Outros seres adentraram o mesmo ambiente. Entre eles, dois enormes, verdadeiros gigantes. Sem dúvida, representavam o povo dos espectros, fosse de que parte do universo viessem. Sua aparência poderia inspirar medo caso não estivessem ali a convite dos guardiões. Com certeza, os dois eram antigos representantes dos *daimons*, ou dragões. Com cabelos brancos, eram totalmente albinos. Na verdade, pareciam sem cor; a palidez só era comparável à de pessoas acometidas de agressiva enfermidade e submetidas a prolongado tratamento de saúde. Perdera-se o viço da pele, que era estranhamente opaca. Caminhavam de modo totalmente diferente dos demais. Embora conservassem aparência humanoide, apresentavam-se como seres bem materiais, pois a densidade de sua pele, de seus corpos energéticos, lembrava o aspecto de antigos guerreiros. Não demonstravam nenhum tipo de elegância. Ao contrário, davam a entender que, para eles, esse quesito não era importante. Seus olhos esbranquiçados tinham traços de cor lilás e rajadas vermelhas. Chamaram-me especialmente a atenção os dentes: pareciam quebrados ou, quem sabe, seria essa uma característica da espécie. Eram como pontas que pareciam sobressair amarelecidas de suas bocas, com um hálito diferente, quase incômodo. Vestiam-se com trajes que, ante os demais, pareciam bizarros. Lembravam roupas de couro misturadas a algum tecido grosso, mas de tal forma arranjadas sobre seus corpos que o único paralelo seriam as vestimentas de guerreiros primitivos de antigas lendas. Enfim, eram o oposto dos demais.

— Lá em cima — Jamar apontou as galerias logo no alto, o mesmo lugar para onde Irmina e Raul olharam ao chegarem — estão cientistas de outras raças, raças que não respiram o mesmo tipo de ar comum à Terra e aos mundos de onde vêm estes nossos amigos. Todos os nossos convidados já passaram por processos de reurbanização em seus orbes, em épocas que, para nós, remontam à eternidade. Alguns deles, mais de uma vez no mesmo mundo. Estão aqui a fim de ouvir e ver os relatos do espectro que se ofereceu para colaborar conosco. Como não queremos prolongar muito mais nosso tempo, passaremos aos experimentos extrafísicos, às memórias do nosso novo colaborador. Mais tarde, os amigos do espaço estarão à disposição para eventuais perguntas e, quem sabe, informações mais pormenorizadas.

Jamar se dirigiu ao local onde estava o técnico, enquanto, de perfil, deu um sinal a Raul e Irmina. Eles entenderam que não poderiam se aproximar. Mesmo assim, conhecendo seu amigo Raul, Jamar pediu mentalmente a Kiev que colocasse dois ou três guardiões de prontidão ao lado dos dois. De maneira nenhuma poderiam se expor vibratoriamente aos espectros, a despeito de estes terem se oferecido para colaborar em troca da preservação da memória de seu povo e sua história.

Todas as medidas possíveis foram tomadas, uma vez que se conhecia muito bem a natureza daqueles seres que, no passado, foram expatriados para a Terra. O nome das criaturas era impronunciável. Seu povo havia descoberto a navegação espacial muito antes de os hominídeos da Terra aprenderem a manipular o fogo. Porém, devido ao tipo sombrio, à sua característica bélica e guerreira, aos poucos, foram se degenerando, até perderem por completo o conhecimento. Por haverem migrado por diversas vezes a diferentes mundos da periferia da Via Láctea, desenvolveram especial capacidade de adaptar-se a ambientes hostis. O que significaria isso em sua totalidade somente com o tempo saberíamos, depois de muita conversa com os representantes do império desumano dos *daimons*.

Dois técnicos acomodaram um dos espectros na poltrona, enquanto, sobre ele, descia um tipo de capacete que se conectava com o biocomputador dos guardiões. Tratava-se de um equipamento aperfeiçoado até por amigos de outros mundos. Nele armazenavam-se informações que seriam cruzadas em tempo real com os demais arquivos no banco de dados e que, em velocidade ultraluz, seriam transmitidas a bases localizadas em pontos estratégicos por todo o planeta. Grande número de espíritos interessados estava a postos nesses centros dos guardiões superiores, à espera do que viria a ocorrer. Passados cinco minutos de preparo, com todos sentados em suas poltronas anatômicas e devidamente conectados aos aparelhos de transmissão e recepção de ondas mentais, teve início o mergulho no passado.

Todo o processo era diferente do que ocorrera com Jamar em outra ocasião, quando mergulhou em lembranças do passado de um dos filhos das estrelas.[13]

---

[13] Cf. "Memórias compartilhadas". In: PINHEIRO. *Os guardiões*. Op. cit. p. 75-98.

Muitos sons, imagens, paisagens e personagens desfilaram nas telas mentais da fera que se deitara sobre a poltrona. As chamadas feras nada mais eram do que seres de uma espécie tão primitiva e com uma índole tão guerreira, animalesca, que desconheciam os conceitos de civilidade mais básicos, comuns à maior parte dos povos do universo. Não obstante, sua natureza era a de vampiros energéticos. Não se sabia, até aquele momento, o que determinara tal característica, mas se estava a caminho de descobrir.

Os representantes dessa raça primitiva ali presentes haviam se rendido depois da derrocada do número 2 dos *daimons*.[14] Queriam a todo custo manter viva na memória a história de seu povo, pois, segundo falaram — e era a mais pura verdade —, para destruir um povo, basta destruir sua história. Os guardiões ofereceram ajuda, comprometendo-se a manter em segurança os registros de toda a história dessa legião de seres. Quem sabe algum dia pudessem ser reconduzidos a seus mundos originais? Na Terra, seu tempo havia passado; lá, não teriam como reencarnar. Seu destino inescapável era serem uma

---

[14] Cf. PINHEIRO. *A marca da besta*. Op. cit. p. 602s.

vez mais expatriados, como os próprios dragões, rumo a mundos os mais primitivos. Reconheciam plenamente esse fato e, não obstante, ofereceram suas lembranças, arquivadas desde os tempos do degredo que lhes trouxera à antiga terra de Tiamat. Afinal, como os mais leais servidores dos maiorais, detinham informações em sua memória espiritual que, por certo, seriam úteis àqueles que defendiam os ideais do Cordeiro.

O degredo fora meticulosamente recordado pelo ser medonho. As imagens, desde o momento em que os *annunakis* chegaram às bordas do Sistema Solar, foram compartilhadas com riqueza de detalhes — embora ele não tivesse vivenciado, pessoalmente, todos os episódios. Depois, cenas da destruição do quinto planeta, então habitado por bilhões de seres, os quais perderam suas vidas enquanto assistiam à derrocada de sua civilização e ao colapso de seu orbe original para sempre. Não ficariam abandonados no espaço nem no tempo, evidentemente, mas seriam absorvidos em mundos diferentes e no próprio alvorecer da Terra, quando muitos para cá vieram.

As imagens se revezavam uma a uma, porém, havia hiatos, e a história parecia não fazer sentido à primeira vista. Teríamos de juntar as peças, pois o relato era exibido de maneira não linear, isto é, não obedecia necessariamente à ordem cronológica. Havia lacunas, mas, pelo que fora exposto, muito ficou esclarecido quanto ao surgimento da vida nos primórdios de Tiamat. Intrigas políticas, manipulações genéticas, guerra entre famílias siderais, disputa entre irmãos e uma verdadeira saga dos seres do espaço até que se estabelecessem definitivamente na Terra. Com o passar dos séculos, muitos deles se miscigenaram com a raça autóctone, a ponto de, na atualidade, diversos povos conviverem sob o teto da mesma morada sideral sem que se saiba quem é da Terra ou não. Afinal de contas, a origem não importa, desde que todos estejam dispostos a aprender, corrigir-se e reeducar-se.

Conhecer elementos da história do planeta é algo que enriquece bastante e ilumina vários aspectos do grande conflito a que se assiste na Crosta, tanto quanto dos eventos que marcam as civilizações extrafísicas, os seres que vivem e convivem nas outras dimensões da vida. Chega-se a um denominador comum quando se percebem as artimanhas das trevas, os jogos de força e domínio entre os habitantes mais perspicazes e perigosos do submundo. Em suma, a história dos espíritos da Terra se entrelaça nos milênios sem fim à história dos filhos das estrelas. Entendem-se, a partir de então, personagens tão enigmáticos quanto Melquisedec, Noé, Enoque, Aquenáton,[15] entre outros. Mediante o conhecimento compartilhado por indivíduos que viveram os primeiros momentos do degredo cósmico rumo à Terra, pode-se vislumbrar o que nos aguarda em um futuro bem próximo.

Como resta evidente, o que vem transcrito nestas páginas não é tudo; está bem longe de sê-lo. A história dos *nephilins* e da origem da civilização terrena pode ser bem mais detalhada e o será, no momento oportuno. Neste ensaio, em vez de simples respostas, levantam-se inúmeras perguntas. Somente uma mente aberta, como a de um livre pensador, conseguirá aprofundar o histórico da vida terrestre e dos espíritos que formam a Terra.

Quando terminou a primeira parte das recordações arquivadas no cérebro extrafísico do espectro, ele acordou — exausto. Ao que indicava, o mergulho no passado, induzido pelos guardiões e os técnicos sob o império da vontade do espírito voluntário, provocara-lhe severa descompensação energética. Ele abriu os olhos uivando e chorando. Lágrimas de comoção genuína, de desespe-

---

[15] Cf., respectivamente: Gn 14:18 e Hb 5:10; Gn 6-8; Gn 5:21; faraó egípcio (c. 1350 a.C.).

ro e, ao mesmo tempo, de saudade desciam-lhe a face
macilenta. O outro ser da mesma espécie achegou-se a ele e o repreendeu bruscamente. Para eles, demonstrar emoções era sinônimo de fraqueza. Para nós, de sensibilidade, ao menos naquele caso. Era um sinal de que o antigo comandante de legião, uma das potestades que abandonara seu trono, seu poderio, estava em vias de mudar intimamente. Ele não conseguia reprimir o remorso, a dor emocional, o arrependimento. Derramara-se por inteiro ali, à frente de todos, numa demonstração inequívoca de que algo estava em curso em seu interior. Como não podia deixar de ser, isso foi levado em conta pelos guardiões ao analisarem aquele caso em particular.

Apesar dos avanços e de tudo o mais, restavam muitas dúvidas a serem esclarecidas e lacunas a serem preenchidas. Terminada a primeira parte do experimento, Jamar tomou a palavra:

— Por enquanto, senhores e amigos, queremos deixá-los à vontade em nosso ambiente na Lua terrestre. A não ser que nossos amigos viventes sintam necessidade urgente, todos poderão permanecer aqui por mais um tempo, e, quem sabe, nossos amigos do espaço poderão auxiliá-los com algumas observações.

Não seria fácil a conversa com seres de formação

cultural tão distinta, contudo, eles já estavam há bastante tempo no satélite natural, interagindo com os guardiões. Também estiveram, desde o início de nossa história, em contato com a humanidade terrena, de modo que nos conheciam bastante bem, muito melhor do que nós a eles, sem dúvida.

Um burburinho se fez entre nós, os participantes daquela experiência. Jamar e Anton nos observavam de longe, deixando-nos a sós com os visitantes do espaço. Antes, havia feito um convite especial a Zecharia para dirigir-se a outro compartimento, juntamente com Albert e Júlio Verne, onde poderia usufruir mais tranquilamente da presença de um dos *annunakis*. Certamente, teria muitas perguntas a formular e, ali, ainda estava sob o impacto dos acontecimentos. Seu espírito se mantinha abalado, embora gozasse de um nível de satisfação incompreensível para nós. Jamar o acompanharia; levaria também os espectros, para, mais tarde, em outra ocasião, trazê-los de volta.

Os demais visitantes do espaço permaneceram no ambiente, e todos se reuniram em torno deles. Watab colocou ordem nos acontecimentos, sugerindo uma espécie de entrevista a fim de favorecer a comunicação precisa e satisfatória conosco, tanto dos *annunakis* quanto dos demais visitantes. Fiquei incumbido de selecionar as perguntas, enquanto os membros das comitivas do espaço se instalaram numa espécie de palco improvisado no centro do salão onde nos encontrávamos, suficientemente afastados dos instrumentos que tinham sido ligados ao espectro.

Raul e Irmina ficaram mais à vontade assim que os espectros foram retirados do ambiente. Kiev relaxou a guarda em torno de ambos, deixando-os mais livres. Raul chorava copiosamente. Quando se aproximou de um dos seres do espaço, pareceu que havia entrado numa espécie de transe, de tal intensidade que não conseguimos tirá-lo imediatamente daquele estado. Não podíamos avaliar suas emoções. Watab fez sinal para que respeitássemos seu momento. Irmina foi solidária e ficou o tempo todo ao lado do amigo, amparando-o.

— Deve estar sob intenso choque — comentei com Watab.

— Deixemos nosso amigo. Depois você saberá o que se passou. Por ora, vamos concentrar nossas atenções nos amigos das estrelas.

Depois de certo tempo organizando e compilando as perguntas dos presentes juntamente com Ranieri, Watab deu-me autorização para formulá-las. Mal sabia como começar, pois a situação era inusitada. Havia muitas emoções no ar, principalmente depois de termos ouvido e visto tudo o que o espectro partilhara. Não restava dúvida de que era muita informação para um período tão diminuto. Um dos *capensis* se retirara, a convite de Jamar, para confabular com Zecharia. Os demais ficaram, à exceção dos espectros.

— Queria externar nossa profunda simpatia e nosso mais profundo respeito e consideração pelos visitantes do espaço. Embora os guardiões já tenham contato com vocês há muito tempo, um encontro pessoal como esse somente foi possível agora. Sentimo-nos honrados em poder compartilhar este momento, o qual devemos ao convite do caríssimo Jamar.

Os seres, embora de povos diferentes, olharam para nós de maneira tão tranquila e serena que quase detonaram emoções mais vibrantes, e, por pouco, não conseguiríamos deter as lágrimas que ameaçavam cair em nossa face. Aliás, todos se sentiam assim. Os visitantes pareciam esboçar um sorriso. Um deles falou-nos, tentando ao máximo usar termos de nosso vocabulário e expressões que fizessem sentido para nós:

— Bem-aventurados todos, irmãos da Terra. Para nós, é um momento importante este, no qual podemos afinar nossos pensamentos de maneira a nos compreendermos mutuamente.

Trêmulo, aproximei-me, dominado pela emoção. Respirei profundamente, e, apesar disso, as palavras saíram de minha boca de modo a traduzir meu estado emocional. Mesmo que antes tivesse tido alguma experiência em evento semelhante, a comoção era inevitável. Naquele momento, eu também era médium dos demais espíritos, pois traduzia seus pensamentos:

— Temos inúmeras perguntas a serem feitas, mas compreendemos a urgência das atividades e, por isso mesmo, procuramos condensá-las e selecioná-las, tendo em vista o que acabamos de presenciar no que tange às projeções sobre o degredo. Notamos que vocês apresentam aparência diferente. Embora da mesma espécie, a qual denominam de *Homo capensis*, uns têm estatura maior, outros apresentam-se menores e, ainda assim, não condizem com a altura mediana da humanidade terrena. Poderiam nos dar uma explicação para esse fato?

Os seres se entreolharam; um gentilmente esperando que o outro pudesse falar, mas um de estatura menor apresentou-se, auxiliando-nos em nossas dúvidas:

— Os humanos desenvolveram, no planeta Terra, diversos traços que os distinguem de acordo com a etnia a que pertencem. Vocês têm, por exemplo, os caucasianos, de epiderme clara; há os negros, predominantes no continente que denominam África; na porção oriental da Ásia, veem-se os chamados amarelos; dentre outros tipos comuns ao seu mundo, embora pertençam todos ao mesmo tronco humano. Em nosso planeta, não ocorreu dessa forma a diferenciação entre os povos. Ao longo do processo evolutivo, manifestaram-se variações em outras características. Aspectos anatômicos, geográficos e linguísticos concorreram para o desenvolvimento dos nossos corpos. Em linhas gerais, os de maior altura apresentam menor propensão ao exercício do que vocês classificariam como paranormalidade. Os demais apresentam certas faculdades mais ou menos desenvolvidas. A capacidade de dedicar-se de modo simultâneo a diferentes linhas de pensamento, que podem ser completamente independentes, é produto de um subcérebro que se aprimorou ao longo dos milênios de nosso tempo-padrão. Tivemos mais dois tipos humanoides em nosso mundo, mas que, desde eras remotas, vêm apresentando um fator de inibição de suas faculdades psíquicas. Hoje, são poucos entre nós os que pertencem a esse tipo curioso.

“Em nosso passado, na época em que os nossos

conterrâneos vieram para Tiamat, ao qual vocês chamam Terra, havia muitas disputas entre as castas de nosso planeta. Àquele tempo, os de estatura mais baixa, como eu, éramos considerados subdesenvolvidos, impressão agravada pelo fato de que nossos corpos também diferiam em termos de densidade. Os corpos físicos de nosso planeta apresentam características diversas entre si. Os nascidos de seres com corpos mais desenvolvidos, maiores em tamanho, apresentam um tipo de matéria que vocês, em seu mundo, classificariam como etérico, embora com ligeira diferença no grau de materialidade em relação à matéria etérica encontrada em seu mundo. Ao longo de milênios, em nossas observações nos sistemas com os quais temos contato mais estreito, notamos que a matéria bruta tem diversos graus de densidade. A depender das leis físicas e hiperenergéticas ali reinantes, encontram-se diversos graus de materialidade entre os habitantes. Isso ocorre em nosso planeta, talvez devido à excentricidade de sua órbita em torno do Sol, como também à espécie de forças gravitacionais que reinam em nosso bioma. Além disso, como a trajetória em torno da estrela transcorre muitíssimo distante do astro principal, na maior parte do *shar*, ou ano solar, ficamos sujeitos a certas radiações do espaço profundo. Nosso planeta, em tudo, é muitíssimo diferente do seu mundo.

"Portanto, quando nossos conterrâneos foram expatriados para cá, havia essa segregação de castas. Ainda hoje, persistem entre nós certas diferenças, porém, elas existem mais em termos de especialidade técnica e científica e menos na aparência externa. Vieram primeiro os seres do nosso povo que tinham corpos mais densos, análogos aos dos atuais habitantes de Tiamat. Logo em seguida, vieram os de corpos mais sutis; embora materiais, de uma matéria menos densa. Persistiram aqui as diferenças de classes e clãs, sendo que os de estatura menor inicialmente serviram como escravos àqueles de estatura maior, os quais foram considerados reis divinos nos albores de sua história."

— Então vocês realmente vieram para nosso planeta em corpos físicos?

— Exatamente, senão não haveria como interagirmos num mundo de tal densidade material. A matéria existe em diversos graus de densidade. A matéria física, como a conhecem, existe em uma gradação incrível, e o mesmo ocorre com as matérias etérica e astral. O que aconteceu foi que, com o passar dos milênios, aqueles que vieram em corpos físicos diferenciados, por assim dizer — ou seja, em corpos de matéria mais etérica, embora diferente daquela que vocês conhecem —, começaram a sofrer a ação da natureza do seu mundo. Não há como permanecer tanto tempo imerso numa atmosfera tão densa, em meio a fluidos da categoria vista em Tiamat, sem absorver os elementos dispersos na atmosfera e no ambiente astralino. Além disso, devido à radiação solar na intensidade incidida aqui e a determinadas energias derivadas, os corpos sofreram um tipo de mutação ao longo das gerações, à medida que o tempo foi passando. Aos corpos meramente etéricos, que, para nós, já denotam notável nível de materialidade, agregaram-se elementos dispersos na atmosfera. Assistiu-se, como resultado, a um processo de gradual adensamento dos organismos, mesmo nas castas que os tinham mais sutis. A matéria de ambos os mundos misturou-se gradativamente; logo os corpos materiais dos que aqui ficaram pouco diferiam, no tocante à densidade, daqueles aqui desenvolvidos a partir das experiências genéticas. O que não sabemos é se esse fenômeno foi programado por alguma das consciências cósmicas, que determinam a evolução dos mundos e dos seres, ou se foi acidental. Também não é claro se tudo foi parte de um processo natural ou de alguma interferência externa. De qualquer maneira, o efeito foi irreversível para quem viveu naquelas épocas remotas. Esse fato acabou pondo fim à disputa decorrente dos diferentes graus de materialidade, às diferenças na altura de nossos povos ou às diferenças no aspecto externo de nossos ancestrais. Para os *annunakis* que vieram no degredo, isso ocasionou grande impacto, atenuando nuances sociais entre castas de seres. Em relação aos terrestres, talvez nem tenham notado, pois, quando sua civilização chegou ao ponto de construir suas primeiras cidades-estado, as transformações já haviam acontecido, e, daí em diante, já não se viam tantas diferenças ou diferenças tão marcantes. Essa assimilação da matéria planetária, algo incomum na história de nosso povo, ainda hoje intriga os cientistas de nossa raça. Ainda não observamos em outro lugar nada parecido com o que ocorreu conosco aqui, em seu mundo. Isso não significa que não haja outros eventos dessa espécie. Pelo que nossos cientistas deduzem da história primitiva, há milhares de anos, seu mundo e outros no espaço, inclusive o nosso, receberam a visita de civilizações mais antigas e foram por elas influenciados. Assim se promovem a disseminação da vida no universo e o natural surgimento e o aprimoramento de civilizações. Caso não houvesse ocorrido uma interferência de seres do espaço em seu mundo, provavelmente a Terra teria outro tipo de vida inteligente, diferente do atual tronco humano. Foram as interferências genéticas que definiram o tipo atual. Ao longo dos milênios, houve intervenções tanto na genética das formas de vida do planeta, com efeito até sobre as culturas, como se viu, quanto em eventos cósmicos, que provocaram mudanças significativas no campo eletromagnético de seu mundo. Tais alterações definiram novos parâmetros ambientais e, por conseguinte, afetaram até a estrutura etérica do planeta — positivamente, a nosso ver. São esses eventos que transformaram Tiamat num imenso laboratório vivo da natureza, a qual respondeu com ainda maior número de mutações, o que acabou por influenciar a genética também dos seres que para cá vieram e foram compelidos a aqui permanecer pelos milênios sem fim. Cada vez mais frágeis em sua estrutura fisioetérica, os seres do nosso mundo e de outros que vieram logo depois acabaram por se adaptar ao ambiente novo, de sorte que seus corpos também sofreram várias mutações. As radiações do Sol, combinadas a fatores como estrutura atmosférica, assimilação de elementos da natureza terrestre e mudança da inclinação do eixo planetário — que deu origem a novas estruturas magnéticas e energéticas —, modificaram a composição genética dos seres conhecidos como *annunakis*. De modo geral, isso não é relatado nas crônicas, nos relatos antigos, talvez por falta de vocabulário adequado. Não obstante, tais transformações mais íntimas da matéria rarefeita e da matéria bruta ocorreram concomitantemente aos períodos de manipulação genética dos hominídeos. Após as lutas iniciais por se estabelecerem no Mar da Lonjura, nas cidades construídas por nosso povo e, mais tarde, destruídas pela força da natureza, pelas geleiras das eras glaciais, os *annunakis* encontraram a criatura mais adequada para insuflar a nova programação genética. Por meio da modificação e da alteração da estrutura original desses seres, surgiu no mundo o ser humano atual. Enfim, ambos os povos, nós e a humanidade terrestre, acabamos por nos influenciar mutuamente, de maneira que, hoje, todos os humanos terráqueos trazem, impressa em seu DNA, a marca das estrelas, o código genético de irmãos do espaço.

— Desculpe-nos insistir sobre este tema, mas um dos seus nos deu algumas referências e gostaríamos de saber a visão de outro ser da mesma espécie a respeito do assunto. Quando falam de consciências cósmicas, o que exatamente querem dizer?

— Falamos de superconsciências, de associações de seres que, em todos os momentos de sua história planetária, vocês nunca conheceram e de cuja existência nem ao menos desconfiam. O que mais se aproxima dessa concepção de superconsciência a que nos referimos é o termo que empregam para definir o Cristo Cósmico. Para nós, as superconsciências evoluíram durante eras infindáveis e, hoje, organizam a vida nas ilhas cósmicas. Talvez uma imagem ainda inconcebível para muitos de vocês, espiritualistas, seja o mais apropriado para exprimir o significado do termo *superconsciência*: trata-se de um organismo de pura mente, formado por toda uma raça, ou seja, um ser coletivo. É o máximo que se aproxima da ideia de superconsciência, esse ser que vive numa dimensão muito mais profunda do universo e tem acesso a vários outros universos. Essas consciências cósmicas, segundo nossa visão, são os grandes responsáveis evolutivos pelo desenvolvimento da vida nas galáxias, bem como pela organização social, política e espiritual dos mundos que têm sob sua jurisdição. Talvez pudéssemos comparar essas superconsciências ao conceito que denominam *Deus*, embora para nós o significado do termo *Deus* seja algo ainda maior e mais profundo do que o de consciências cósmicas ou superconsciências.

Talvez ainda não estivéssemos aptos a compreender os conceitos de um povo ou de vários povos muito mais adiantados do que a humanidade terrestre, entretanto, pelas palavras do visitante, podíamos ter uma ideia dos assuntos metafísicos abrangentes que ocupavam a mente dessas pessoas de mundos diferentes. Ainda não havia como absorver ou penetrar certas verdades que, por ora, permaneciam como mistério para os homens encarnados. Para nós, habitantes dessa dimensão além-física, havia muitas fronteiras a desbravar, principalmente após o contato direto com uma inteligência extrassolar. Tínhamos ainda algumas perguntas a serem feitas, e eu queria aproveitar ao máximo a oportunidade.

— Existe algum ser do seu povo, ou de algum outro povo conhecido por vocês, que já tenha entrado em contato direto com os governantes da Terra? Falo dos homens encarnados, de algum país do nosso planeta.

Mais uma vez, os humanoides se entreolharam, e um outro, o que tinha a pele cinza, tomou a palavra. Havia doçura em seu olhar. Seus olhos amendoados mostravam-se muito brilhantes, e havia alguma mudança na expressão do seu rosto, embora a fisionomia não se assemelhasse de modo nenhum à humana.

— Os governos do seu mundo sabem de nossa presença em seu planeta há muito tempo. Considerando-se a época atual, alguns governos foram contatados de maneira mais incisiva após a grande guerra que quase devastou seu mundo, no intuito de se colocar fim à possibilidade de destruição em massa. Os dirigentes de seu mundo, mais precisamente de nações conhecidas por vocês com o nome de Estados Unidos da América, Canadá, França e Reino Unido, além de China e Japão, foram contatados por representantes de mundos da Via Láctea; os chamados soviéticos, também. Porém, o resultado não foi tão promissor. Essas iniciativas nem sempre foram levadas a cabo por inteligências voltadas a um tipo de política que vise à harmonia entre os povos da galáxia. Entretanto, todas tiveram o mesmo propósito: evitar a qualquer custo severas modificações na trajetória do planeta, pelas agressões cometidas, e a destruição do planeta Terra, em última análise. Tais eventos teriam efeito devastador sobre os demais mundos deste quadrante do espaço. Por isso, o olhar de vários povos encontra-se focado na administração política do seu mundo, inclusive aqueles que não estão harmonizados com a proposta pacífica e, como vocês diriam, evolutiva do universo.

— Mas podemos conhecer algum detalhe da natureza dessas comunicações? Por exemplo, quem contataram e o que exatamente pretendiam?

Assim que perguntamos, novamente imagens começaram a desfilar em nosso entorno, talvez emitidas pelas mentes dos visitantes do espaço, mas também poderiam estar sendo extraídas de algum arquivo da base dos guardiões. De qualquer maneira, apontavam pessoas conhecidas, presidentes e líderes políticos que fazem parte da história terrena recente.

— Na época da última grande guerra, prevendo que os desequilíbrios de alguns governantes e sistemas políticos reinantes poderiam causar algo descomunal, ainda muito mais devastador do que o ocorrido de fato, seres de vários mundos voltaram a atenção para seu planeta. A partir do ano de 1935 de seu calendário, de maneira mais intensa, diversas naves cruzaram os céus. Traziam comitivas do espaço e visavam chamar a atenção para a iminente catástrofe que se desenhava no horizonte. Assim que o poderio bélico da antiga Alemanha começou a se esboçar, muitos de nós — considerando não exclusivamente nossa raça em particular, mas várias raças de diferentes orbes — começamos a aparecer, a materializar-nos, de modo que muitos de nossos representantes foram avistados nos países da Europa. Naves e objetos de observação foram canalizados para a Terra; intervenções vultuosas de caráter psíquico fizeram-se presentes; tudo, visando evitar uma catástrofe que abrangeria não somente o seu planeta, mas poria em risco outros próximos ao seu. Entretanto, dois povos do espaço cuja política e cuja conduta são consideradas fatores de risco conseguiram contatar diretamente alguns representantes do país invasor e agressor. Na ocasião, cederam informações e tecnologia aos terráqueos. Em contrapartida, estes lhes ofereceram a possibilidade de usar humanos como cobaias em testes genéticos. Os extraterrestres visavam à mistura de raças, embora na época os governantes da Terra não tivessem percebido isso claramente.

"A estratégia alienígena era parte de um plano de ataque planetário, algo que vocês denominariam invasão. Embora os tratados tenham sido quebrados em bem pouco tempo, o plano dessas inteligências ainda assim permanece, e a Terra não está livre de uma abordagem por parte desses povos. Afinal, trata-se de um planeta rico de possibilidades para muitos seres que destruíram o próprio mundo; é natural que desperte cobiça. Na mesma ocasião, algumas bases foram construídas em seu planeta no intuito de observarem de modo mais acurado seu sistema de vida. Felizmente, também intervieram seres respeitosos à vida na Terra e à segurança de outros mundos. Assim, evitam ou pelo menos atenuam a ação de criaturas que querem obstar a evolução planetária por meio do conhecimento que detêm, usando-o como moeda de troca para estabelecer uma aliança nefasta com certos governos, como era o caso no exemplo do regime nazista. Evidentemente, os experimentos mediante a cessão de tecnologia constituem apenas um pano de fundo para um propósito de domínio geral, que seria levado adiante paulatinamente, ao longo dos anos.

"Toda essa ofensiva dissimulada investindo juntamente com governo e cientistas do Terceiro Reich desencadeou uma espécie de contra-ataque. Representantes de mundos diferentes então procuraram governos de países como Estados Unidos, Rússia, Canadá, China, Reino Unido, entre alguns outros, a fim de interagir com eles e, assim, contrabalancear seu desenvolvimento tecnológico, senão, há muito teria sido destruído seu ecossistema. Na época, até mesmo o Vaticano foi contatado, de modo que algumas parcerias se estabeleceram. Mais precisamente a partir de 1938, começou a ocorrer o intercâmbio de tecnologia entre alguns países e seres do espaço. Muitas duplicatas de naves intraplanetárias de apoio — conhecidas por vocês como discos voadores, devido ao seu formato — foram desenvolvidas na Terra mesmo, por meio de técnica compartilhada entre algumas raças alienígenas e cientistas nazistas. Essas naves, que, na época, ficaram conhecidas como Vrill e Haenebu, além das que foram batizadas por estudiosos dessa tecnologia com o nome de Andrômeda são apenas alguns experimentos entre os tantos levados a cabo mediante a transmissão de tecnologia por seres do espaço. Muita tecnologia dos países mais desenvolvidos é fruto dessa parceria, estabelecida há décadas do tempo de seu calendário.

"Hoje, alguns desses artefatos estão guardados e sendo estudados em áreas protegidas no seu mundo. Há bases abaixo da superfície — no polo norte e duas nos Andes, em regiões próximas a Mendoza, na América do Sul — tanto quanto dentro do mar — uma no Oceano Pacífico, especificamente. No polo sul, foram encontradas bases antigas. Embora seus cientistas não entendam a tecnologia ali remanescente, até porque são de seres que vieram para seu mundo bem antes de nós, lá há seres humanos e de outros mundos estudando e preparando algo que, mais tarde, sua humanidade conhecerá, infelizmente. Ou seja, a tecnologia não foi compartilhada exclusivamente com os alemães. De maneira mais próxima, seres da estrela de Merrill, como é conhecida por seus cientistas, a qual está em processo de desintegração lenta, conseguiram fazer acordos com os governos norte-americano, chinês, russo e canadense e estabeleceram contatos estreitos com representantes religiosos de seu mundo. Seres de um dos mundos dessa estrela procuram planetas que possam ser habitados por eles e repousam seus olhos sobre alguns, entre eles, a Terra.

"Há outro exemplo acerca da cessão de tecnologia alienígena. Pouco antes do término da Segunda Guerra Mundial, mais de 100 submarinos alemães do tipo U-23 desapareceram 'misteriosamente', antes do ano de 1945, tendo sido utilizados como meio de transporte de tecnologias para áreas previamente marcadas e até hoje desconhecidas, oficialmente, dos governos de seu mundo. No entanto, há uma espécie de governo paralelo no seu mundo, que governa sem se mostrar. Também conhecido como 'governo oculto dos donos do poder e da economia', ele ainda mantém contato com alguns seres extraterrestres. O governo oculto é composto tanto por degenerados de nosso mundo, como os denominamos, como de outros mundos, os conhecidos como cinzentos ou *grays*, aqueles que se rebelaram contra a proposta pacífica de convivência entre mundos.

"De toda forma, certas nações hospedam representantes e cientistas de outros mundos, fato que é conhecido apenas por escritórios de inteligência, sendo, em alguns casos, ignorado até mesmo por aquele que ocupa o cargo de supremo mandatário da ocasião. Nos Estados Unidos, isso se iniciou desde o governo Harry Truman [1945-1953]. Na administração seguinte, de Dwight D. Eisenhower [1953-1961], iniciaram-se os contatos mais diretos com os *grays*, objetivando franca troca de tecnologia. Em ambos os casos, houve consentimento pessoal do presidente norte-americano. Até os mandatos de John Kennedy [1961-1963] e Lyndon Johnson [1963-1969], os contatos foram mais intensos. Ainda assim, atualmente, embora em menor escala, informações preciosas de tecnologia vêm sendo codificadas, assimiladas e desenvolvidas por meio desse intercâmbio.

"Além do mais, existem seres em corpos físicos vivendo num condomínio compartilhado, visando à troca de informações, de poder e conhecimento entre si. Dois em particular são oriundos do nosso mundo, isto é, da espécie *Homo capensis*, e, embora rebeldes ao plano diretor dos orientadores evolutivos, agem entre os humanos encarnados, principalmente nos mercados financeiro e político. Destaca-se, por fim, uma agência exclusivamente voltada para administrar o conhecimento alienígena, visando conceder mais poder àquele governo não oficial, que detém o controle de países inteiros, de bancos e do sistema financeiro mundial.

“Não obstante, por ora importa manter afastadas do grande público essas informações ou, mais exatamente, as evidências e a convicção da realidade extraterrestre, restringindo-as a poucos iniciados, cientistas e alguns governos. Do contrário, caso se admitissem de maneira oficial e peremptória esses fatos, se porventura a tecnologia compartilhada pelos seres do espaço, mesmo aqueles mal- intencionados, fosse colocada abertamente em uso, isso causaria a derrocada da sua civilização, o colapso da economia global e do sistema capitalista vigente. A área da saúde seria revolvida, por exemplo, revelando-se que se apropriou de tecnologias de controle e eliminação de enfermidades, conforme governos do mundo poderiam atestar. Imaginem como seria o caos em sua civilização, tão baseada em revelações de verdades religiosas, se se admitisse oficialmente, da noite para o dia, que seres do espaço já fazem parte da realidade do seu mundo. Considerem, então, a hipótese de se demonstrar que alguns humanoides controlam religiosos e o sistema financeiro de algumas religiões... Uma revolução global teria lugar na Terra, pondo em xeque religiões e crenças, bem como a forma de controle da multidão, antes mesmo que se estabelecesse a tranquilidade e que o mundo estivesse pronto para uma nova ordem, diferente da atual. Como se não bastasse isso, uma vez que a população terrena é inexperiente em questões metafísicas e dada a forjar a religião em torno de tudo o que desconhece, imaginem sua reação perante alguns representantes do espaço. Muito provavelmente, seriam elevados à condição de semideuses, de anjos merecedores de adoração, em templos que se tornariam a nova febre da humanidade."

A resposta do visitante das estrelas foi muito mais abrangente do que poderíamos supor, causando muita comoção entre nós. Ao mesmo tempo, alargou nossa visão para fatos sobre os quais até então tínhamos apenas leves informações. Fiquei calado por algum tempo, tentando assimilar e registrar tanta informação. Foi então que tive minha atenção despertada por um espírito ali presente, o qual, rompendo o protocolo, mostrou-se interessado num ponto que parecia ser de máxima importância para nossa compreensão sobre o passado da humanidade.

— Poderia nos falar um pouco da história do seu mundo? Já que vieram para o nosso em épocas remotíssimas, quem sabe, conhecendo um pouco, mesmo que resumidamente, sua história, possamos ter ideia melhor dos motivos, dos métodos e da interação que estabeleceram com nossa humanidade?

Nosso interlocutor, então, pôs um dos equipamentos dos guardiões sobre a cabeça, talvez querendo facilitar a transmissão de imagens ou, até mesmo, o acesso a seus arquivos mnemônicos, para logo em seguida mostrar no entorno, através de projeções de difícil descrição, uma história de mundos distantes mas, ao mesmo tempo, tão próximos. Víamos estrelas, planetas e uma galáxia que nos parecia diferente; pelo menos no que tange à conformação, diferia muito da estrutura conhecida da nossa Via Láctea. As imagens se revezavam, mostrando a superfície de um mundo muito maior do que o planeta que nos abriga, maior ainda do que o gigante Júpiter do nosso sistema. Numa visão estonteante, construções imensas, pradarias, paisagens diferentes, cores igualmente diferentes daquelas às quais estávamos acostumados; um mundo banhado numa atmosfera de um colorido extraordinário. Divisávamos também humanos — na verdade, humanoides dotados de diferenças marcantes. Porém, ao contemplarmos sua figura, ficava claro nosso parentesco com tais seres; havia semelhanças que não poderiam ser ignoradas. O ser do espaço começou a falar, enquanto os demais de sua raça, bem como os de estatura menor, acompanhavam com visível interesse:

— Para começar, é bom entender que, em quase todas as vezes em que a história de um povo é escrita, quem a escreve se esforça para interpretar e acaba por modificar diversos aspectos, de maneira que é refletida a realidade a partir da visão de quem escreve, de sorte que a mesma história pode ter vários pontos de vista, embora seja sobre os mesmos fatos. Dessa forma, não apresentarei meu relato a partir da perspectiva dos degredados, mas a partir da perspectiva de quem ficou em meu mundo na época do degredo. Isso servirá para, depois, ser comparado com alguns relatos existentes em seu mundo, em registros remotos de antigas civilizações, e para constatarem que ambas as versões se baseiam em diferentes prismas. Também quero acentuar que, embora a existência de nosso povo e de nosso mundo seja uma realidade, não compartilhamos dos debates, das crenças e do sentido apocalíptico amplamente difundido em seu mundo a respeito de nosso povo e de nosso planeta Nibiru, nome este dado por humanos de antigas civilizações. Feitas essas ressalvas, posso compartilhar com os amigos terrestres um pouco da história de nosso povo.

"Nibiru é o nome do nosso planeta na linguagem de um dos povos antigos da Terra, aqueles a que chamam de sumérios. Para nós, simplesmente, é o nosso lar no universo, um lugar para se chamar de casa, de residência planetária. Trata-se de um planeta gigante, avermelhado, com nuvens diferentes, em cor e esplendor, daquelas conhecidas em Tiamat. Nibiru faz seu percurso em torno do Sol numa órbita alargada, também elíptica, mas diferente da órbita terrena. Durante um longo período — mais de 3,6 mil de seus anos terrestres —, Nibiru fica envolto no frio, sendo abastecido pelo calor do seu próprio interior, pois é um mundo que emite radiações e calor internos, diferentemente do que ocorre com inúmeros outros orbes que dependem exclusivamente de sua estrela para se abastecer de energias e calor. Durante outra parte do percurso, o Sol o esquenta fortemente, embora por um intervalo de tempo mais curto.

"Uma espessa atmosfera envolve Nibiru, a qual ainda hoje é alimentada com erupções vulcânicas. Trata-se de uma atmosfera riquíssima, que abriga toda sorte de seres vivos num ecossistema formidável; sem essa atmosfera especial, tudo pereceria. No período frio, ela possibilita que o planeta conserve seu calor interno, atuando como um potente campo de forças constantemente renovado; na fase quente, de maior proximidade com a estrela, a atmosfera densa protege-nos dos abrasadores raios solares. Em boa parte do planeta, as chuvas são comuns, abastecendo e formando inúmeros lagos e rios, multiplicando fontes de água em toda a superfície. Uma riquíssima vegetação renova sempre a atmosfera, fazendo a troca de gases através de processos naturais, o que faz com que flora e fauna variadas se mantenham vivas em todo o ambiente aquático, como também na superfície.

"A natureza prodigiosa do planeta facultou, ao longo de vastos períodos de tempo, que a vida inteligente florescesse, tal como ocorre em outras instâncias do universo. Surgiram os elementos, os seres apropriados para gerar a raça dos seres chamados divinos; apareceu a espécie *Homo capensis*, a qual originou os atuais *annunakis*. Mas essa raça não surgiu por si só, ela foi produto da fusão de raças antigas, da interferência dos ancestrais na longínqua Órion, de onde nossa raça se originou, remontando a épocas remotíssimas. Os semeadores de vida prepararam nosso mundo para, no momento propício, abrigar a vida na sua mais brilhante expressão, e então assistimos ao surgimento do *Homo capensis*. Nosso povo se estendeu de um lado a outro de Nibiru.

"No desenvolvimento de nossa raça, devido a alterações climáticas, atmosféricas e à influência das radiações solares, às quais somos muito sensíveis, nossa espécie deu origem a dois troncos humanos muito semelhantes, porém, dotados de alguns diferenciais psíquicos e físicos, por assim dizer; dois troncos da mesma espécie *Homo capensis* e da raça dos *annunakis*. À medida que os dois povos cresceram e se especializaram, cada um, em algo diferente, as rivalidades surgiram. As brigas pelo poder se degeneraram em conflitos abertos. Embora da mesma raça, os povos divergiam entre si mais e mais, devido à sua especialidade e às suas características psíquicas e físicas. Cada povo apresentou distinções em altura e habilidades, as quais foram dadas pela natureza apenas como complemento uma da outra, e não como fator de divergência. Foi a partir dessas divergências — a princípio, superficiais, mas, logo depois, causas de divisões políticas e filosóficas radicais entre as partes — que os clãs se uniram em agrupamentos maiores, formando nações rivais, que se enfrentaram amargamente, cada qual já não sabendo mais os motivos iniciais de suas disputas. Os povos irmãos se armaram de tal maneira que nem mais se reconheciam como irmãos da mesma espécie.

"Àquela altura, a tecnologia já estava desenvolvida o bastante para que aparecessem armas letais. Instrumentos de morte e destruição cruzavam os céus do planeta. Rasgaram a escuridão e começaram a causar a contaminação atmosférica do nosso mundo. As disputas, então, passaram a ser por fatias da superfície e pelo direito de dominar cada vez mais parcelas da população, recrutando seguidores radicais. Assistia-se a uma guerra pelo domínio das consciências, ampliando-se cada vez mais os motivos e o campo de lutas. Meu mundo conheceu um tempo de guerra inigualável em nossa história. Povos irmãos lutavam entre si. Durante vários períodos da órbita do nosso mundo em torno do Sol, a guerra prevaleceu. Na época, entretanto, ninguém percebeu com a clareza necessária que tudo era patrocinado por seres da escuridão alojados em nosso sistema, advindos de outros mundos em consequência do degredo.

"Somente depois de destruirmos quase todo o ecossistema, quase toda espécie viva, a paz começou a ser desejada e, finalmente, firmou-se um pacto entre os dois povos irmãos. Mas o mundo já não era mais o mesmo. Mudanças drásticas haviam sido infligidas tanto ao planeta quanto à aparência da população *annunaki*. Começaram a aparecer mutações. Embora algumas poucas fossem positivas, a maior parte, nem tanto. Desde o início, havia forças ocultas por trás da destruição que quase dizimou nossa espécie. Havia inteligências sombrias que desejavam a todo custo conquistar Nibiru e fazer dele um centro de poder, de onde pudessem irradiar o domínio por outros cantos da galáxia. Enfim, houve um período de paz antes que tudo terminasse, antes que a guerra consumisse os *annunakis* completamente. Mas o saldo amargo de toda a contenda foi o caos na natureza de nosso mundo."

Pareceu-nos que a história dos problemas humanos é algo comum nos mundos em estágio primário de evolução. A história contada pelo visitante do espaço corrobora a teoria de que os mundos ainda em fase de libertação da força primitiva da matéria apresentam algo em comum em seu histórico evolutivo. As guerras acabam por desempenhar um papel muito intenso e preponderante na fase mais material da vida planetária.

— Depois de vários tratados e encontros entre os sobreviventes — continuou o ser do espaço —, decretou-se que não mais haveria guerra. Escolheu-se um tipo de governo que congregasse ambos os povos, com representantes das duas vertentes ou nações, que iriam, juntos, administrar o planeta num tipo de governo global. Um par de líderes deveria ser eleito, de tal maneira que cada qual adviesse de uma nação das antes adversárias. Foi a solução encontrada para minorar o risco de que um governante único defendesse os interesses de apenas uma das partes. Na verdade, avançou-se ainda mais nessa proposta: no caso de uma nação ser a escolhida para dela derivar o futuro líder, por exemplo, do sexo masculino, foi definido que necessariamente ele se uniria em matrimônio com uma fêmea da outra nação, a fim de se selar a união dos dois povos num único governo central. Deveria o casal governar em conjunto, de maneira a estabelecer o melhor para todos os *annunakis*, e não somente para determinada casta. Seriam, então, um macho e uma fêmea *annunaki*, cada qual representando um lado interessado na paz. O filho de ambos seria o divino sucessor, que deveria congregar em si a autoridade de ambos os povos para governar Nibiru.

"Decidiu-se pela reconstrução do nosso mundo, da civilização *annunaki*, sob o império combinado, com a direção do sucessor da casta dos eloins. Nova capital foi erguida sobre os escombros do que restou da civilização que quase devastou todas as nossas espécies de seres vivos. Longo período de paz e de progresso o nosso mundo conheceu, e os *annunakis* se viram diante de formidáveis conhecimentos e novas descobertas, alargando os horizontes das diversas castas do *Homo capensis*. Nesse tempo, contataram-se outras inteligências do espaço. Iniciávamos nossas descobertas no campo da astronáutica. Novamente a terra foi cultivada e produziu de maneira a sustentar a vida de todos nós. Elaboraram-se sistemas mais aprimorados de irrigação, e ergueram-se novas cidades, de forma que já não se sentia saudade das cidades antigas. Em suma, um surto de progresso alastrou-se por Nibiru.

"Aquele casal real gerou três filhos, porém, depois de algumas gerações, o trono não teve descendente, precisando ser designado novo representante para as nações. Definiu-se como unidade de tempo o *shar*, período em que o planeta dá uma volta em torno do seu Sol; um *shar* foi subdividido em dez partes iguais. A partir daí, decretaram-se novas leis, e novos costumes foram impostos aos povos *annunakis*, em substituição aos antigos, marcando-se nova etapa da nossa história. Estudaram-se os caminhos dos céus. Dedicou-se a esquadrinhar as estrelas e conhecer profundamente as constelações, a desenvolver e aprimorar as tecnologias, mesmo as já conhecidas, a fim de elevar-se às alturas das estrelas e caminhar entre os mundos da imensidão.

"Contudo, devido às novas leis de sucessão, assistiu-se a novas disputas, a nova divergência entre as duas castas. A promulgação de tais leis foi o início de mais contendas entre os povos irmãos, depois de gerações e *shars* de paz consentida. Foi estabelecida a lei da semente. Pretendia-se evitar confusão entre os que disputavam a sucessão ao trono. An Shar foi o novo líder escolhido para governar interinamente. Porém, sob seu reinado, houve grande discórdia; os príncipes disputavam entre si visando à legitimidade, embora ainda não se entregassem a novas guerras. Nesse quinto reinado, a terra quase parou de produzir, diminuíram sensivelmente os rebanhos, e as colheitas foram reduzidas. O planeta perdeu sua abundância. Tudo isso redundou em dificuldades sociais e econômicas graves para a vida em Nibiru.

"Como se não bastasse, notou-se que os raios solares haviam aumentado seu efeito e afetavam cada vez mais os povos *annunakis*. Os períodos de afastamento do Sol, quando o frio é intenso, fizeram-se ainda mais intensos, causando mudanças climáticas drásticas e catastróficas para todos. Somente depois de muitas pesquisas, de muito sofrimento, de muitas andanças acima das nuvens, finalmente se descobriu que a atmosfera de Nibiru estava comprometida. Fora afetada seriamente, e apenas naquela ocasião, muito depois da guerra, é que o mal viera à tona e era descoberto. Os efeitos da devastação faziam-se presentes, e nem sequer imaginávamos que nossa própria estrutura fisioetérica, de ambos os povos, também se modificava. Uma abertura enorme foi descoberta nas regiões superiores da atmosfera. O mal foi encontrado. Toda a vida de Nibiru fora afetada, mas, agora, as causas se mostravam mais evidentes e cada vez mais patentes diante dos cientistas e dos governantes de nosso povo. A população já sentia os riscos iminentes e os reais. Vulcões adormecidos entraram em erupção mais e mais intensamente. Os mares pareciam revoltados, de modo que grandes estragos se produziram nas costas dos continentes. Tremores se tornavam gradativamente mais frequentes. As plantações sofriam a cada *shar* com os resultados das mudanças climáticas e da revolta da natureza. Também o ar havia sido comprometido. A atmosfera, tão essencial, estava progressivamente mais tênue, dificultando a preservação da vida. As fontes de água se comprometeram seriamente; mesmo se usando a tecnologia da época, não se conseguia facilmente renová-las. Descobriu-se, enfim, que a proteção natural do planeta estava comprometida; sua atmosfera ameaçava se evolar pelo espaço.

"Não obstante, foi necessário o advento de um novo governante para que as coisas começassem a ser mais bem-entendidas. Era o sexto governante depois da guerra. Foi quando começou-se a procurar fora de Nibiru o remédio para a provável morte do planeta, visando evitar a completa destruição ou degradação da natureza. Além do anel de proteção, dos limites estabelecidos para o desenvolvimento de novos povos e civilizações, além das órbitas celestes dos mundos do sistema, havia um novo mundo. A partir das evidências, o novo governante determinou que se investigasse além das órbitas dos mundos, para além do cinturão que protegia a todos no interior do sistema planetário. A cada volta em torno do Sol, nossos pesquisadores analisavam um dos mundos, a que demos o nome de Tiamat. Entrementes, colhiam-se dados preciosos. A exuberância de vida ali verificada atraiu nossos cientistas da época. Embora as sondagens fossem promissoras, havia muito a ser apurado, razão pela qual as primeiras naves se ergueram aos céus depois de esgotar-se o caminho das pesquisas à distância.

"Entretanto, Nibiru não podia esperar. A cada ciclo que se passava, a cada *shar*, aprofundava-se a brecha na atmosfera do nosso mundo. Nossa ciência testou os mais diversos tipos de elementos para reter a atmosfera, porém, sem sucesso. Aprofundava-se o problema, e os efeitos acarretados na superfície eram cada vez mais drásticos. Nessa época, descobriu-se em Tiamat o elemento para reter a atmosfera: o ouro, elemento precioso que, bem trabalhado, poderia servir para formar uma película protetora em torno de Nibiru. Os esforços do nosso povo voltaram-se definitivamente para o mundo de onde se extraía tal elemento. Junto com o ouro, descobriram-se algas especiais nas águas quentes de Tiamat, as quais, mediante manipulação genética, poderiam promover a renovação de nossos oceanos e rios, restaurando a sua qualidade.

"Nesse ínterim, nova revolta se esboçou entre nossos povos. Foi então que, por decreto de governantes do sistema, um grupo de seres dos dois povos foi exilado, expulso do nosso mundo, senão, correríamos o risco de deflagrar mais uma grande guerra, que certamente poria fim a tudo que a civilização havia conquistado ao longo dos éons de existência. Os acontecimentos se precipitaram nas duas dimensões. Escolheram-se comandos, grupos de cientistas — entre eles, muitos rebeldes — para virem a Tiamat pesquisar e extrair o mineral precioso. As pesquisas duraram milhares de anos do seu mundo, o que para nós significava apenas poucos anos solares. Mas foi tempo suficiente para se passar toda uma geração de nosso povo e modificar-se completamente o panorama da nossa história. Para Tiamat vieram, em várias levas, os seres de nosso sistema. Graças às primeiras sondas e naves tripuladas, as quais trouxeram elementos essenciais para o trabalho de nossos cientistas com a atmosfera, conseguimos, com muito custo, preservar nossa atmosfera e salvar o ecossistema planetário.

"Com o tempo, perdemos contato com a missão Tiamat, a sua Terra. Por um longo período, ficamos sem nos comunicar. Somente depois, restabelecemos contato desde então, enviando nossas naves em intervalos regulares, mas aí a situação de Tiamat já era outra. Havia mais seres do espaço no entorno da Terra. Nossa missão chamara a atenção de outros povos, e degredados também de outras procedências já haviam feito morada definitiva em Tiamat. Mesmo se tivessem oportunidade, os primeiros astronautas não mais poderiam retornar a Nibiru, pois seus corpos haviam, também, sofrido grandes mutações; não eram mais os mesmos."

A história dos *annunakis* era uma verdadeira saga estelar. Nunca havia visto algo tão abrangente, uma história que se entrelaçava com a da Terra. Pelo menos, era esse o prisma sob o qual o visitante das estrelas descrevia o laço entre as duas civilizações. O ser à nossa frente parecia cansado, abatido moralmente talvez. Quem sabe, ao relembrar sua história e do seu povo, estaria contemplando as interferências que ocasionaram em nossa civilização. Não obstante, retomou ele:

— O que lamentamos sinceramente é que, junto aos seres corporificados do nosso mundo, tenham vindo também habitantes extrafísicos altamente perigosos, que eles tenham interferido de tal maneira em seu planeta que quase o levaram à destruição, exatamente como fizeram em nosso mundo — e isso, após provocarem a hecatombe num planeta vizinho do Sistema Solar! Embora não pudéssemos evitar a ação deles, cá estamos, como irmãos seus, a fim de auxiliá-los. Como não podia deixar de ser, sentimo-nos também responsáveis, de tal sorte que nos empenhamos, com todos os recursos de que dispomos, para amenizar a situação dos filhos da Terra, para ajudar os guardiões planetários neste momento em que atravessam uma prova definitiva no histórico de sua humanidade. Somos solidários com vocês, irmãos da Terra, e consigo estaremos até que seu lar planetário seja renovado, e seu ecossistema, restabelecido.

Todos se calaram diante das imagens prodigiosas que foram mostradas e do pensamento exposto pelo ser à nossa frente. Pessoalmente, não tive o que comentar. Preferi me calar diante de tantas revelações e da demonstração de como nossos destinos, de vários mundos, estavam interligados. Havia muito a estudar e muito ainda a descobrir.

A narrativa remetia ao que ocorreu no continente americano pouco após seu descobrimento, quando chegaram os europeus e ali se estabeleceram. Em sua maioria, tratava-se de um grupo nada confiável, de pessoas marginalizadas ou de marginais, muitas dos quais foram para o novo mundo expatriados. Sem dúvida, havia um paralelo com o que ocorreu nos mundos da imensidade, e não somente na Terra. Para cá, vieram seres humanos ou humanoides de índole perversa, guerreira, com suas disputas, seus dramas, defeitos e pecados. Junto com essa miríade de seres — muitos, encarnados, e outros, ainda em corpos energéticos —, vieram alguns de boa índole, que aqui se estabeleceram. Com o passar do tempo, desenvolveram seres do tipo humano conhecido atualmente a fim de os fazer de escravos, mas, aos poucos, com o passar dos milênios, estes alcançaram autonomia e fundaram suas próprias civilizações. Indubitavelmente, porém, isso se deu com a ajuda de seres das estrelas; fomos educados ou construímos nossa visão de vida e de mundo em estreita ligação com os seres que sempre estiveram presentes em nossa história. Fundaram reinos, nações e geraram descendentes com os humanos do nosso mundo. Assistiu-se a uma fantástica miscigenação racial, como jamais houvera na Terra.

Enquanto eu pensava nessas questões, um dos seres cinza tomou a palavra, olhando-nos com seus olhos amendoados:

— Quando os primeiros experimentos genéticos ocorreram em Tiamat, os idealizadores do novo homem jamais imaginariam que sua reprodução e seu desenvolvimento poderiam ocorrer de maneira a preencher o planeta com tamanha rapidez. Havia algo incomum naquela nova raça, a raça de humanos da Terra. Após várias tentativas de modificação de seus genes, tão logo começaram a se reproduzir e a crescer, em número e capacidade, começaram a perceber que eram manipulados. Assim, os degenerados e outros povos das estrelas que haviam se associado a eles usaram de um artifício para continuar a manipular as massas de humanos. Fundaram a religião e, através de seus dogmas, rituais e sistema hierárquico, gradativamente formataram as mentes novas e inexperientes.

"Pouco a pouco, no entanto, surgiram aqueles mais inteligentes do novo povo, dados a elucubrações filosóficas. Tomaram consciência da manipulação a que estavam sujeitos e de como suas vidas tinham diminuto valor ou, no mínimo, um valor relativo perante seus criadores, seus *deuses*, como os denominavam. A partir de então, o senso de preservação da vida e o desejo de continuidade da espécie só se fizeram aumentar, até que a nova raça passou a ser sinônimo de uma rebelião em potencial, que deveria ser administrada pelos chamados semideuses e deuses da Antiguidade.

"Antes que pudessem compreender e dominar a tecnologia de seus manipuladores — os seres do espaço que, àquela altura, já não provinham somente de uma só raça, mas de outras que para cá vieram —, os humanos foram excluídos do paraíso original, da presença dos deuses. Foram banidos, conforme a interpretação da tradição para tal evento, a fim de que pudessem sobreviver e se desenvolver, formando núcleos onde se juntariam para originar o protótipo das futuras civilizações."

Não havia como ignorar a história do mundo. Todas aquelas revelações deixavam patente diante de nós a explicação do que ocorre hoje na Terra. A disputa de poder entre os homens pressupõe algo muito maior do que a visão comum pode perceber. Nos bastidores dos conflitos, das disputas e das guerras, da política humana, além de forças antagônicas à evolução, existem outras forças, outros interesses — de seres que, somente com o tempo, o mundo estará preparado para conhecer.

Antes que meus pensamentos pudessem prosseguir

por essas trilhas, o ser de estatura pequena e pele cinza, com seus olhos expressivos, arrematou:

— Em virtude dos acontecimentos que se delineiam em seu mundo atualmente, principalmente devido à iminência de uma guerra global e à realidade política altamente intricada, somos levados a acreditar que, ainda neste século em que vivem, haverá alguma interferência mais direta por parte de outros povos em seu mundo.

A opinião do ser humanoide foi impactante sobre todos nós e abria imensa possibilidade para pesquisas, perguntas e reflexões. Enfim, um mundo novo de possibilidades se descortinava diante de todos nós, que nos interessávamos sobre a vida do universo e a ciência da vida em outras dimensões.

7

VIAGEM AO DESCO-NHECIDO

ERAM MUITAS AS INDAGAÇÕES que a conversa com os representantes de outros mundos havia suscitado. Parecia que, em vez de obtermos respostas definitivas, tínhamos agora muito mais perguntas do que antes. De minha parte, curioso como sempre, não podia deixar de lado aquela oportunidade. Conversei ligeiramente com Raul e Irmina, que apresentaram alguns questionamentos, e recolhi mais dúvidas das pessoas ali presentes. Respirei fundo, enquanto os visitantes tomavam um líquido reanimador oferecido pelos guardiões para, logo em seguida, prosseguirmos com as interrogações. O ser cinza ficou com a incumbência de respondê-las.

— Até então, boa parte dos cientistas terrenos acreditava que diversas pirâmides do nosso mundo seriam obras realizadas pelos faraós. No entanto, segundo relata o espectro, foram criação dos *annunakis* juntamente com outros povos. Tais monumentos tiveram algum objetivo maior do que oferecer às gerações futuras um atestado da presença alienígena sobre a Terra?

O ser cinzento olhou-nos de uma maneira, de fato, repleta de doçura. Sinceramente, não saberia dizer, tendo em conta apenas sua aparência, se era encarnado ou desencarnado, se porventura estava ali desdobrado, como Raul e Irmina, ou se a densidade corporal que observávamos era própria dos seres físicos de seu mundo. Sem nos dar explicações quanto a isso, ele nos respondeu, à medida que sua mente imprimia nos fluidos ambientes imagens, cenas reais de tudo aquilo que compartilhava conosco:

— Antes do período em que ocorreu o conhecido dilúvio, registrado em alguns livros sagrados do seu povo — isto é, por volta de 13 mil anos de seu calendário[16] —, os campos de pouso dos visitantes, usado tanto por naves físicas quanto por etéricas, situavam-se na região que vocês denominam Mesopotâmia, mais precisamente, numa cidade à época chamada Sippar. Depois do cataclismo e após uma era glacial, novo local de pouso foi construído em seu planeta, desta vez, na atual península do Sinai. Foi preciso erguer duas grandes pirâmides e, mais tarde, uma outra — conhecidas como pirâmi-

---

[16] Cf. Gn 7. Estudiosos situam entre 11 mil e 14 mil anos atrás uma enchente de grandes proporções no Mar Negro como a hipótese mais provável do evento ao qual o dilúvio faria alusão. A fala do personagem parece sugerir algo na mesma direção.

des de Gizé —, as quais serviriam como marcos da pista de aterrissagem, cujo ponto final era a região do Monte Ararat, no extremo leste da Turquia contemporânea.

"Quando o centro de mineração dos *annunakis* foi transferido da África para a Cordilheira dos Andes, o local onde se processava o ouro passou a ser às margens do Titicaca, o maior lago da América do Sul nos dias atuais. A pirâmide ali situada, de nome Akapana, era também um local dedicado a processar minérios retirados de seu planeta. Na época de sua construção, o templo de Kalasasaya[17] serviu como observatório astronômico, a fim de dar referências aos astronautas que pousariam no planeta.

"Notem que não somente em seu mundo foram erguidas pirâmides. Também em Marte, o quarto planeta de seu sistema, na região que seus cientistas batizaram de Cidônia, levantaram-se pirâmides semelhantes. De

---

[17] Tanto a pirâmide de Akapana quanto o templo de Kalasasaya integram o sítio arqueológico da Cidade do Sol, tida como capital da civilização pré-inca Tiwanaku, cujo império se estendeu, a partir do sudeste do lago Titicaca, no sudoeste da Bolívia, ao que hoje corresponde ao norte do Chile e ao sudeste do Peru. Embora se situe seu domínio entre os séculos V e XI, há quem defenda que a civilização remonte, na verdade, a 10 mil anos a.C. ou mais, hipótese que parece ser reforçada pelo personagem.

acordo com o que pensavam os primeiros astronautas, os *annunakis* e os povos a eles associados, era importante construir uma base num dos planetas vizinhos à Terra. Além disso, ao considerarem fatores técnicos importantes — tais como força da gravidade, relação entre massa e energia necessária para o empuxo, que eleva a nave do solo rumo ao espaço, e coisas semelhantes —, também avaliaram ser útil, na época, montar uma base na órbita da Terra, numa região onde a força da gravidade fosse praticamente nula. Isso lhes facilitava o transporte e diminuía o empuxo exigido das naves ao decolarem. De lá, ou seja, do alto, em relação à superfície, instrumentos de precisão permitiam que as pirâmides fossem avistadas facilmente, sem importar em qual continente estavam.

"No Vale do Nilo, além das pirâmides, ergueu-se a Esfinge de Gizé, que, na época, operou como um aparato de comunicação. Em Marte, fez-se outra semelhante. Pode-se ver na face da Esfinge a figura perfeita de um *annunaki*, assim como rostos semelhantes aparecem em muitos desenhos e monumentos da Antiguidade. A escultura de Gizé retrata o deus-falcão ou Rá — embora muitos entendam que fosse Hórus. Rá é filho de Enki. Tal como as pirâmides, a Esfinge foi orientada para se alinhar com o paralelo 30° N, como parte do espaçoporto construído pelos antigos astronautas.

"Além de terem tido a função de apontar ou demarcar o início do campo de aterrissagem, as pirâmides também foram construídas com o propósito de abastecerem as naves. Revestidas por uma fina camada de ouro, coletavam e acumulavam energia solar, motivo pelo qual foram lacradas. Acreditamos que, em breve, seus pesquisadores encontrarão provas inequívocas da tecnologia empregada pelos construtores, a mais de 100 metros de profundidade, sob as pirâmides.

"O mesmo se pode deduzir da esfinge construída pelos *annunakis* no planeta Marte. Sendo obra de seres dessa categoria, não poderia ser apenas um monumento, dadas as suas proporções, tampouco as pirâmides de lá. A esfinge do mundo vermelho foi uma importante base de comunicação dos astronautas antigos, tanto quanto a de Gizé; ambas estão ligadas uma a outra. Da mesma forma, foram erguidas pirâmides colossais, duas delas, além de uma menor, em perfeita simetria entre si e com a esfinge marciana.

— Diante do que você nos informa, poderia nos dizer no que exatamente consistia esse espaçoporto construído na Terra na época do degredo ou dos primeiros astronautas que para cá vieram?

— Primeiramente, é bom notar que são os primeiros segundo a história dos *annunakis*, porém, antes vieram outros, cujo rastro resiste na forma de laboratórios e algumas construções, embora não tenham deixado sinal tão claro de sua identidade. Feita essa ressalva, os povos *capensis* decidiram erigir um sistema completo, que contemplava o Centro de Controle da Missão, radiofaróis de aproximação, silos subterrâneos, entre outros equipamentos necessários ao pouso e à aterrissagem. Na época em que o espaçoporto foi construído, na península do Sinai, o local escolhido para o controle da missão foi onde hoje está a cidade de Jerusalém. Um dos radiofaróis de aproximação foi construído em Gizé, cidade egípcia vizinha ao Cairo. Infelizmente, o silo subterrâneo naquela península foi destruído por armas nucleares, numa tentativa de se dizimar a população, no ano 2024 a.C. Outra pista de aterrissagem esteve localizada em Nazca, no sul do Peru.

“As naves de transporte maiores, na época, utilizavam o espaçoporto de Marte. Vale observar que, para quem vinha de fora do Sistema Solar, Marte era considerado o sexto planeta, pois se contava a partir da periferia do sistema, e não a partir do Sol. Portanto, o sexto planeta era uma base importante de pouso e abastecimento, principalmente em relação à água, para se enfrentar a longa viagem além dos limites do sistema. Os espaçoportos da Terra eram usados apenas para naves menores, dos astronautas corporificados, não obstante naves etéricas de maior porte estacionassem diretamente na Lua — onde reuniam os seres extrafísicos deportados — e, de lá, localizassem-nos nas devidas regiões astrais e etéricas de seu mundo. De todo modo, é oportuno destacar que a estação espacial do sexto planeta, de Marte, foi reativada nos dias atuais."

Eram muitas informações, ricas em detalhes, o que nos fazia pensar seriamente. Já podia antever o livro que pretendia escrever, no qual constariam também as lembranças do espectro. Não me furtaria a compartilhar essas informações com os amigos encarnados; era preciso abrir os olhos de vez. A pergunta seguinte, que anotei de um dos cientistas ali presentes, causou impacto sobre todos:

— Quando das primeiras manipulações genéticas com os hominídeos do planeta Terra, os *annunakis* tinham convicção de que alcançariam êxito? Haviam realizado algo assim antes?

O ser humanoide olhou diretamente para o cientista que fizera a pergunta, dando indícios de que sabia exatamente quem era o autor. Decerto, usava alguma habilidade telepática que desconhecíamos.

— Foram diversas as tentativas de manipulação dos espécimes da Terra. Primeiro, misturaram-se animais diferentes, produzindo-se numerosas aberrações, que, na ocasião, ficaram à deriva no ambiente. Não foi em vão, entretanto; acabou-se por conhecer, assim, o código genético de diversos seres. Até porque, em diversos planetas deste universo, mas, principalmente da Via Láctea, existem povos que não evoluíram a partir do mesmo ramo que vocês, mas, sim, de outros animais, como se deu com aqueles em forma de lagarto e com alguns que habitam as águas. Esses não evoluíram a partir dos símios humanoides.

"Os primeiros cientistas *annunakis* experimentaram diversos animais, porque desconheciam qual classe ou espécie lhes reservava melhores chances de sucesso visando à geração do homem. Dessa forma, quando submeteram às experiências pela primeira vez um ser classificado como hominídeo já o haviam feito com diversos animais. Foi exatamente nas terras do sudeste do continente africano, onde há pouco se localizava a Rodésia do Sul, hoje Zimbábue, que encontraram o primeiro ser que parecia ser o mais adequado aos experimentos.

"A cientista Ninti foi a *annunaki* encarregada de obter os gametas dos *annunakis* ou seres divinos. Foram necessárias duas extrações de óvulos de fêmeas *annunakis* e o esperma de um jovem da mesma raça. Fez-se um cuidadoso estudo dos astronautas, principalmente daqueles que apresentavam corpos de matéria e natureza mais densas, os de estatura menor. Enki, ciente dos riscos envolvidos, supervisionou de perto os experimentos, a fim de garantir a ética máxima no processo e o menor sofrimento possível. Do sangue dos *annunakis* foram retirados diversos elementos, os quais, mais tarde, seriam úteis às experiências, ou seja, à memória celular dos filhos das estrelas, à memória genética. O sêmen foi modificado, trabalhado e, de certa forma, adaptado nos laboratórios *annunakis*, colimando o processo de fecundação. O óvulo da mulher, ou fêmea, da Terra deveria ser fertilizado com o sêmen do *annunaki*. Nesse processo, conseguiram determinar o sexo a ser formado. Após diversas tentativas fracassadas de dar origem a seres híbridos, Enki e Ninti enfim lograram atingir a meta, mas somente depois de inúmeros insucessos, afinal, não sabiam se teriam êxito. Aliás, antes da última tentativa, já tinham combinado que iriam desistir, pois descobriram que os seres híbridos não se reproduziam. Do mesmo modo como agem os cientistas do seu povo, não se pode ter certeza antes de testar. Somente após decidirem implantar o óvulo fecundado no útero de uma deusa, de uma fêmea dos *annunakis*, é que a experiência teve a confirmação de ter dado certo. Esse feito foi comemorado por todos os astronautas que viviam no novo condomínio planetário.

"Os *annunakis*, ou melhor, as fêmeas *annunakis* dão à luz após o décimo mês, diferentemente do que ocorre hoje com as fêmeas humanas. O parto do novo ser mostrou-se complexo, pois ele não nasceu após o período esperado. Ocorreu o que, nos seus dias, é conhecido como cesariana, ou seja, o homem teve de ser retirado do ventre da *annunaki* por meio de um processo cirúrgico. Mesmo assim, foi um feito extraordinário. A partir daí, prepararam-se logo em seguida os sêmens e os óvulos correspondentes para serem incubados em 14 fêmeas *annunakis*, as quais deram à luz novos homens da nova raça. Sete *annunakis* deram à luz machos, conforme programação dos cientistas de Enki e Enlil, bem como as outras sete deram à luz fêmeas."

Diante da explicação do cinzento, como já o chamávamos, pois seu nome era impronunciável em nosso idioma, pude fazer algumas reflexões. As criaturas da mitologia grega, desde a medusa, o minotauro de Creta — meio touro e meio homem —, embora tenham sido lembranças transmitidas aos gregos por Berossus, um tipo de sacerdote da antiga Babilônia, por certo, suas fontes eram os sumérios, povo que conviveu de perto com os *annunakis*. Essas histórias tiveram seu início com as tentativas, ainda que a princípio fracassadas, dos irmãos siderais, Enki e Enlil, na companhia de Ninti, de produzir um novo ser. Tudo isso sobreviveu como lenda, embora as lendas guardem um fundo de verdade.

— O homem novo do ambiente da Terra foi concebido e criado à imagem dos *annunakis* — continuou o ser das estrelas. — Foi agraciado com a possibilidade de procriar, como seus criadores, não sendo mais necessárias as manipulações em laboratório para criar novos seres. Entretanto, ele não possuía uma característica dos *annunakis*: a longevidade. Os primeiros homens viviam, no máximo, pouco mais de mil anos terrestres. Logo depois de algumas gerações, assim como ocorreu com os próprios *annunakis* aprisionados em seu planeta, diminuiu-se paulatinamente o tempo de vida, à medida que sofriam o impacto dos raios solares, de energias hiperfísicas e de outros fatores. Jamais comeriam, ou melhor, não poderiam assimilar o fruto da árvore da vida, que os faria quase deuses, com capacidade de viver um longo período, como os próprios da casta dos eloins, seus criadores. O tempo que alcançavam em corpos físicos era sensivelmente menor que o dos *annunakis*, que, originalmente, viviam durante aproximadamente 28,8 mil anos terrestres — para estes, no entanto, um período relativamente curto. Logo em seguida, em contato com a atmosfera terrestre, tiveram gradativamente diminuída a duração do seu ciclo de vida, que acabou por se estabilizar em apenas algumas centenas de anos.

"O tempo de convivência e trabalho de um *annunaki* na Terra era contado em *shars*, ou seja, o tempo adotado em Nibiru referente à sua órbita em torno do Sol. Um *shar* equivale a 3,6 mil anos terrestres, correspondendo exatamente a um ano de Nibiru para os astronautas. Nos escritos dos antigos de sua raça, quando descrevem que um rei ou um dos líderes astronautas ou deuses dominava um reino por um período de 36 mil anos, nos textos sagrados constava 10 *shars*. Ou seja, naquela época, para cada geração dos *annunakis* se passavam dezenas de gerações dos humanos do planeta Terra. Esse fato os fazia parecer imortais, embora não o fossem. Notem que, em meu mundo de origem, um ano corresponde a 180 anos terrestres. No planeta original dos espectros, um ano equivalia a cerca de 3,5 anos de vocês. Portanto, o tempo de vida é bastante diferente entre os povos. Tais contrastes fazem com que um período de vida mais longo seja interpretado, principalmente por povos primitivos, como sendo um atributo de divindade, como ocorreu na Terra."

Com muita informação, eu mesmo fiquei curioso para saber quais conhecimentos foram primeiramente transmitidos para os novos homens, ao que o ser das estrelas respondeu prontamente:

— Primeiro, convém notar o caráter ignorante, até certo ponto, rudimentar, do novo homem, ainda que detivesse grande potencial. Naturalmente, diante de seres mais desenvolvidos, os quais via como deuses, ele sentia-se uma mísera criatura. Assim, um forte sentimento religioso nascia no contato com o inexplicável, com aquilo que não se podia entender prontamente. Entre as novas criaturas, procuraram-se aquelas com maior propensão ao aprendizado, ou a desenvolver tal capacidade, de modo que virassem mentores dos demais. Por concentrarem maior informação e cultura, acabaram se tornando uma espécie de sacerdotes, dada a sua inclinação religiosa.

"A primeira de todas as áreas sobre a qual lhes

transmitiram algum conhecimento foi a medicina, a fim de capacitá-los a curar moléstias. Adapa foi o primeiro humano a ser formado e informado a respeito do assunto. Devia administrar seu conhecimento visando à sobrevivência de sua espécie no mundo primitivo, repleto de desafios e perigos naturais. Não era exatamente fácil sobreviver em meio à natureza selvagem da época. Na etapa seguinte, abriram-se os registros *annunakis* aos 'iniciados' entre os humanos, e, logo, se ministraram conhecimentos de astronomia, de sorte que entenderiam que seus deuses vinham das estrelas, que eles próprios eram das estrelas, em última análise. Compreenderam os planetas, o Sistema Solar, as constelações; alguns poucos foram levados até a base que girava em torno da Terra para terem mais elementos e ensinarem aos demais. Geografia, geometria, matemática e geologia foram disciplinas que se sucederam pouco a pouco no sistema de ensino ministrado pelos *annunakis* aos homens terrenos.

"Após o dilúvio — conforme registrado em seus livros sagrados, um evento climático catastrófico para a época —, surgiram conhecimentos novos, aprendidos por meio do cuidado com os sobreviventes, que tiveram suas vidas poupadas na era glacial devido à interferência de um dos irmãos siderais. Além da geografia, os homens terrestres receberam instruções de como arar a terra. Muitas sementes foram trazidas ao seu mundo pelos *annunakis*, como o milho, a soja e outros grãos. Logo depois que os homens terrenos aprenderam sobre agricultura e os ciclos da Lua e das águas, ensinaram-lhes conhecimentos de metalurgia e mineração e outras áreas, em seguida. A legislação desenvolveu-se entre os sumérios por influência direta do *annunaki* Enki, que passou a amar os homens da Terra.

“Certos *annunakis* de expressividade começaram a interferir de maneira intensa na história de seu povo. Foi o caso do filho preferido de Enki, Ningishzidda, o qual ficou conhecido no Egito antigo como Thot e, na América Central, como Quetzalcóatl. Tratava-se do mesmo ser, que viveu durante tempo bastante longo nos padrões terrícolas. Enki ensinou-lhe a arte de reviver os mortos, já que, como conheciam muito bem a ciência da manipulação genética, tal feito para eles era algo comum, embora nem sempre fácil. Ensinamentos sobre medicina, higiene e nutrição eram quesitos básicos para a formação dos iniciados ou sacerdotes, conforme iam se criando as diversas religiões. Rudimentos de anatomia, bem como preceitos para a alimentação mais adequada aos humanos, repassaram-se como medidas de manutenção da saúde, e não como princípios religiosos, como mais tarde foram apresentados."

— Ainda existem seres extraterrestres em corpos físicos no planeta Terra? Em caso afirmativo, são dessa ou de outras épocas?

A pergunta foi realizada por Raul, que, até então, estivera calado, como em estado de transe. Imaginei que estivesse, em alguma medida, em contato mental com algum dos seres ali presentes, mas estávamos tão encantados com as possibilidades de troca de conhecimento que não demos atenção especial ao fato, sendo que me surpreendi com a forma intempestiva como levantou a voz repentinamente e formulou a questão.

— Na cordilheira conhecida por vocês como Himalaia, existem bases de seres do espaço, inclusive, de seres do meu mundo. Numa dessas bases, há uma caverna que, na verdade, foi totalmente remodelada com equipamentos de uma tecnologia desconhecida de seus cientistas. Ali dentro, há 24 esquifes, feitos de um material que, para vocês, talvez se assemelharia ao mais puro diamante. Nesses esquifes, repousam representantes *annunakis* e de outros povos em seus corpos físicos, de uma fisicalidade semelhante à de vocês. Estão em animação suspensa, embora mentalmente ativos e interferindo em certa medida nos acontecimentos de seu mundo. Alguns fenômenos conhecidos por nós ainda são inconcebíveis para vocês, eu sei. Outro exemplo é a capacidade mental de ver através da matéria, penetrando rochas e até mesmo o aço. Alguns desenvolveram essa capacidade de maneira notável, além de outras, entre eles, os seres cujos corpos repousam nos laboratórios do Himalaia.

Raul não se deu por satisfeito, parecendo que havia despertado nele um súbito interesse por saber e conhecer. Assim, não deu chance a outro espírito, e indagou ele mesmo:

— Foi mencionado conhecimento de reativar a vida de determinada criatura. Mas, em nosso planeta, isso é possível? Conhece alguma coisa a respeito da possibilidade de um ser substituir o outro no corpo físico de maneira duradoura?

— Aquilo que é impossível muitas vezes não se deve às leis naturais do seu planeta, nem sequer às do universo, mas à falta de conhecimento e de desenvolvimento científico a respeito do assunto. Muitas coisas que nós, extraterrestres, conhecemos e fazemos é considerado impossível até mesmo por seus cientistas, como, por exemplo, viajar de um sistema solar a outro e vencer uma distância de 100 anos-luz em apenas alguns minutos. Segundo sua ciência atual, isso seria impossível, como era impossível, até bem pouco tempo, vencer as distâncias entre continentes voando pelos céus ou ir à Lua num bólide tecnológico. Contudo, aquilo que parece ficção para muitos humanos, inclusive para os que se creem mais inteligentes, pode muito bem ser possível em algum lugar da galáxia. Dessa forma, não para os seres da minha espécie, mas para os *annunakis*, muita coisa é possível no que tange à retomada da vida ao corpo, mesmo quando este já está morto. Ainda que as crenças e os dogmas do indivíduo digam o contrário, existe ciência em tudo.

"Quanto ao fato de seres trocarem de corpos uns com outros de maneira definitiva, isso certamente é impossível para vocês, humanos, devido à falta de conhecimento, mesmo se levarmos em conta os seres extrafísicos de seu orbe. Não obstante, existem alguns povos — dois deles, representados pelos visitantes presentes aqui, na lua terrestre, nesta base de guardiões — que detêm tal habilidade. É algo possível, desde que obedecidas certas regras e contingências, a fim de não se atentar contra as leis naturais, mas não as leis naturais tal como concebidas por vocês, tão poucas e limitadas, e, sim, aquelas conhecidas por eles."

— Queria saber sobre os conflitos gerados no início de nossa civilização, principalmente aqueles envolvendo o povo hebreu, a partir do chamado Êxodo, provavelmente ocorrido no século XV a.C. Você possui alguma informação a respeito? — tornou a perguntar Raul, mudando de assunto.

— No passado, existia enorme rivalidade entre as castas *annunakis*, notadamente, entre os discípulos dos irmãos Enki e Enlil. Com efeito, muitos *annunakis* da casta dos eloins foram considerados como deuses pelos povos primitivos e, em alguns momentos, tomados como o próprio Deus. Dessa maneira, pode-se notar que os livros sagrados para o cristianismo e o judaísmo apresentam um deus hebreu que, de um momento para outro, resolve destruir o povo[18] e até o mundo[19] — naturalmente, tratava-se do revoltado Enlil, um *yaveh* — e, mais adiante, arrepende-se de tê-lo feito[20] — traduzindo a posição do irmão sideral Enki, que amava os homens.

---

[18] Cf. Ex 32:9-13.

[19] Cf. Gn 6:6-7.

[20] Cf. Ex 32:14.

 Eis que a rivalidade se estabelece entre ambos na condução de diversos povos, não somente entre os israelitas. De modo aparentemente incompreensível e inconciliável, os textos bíblicos falam de momentos em que o deus Yaveh teria mandado matar crianças, velhos e as demais pessoas dos povos conquistados.[21] Naturalmente, não se pode pensar que seja este o Deus apregoado pelo Cristo planetário. Não mesmo! Noutro momento, o deus nacional apresenta-se cheio de misericórdia, dizendo não querer a morte dos homens nem sacrifícios.

"Então, deduz-se que, por um período de tempo relativamente curto, houve uma disputa, entre seres da mesma espécie, pela condução do povo hebreu, assim como de outros povos da Antiguidade. Chegou-se a construir um aparato de comunicação para acesso aos eloins, os chamados deuses, que foi a Arca da Aliança. Tratava-se de um potente acumulador de energias e, ao mesmo tempo, de um aparelho de comunicação entre os primitivos israelitas e os deuses eloins. Mais tarde, foi-lhes retirada, porque a usavam em guerras, e, assim, havia o perigo de a arca cair em mãos erradas. Ela já não

---

[21] Cf. Nm 31:15-17; Dt 2:34; 3:6; 1Sm 15:3.

se encontra mais na Terra. Havia em todas as nações remanescentes degenerados dos povos das estrelas, dos chamados *nephilins*, homens de renome, poderosos que governavam as nações e pretendiam subjugar os humanos terrestres. Disputavam o domínio das consciências desde eras remotas. Tudo isso ficou conhecido como a batalha dos deuses, embora o território da batalha tenha sido a humanidade."

Eram muitas e muitas perguntas, no entanto, naquele momento, Jamar interferiu, chamando-nos a atenção para o fato de que Raul e Irmina deveriam retornar ao corpo, pois estavam fora dele e do ambiente terrestre há muito tempo. Havia limitações nesse processo, devido a fatores que ele nos explicaria oportunamente. Também era ocasião de acompanhar Jamar e outros espíritos e amigos numa empreitada de grande envergadura: os guardiões do planeta Terra eram convidados dos seres do espaço para uma missão concernente à transmigração de seres entre mundos. Algo inusitado esperava por nós, especialmente por Jamar. Muito contra a vontade, Irmina e Raul foram reconduzidos aos seus corpos depois de serem transportados pela nave dos guardiões. Eles não se lembrariam dos eventos de imediato, somente quando fosse necessário. Como espíritos, é claro, guardariam as impressões em suas almas de maneira permanente.

Entrementes, Jamar nos reuniu — Watab, Dimitri, Semíramis, Astrid, eu e mais dois amigos guardiões, além de Albert e o próprio Zecharia — para ouvirmos a proposta dos seres do espaço. Estávamos em outro ambiente, na superfície da Lua, onde havia diversas construções, algumas delas, avistadas por astronautas da Terra ainda na primeira missão lunar; eram, portanto, construções físicas. Ali mesmo realizou-se a reunião.

Na contraparte etérica e astral, era possível ver o local onde se reunia a multidão que já havia abandonado a atmosfera terrena em caráter definitivo. Eram espíritos que seriam transferidos ou relocados para outros mundos. Havia intensa atividade, com centenas de guardiões e outras equipes se dedicando ao levantamento dos tipos psíquicos dos expatriados, separando-os em grupos semelhantes. Além das construções físicas, havia grandes pavilhões, que abrigavam cada qual dezenas de milhares de seres, sem contar os demais compartimentos, localizados vibratoriamente abaixo da superfície lunar e no seu entorno. Era como se formassem círculos concêntricos, na verdade, ambientes vibratórios diferentes, destinados a abrigar a enorme fatia de habitantes que deveriam abandonar por tempo indefinido o ambiente espiritual do planeta. As previsões davam conta de que mais ou menos um terço da população de seres encarnados e desencarnados abandonaria a Terra na atual transmigração entre mundos. Desde a Primeira Guerra Mundial que esse processo entrou em andamento, mas foi a partir da década de 1940 que as tarefas de reurbanização e seleção de almas atingiram seu ápice. A Lua fora escolhida como local para onde seriam levados os espíritos renitentes, aqueles que não mais reencarnariam na Terra.

Portanto, aos olhos espirituais, a lua terrestre não era um astro morto, como alguns humanos a viam; com efeito, estava bem longe disso. Aliás, nem mesmo sob o olhar material, físico, a Lua poderia ser assim classificada. A questão é que chegavam aos habitantes comuns apenas informações divulgadas por cientistas e governos que haviam patrocinado as viagens ao satélite natural. E eram tão editadas que conseguiram esconder por décadas dados preciosos, como as construções encontradas na superfície, no lado não visível da Lua. Também ocultaram de maneira brilhante outras informações, como os avistamentos de naves que sobrevoavam o satélite ou que acompanharam os foguetes na trajetória até ali.

Agora, porém, nada disso importava para nós. Víamos uma Lua cheia de vida, vibrante, embora repleta de seres de índole perigosa, desde guerreiros e assassinos até políticos, todos, com um traço em comum: eram gente sem ética nem moral, almas que haviam esgotado suas experiências de aprendizado na superfície do planeta e para lá não voltariam. Como era composta de espíritos, a enorme população podia ser perfeitamente alojada no ambiente etérico do satélite lunar sem problemas de espaço. Mas havia outros problemas muito maiores a serem solucionados.

— Meus amigos Jamar, Watab e demais filhos da Terra, estamos honrados com a oportunidade que nos foi concedida de acompanhá-los neste momento importante pelo qual passa sua humanidade. Nosso convite é para que participem conosco de uma jornada especial. Com o consentimento de Anton, tivemos acesso aos diretores da evolução planetária do mundo a que chamam Terra — principiou assim o amigo das estrelas.

Era ele um dos seres de estatura pequena, com mais ou menos 1,60m, e integrava uma comitiva com mais quatro indivíduos, cada qual, de povos ou mundos diferentes.

— Queremos convidá-los a uma excursão ao espaço profundo. Em regra, não é dado aos espíritos da Terra sair da faixa vibratória do planeta rumo a outros orbes, contudo, isso se justifica neste momento. A partir de documentos da administração solar, detectamos alguns mundos para onde se conduzirão os espíritos rebeldes reunidos neste satélite, além dos demais que, pouco a pouco, têm chegado do lar planetário. Então, o convite é que venham conosco em uma de nossas naves etéricas a fim de que conheçam de perto ambientes para onde serão degredados os espíritos da Terra. Acreditamos que essa missão de reconhecimento favorecerá bastante o processo de seleção que está a cargo dos guardiões.

Apesar da natural comoção sentida ao interagir com os filhos das estrelas, jamais imaginava realizar uma viagem ao espaço profundo. Fiquei muitíssimo impressionado e comovido. Não somente eu, creio, como todos os convidados, principalmente Zecharia e Albert, para quem a oportunidade recente de contato estreito com os *annunakis* já havia sido estupefaciente. Zecharia mantinha-se calado quanto ao conteúdo de sua conversa com os *annunakis*. Estava pensativo, mas, naquele momento, não conseguiu esconder a emoção diante da hipótese concreta de viajar pelo espaço, quiçá fora do Sistema Solar. Jamar guardava, juntamente com Watab e Dimitri, uma postura militar, de gente que parecia habituada a situações como aquela. Dimitri talvez deixasse transparecer algum tipo de emoção, que se evidenciava num tique que aparecera em seu rosto. Astrid, lindamente vestida com o uniforme das guardiãs, ladeava Semíramis com uma postura ereta, firme, sem demonstrar nenhuma emoção como nós, os homens do pedaço.

— Primeiro, quero falar do processo de locomoção — acentuou o ser do espaço. — Na primeira etapa, que será mais demorada, ainda estaremos dentro do Sistema Solar. Por essa razão, não nos será possível empregar todos os recursos à disposição numa viagem dessa categoria, com velocidades ultraluz. Ou seja, devemos manter velocidade inferior à capacidade de nossas naves. É preciso considerar que os saltos nas trilhas energéticas que seus cientistas chamam de buraco de verme costumam causar algum impacto nos planetas próximos. Portanto, para evitar qualquer transtorno, preferimos restringir a viagem por seu intermédio ao exterior dos limites vibratórios de planetas habitados. Assim, iremos em velocidade inferior à da luz até o planeta conhecido por vocês como Urano. A partir de então, utilizaremos as trilhas energéticas, o que fará com que nossa viagem seja realizada quase que instantaneamente.

— Podemos saber de que se constituem essas trilhas energéticas? — perguntou Albert.

— De início, ninguém sabia quem as havia construído, se eram criação de alguma inteligência cósmica ou se estiveram em todo o universo desde a sua formação. Atualmente, depois de seres tecnologicamente mais avançados realizarem diversos testes, descobrimos que elas estão por toda parte. Inclusive, algumas foram localizadas entre as galáxias e fazem conexão entre realidades que vocês denominam universos paralelos, ainda que não se assemelhem à ficção criada pelos humanos. Portanto, agora sabemos que tais trilhas foram concebidas em tempos imemoriais. Mesmo os mais antigos, os semeadores de vida, que vivem e viajam universo afora detectando mundos que sirvam ao surgimento de vida, como úteros cósmicos, utilizam-nas para o transporte entre dimensões e mundos no universo. Sem elas, nossas viagens durariam milênios. Não obstante, sua constituição íntima é ainda uma incógnita para nós. Sabemos apenas que, no interior dessas trilhas — ou buracos de verme ou de minhoca, como queiram —, existem energias poderosíssimas em ação. Energias hiperfísicas, advindas de um ambiente supradimensional, estão em ação em seu âmago. São essas energias que produzem o fenômeno de dobra do espaço-tempo, fazendo com que nossas naves façam o percurso de milhares de anos-luz em apenas alguns minutos. Em linhas gerais, isso é tudo o que sabemos. Ou seja, usamos um recurso que já existia desde o alvorecer dos tempos, sem conhecermos com precisão sua natureza ou constituição íntima.

Dando um tempo para que pudéssemos assimilar o que nos falara e, até mesmo, o próprio convite, o ser das estrelas conduziu-nos, junto com Jamar, a uma área externa da Lua, onde havia algumas de suas naves estacionadas, alunissadas. Eram quatro naves; duas, de aparência bizarra para os padrões terrenos. Aliás, nosso mundo só conhecia foguetes e ônibus espaciais; nada além disso. Após ter visto a Estrela de Aruanda, utilizada pelos guardiões, pus-me a imaginar como seriam as naves dos visitantes. Paramos diante delas. Uma em especial chamou nossa atenção. Apresentava formato ovalado, quase esférico. Outro ser das estrelas, agora um *annunaki*, esclareceu-nos:

— Para viagens dentro do Sistema Solar, qualquer dessas naves é apropriada. Contudo, como visitaremos mundos primitivos em outros sistemas, é mais adequado o formado oval, ou mesmo o esférico. Assim como se dá com os planetas do universo, a esfera, ainda que comporte variações ou imperfeições, é o melhor formato para se deslocar entre mundos. Apenas copiamos as formas dos planetas; afinal, em todos os mundos, as naves de transporte geralmente são inspiradas na própria natureza. Como nossas naves se destinam a viagens entre mundos, reproduzimos a forma aproximada dos planetas, o que nos favorece em vários sentidos. Por exemplo, quando essas naves se deparam com partículas dispersas no espaço e objetos naturais, como detritos, dentre outros, tais elementos são repelidos em virtude da velocidade desenvolvida, a qual cria em torno da nave uma espécie de campo protetor contra o entrechoque da matérias astral e etérica e mesmo das radiações provindas do espaço.

Adentramos a nave dos seres, que nos aguardavam para a prodigiosa viagem. Possivelmente, poderíamos fazer a mesma viagem com outros recursos, de natureza diferente, mas alguma coisa os seres das estrelas queriam nos ensinar com tudo aquilo. Além do mais, jamais me passara pela mente a possibilidade, ainda que remota, de sair da Terra, mesmo que para conhecer orbes onde os deportados seriam relocados. Para mim, a oportunidade era ímpar, sem dúvida. De todas as excursões das quais participara — e, para a maioria dos convidados, também —, aquela talvez fosse a mais arrebatadora, emocionante e contagiante, tanto pelas sensações quanto pelo conhecimento que poderia ser compartilhado.

— Viajaremos com alguns seres de nosso mundo que, segundo o pensamento de vocês, estão de posse de seus corpos físicos, embora estes apresentem um tipo de materialidade que vocês, espíritos da Terra, desconhecem. Em alguns mundos, as duas populações, a que vocês dizem ser invisível e a outra, visível, convivem quase como se estivessem no mesmo ambiente, na mesma dimensão.

Fiquei imaginando como seriam os seres no futuro, à medida que desenvolvessem a visão extrafísica e, assim, pudessem ter uma convivência mais estreita com outras dimensões. Pareceu-me, então, que o ser à minha frente tinha ouvido meus pensamentos, já que retrucou:

— Na verdade, onde ocorre, esse convívio dá-se menos devido ao desenvolvimento de um sentido extrassensorial e mais à diferença de vibração entre as matérias brutas desses mundos. O tipo de vibração da matéria interfere muito quando se convive com elementos de outras dimensões. A matéria da Terra é muitíssimo densa, o que decerto repercute na formação do corpo carnal dos humanos e de todo tipo de seres físicos do planeta. Mas não é assim em outros lugares, muito embora existam diversos mundos cuja densidade material é compatível à da realidade terrestre.

Outro ser entrou na conversa, complementando:

— Quem sabe seja por esse motivo que os instrumentos da sua tecnologia terrestre não conseguem encontrar vida nos mundos do Sistema Solar... Além de serem estruturados apenas na matéria bruta de seu mundo, são programados e pensados apenas para esse tipo de vida, da mesma fisicalidade e da mesma densidade terrestres. Os humanos se assombrariam ao saberem que existem outros orbes, a distâncias relativamente pequenas, que abrigam civilizações elevadas, desenvolvidas — e físicas —, porém, com uma estrutura molecular ligeiramente diferente, de uma densidade material menor e, por isso mesmo, indetectável por meio de seus instrumentos atuais.

O comentário dos filhos das estrelas, dos *annunakis*, despertou muitas reflexões em todos nós, que os escutávamos um tanto estupefatos perante a maravilha técnica que observávamos em sua nave. Embora em outras ocasiões já tivéramos recebido explicações semelhantes quanto à densidade da matéria terrestre, agora, ouvindo isso da boca de visitantes do espaço, sob novo contexto, tudo parecia mais abrangente ou, no mínimo, ganhava novo significado. Sobretudo porque, diante de nós, tínhamos a prova viva do aspecto relativo da densidade da matéria. Era algo que merecia maiores estudos.

Por dentro, a nave era muito mais simples do que supúnhamos. Havia alguns painéis, e, no centro, onde ficava a sala de comando, por assim dizer, havia apenas duas poltronas reclinadas, anatômicas e preparadas para dois tipos humanos totalmente diferentes entre si. Escutávamos um ruído suave, como de máquinas em funcionamento. À nossa frente, um equipamento que parecia um tipo de computador aprimorado ao extremo. Minha curiosidade e a de Zecharia levaram-nos para perto desse equipamento, que nos chamou a atenção logo de início. O ser acomodado numa das poltronas — a outra ainda estava vazia — tentou se comunicar conosco, porém, teve dificuldades em se expressar numa linguagem compreensível para nós. De repente, tivemos a impressão de que alguma coisa tateava nosso cérebro extrafísico, como se fossem tentáculos mentais. Durante alguns segundos, ficamos inquietos, até que uma voz bem audível se fez ouvir em nossa mente. Era um tipo avançado de telepatia. Aquele ser passou a se comunicar por um processo puramente mental:

— Aqui temos, coordenando toda a nave, este equipamento de avançada tecnologia. Ao tempo em que desempenha o papel de um computador, sendo acessado por nosso pensamento, também age como comunicador universal. Através dele, podemos interagir em tempo real, ou seja, instantaneamente, sem perda de tempo, com nosso comando, com outras naves e, em certas ocasiões, com nosso mundo de origem. Talvez o nome mais apropriado seja *hipercomunicador*, pois suas ondas se irradiam por meio da luz das estrelas, diretamente — aliás, essa luz é também nossa maior fonte de abastecimento.

"Além disso, o comunicador desempenha o importante papel de uma rede, comparável ao da internet na atualidade de seu planeta. Os povos do espaço que estão conectados, em parceria, alimentam uma espécie de rede de comunicações de âmbito galáctico, de maneira a podermos todos acessar informações e estudos ali disponíveis. Porém, o acesso é feito através das pupilas de nossos olhos, e vemos o objeto de nossa busca ou pesquisa não em telas, mas simplesmente à nossa frente, como se a própria mente projetasse as imagens e as informações. Um conector é implantado em nossos olhos, num dos nervos óticos, a fim de podermos acessar a qualquer tempo os conteúdos dos quais necessitamos.

"A essa rede, um tipo de rede neural a unir todos os povos auxiliares e irmãos, damos um nome que se traduziria, para vocês, em algo como *zona límbica*, ou seja, uma zona especial entre dimensões através da qual e na qual se armazenam informações de caráter científico, metafísico e filosófico de vários povos do espaço. Nesse ponto, assemelha-se mais às propriedades do que denominam correntes de pensamento; talvez, a ideia se aproxime mais da fusão entre essas correntes e a internet, a título de comparação. Nesse caso nosso, trata-se de uma espécie de arquivo, como aquilo que vocês chamam de *nuvem* na linguagem da era digital. Descobrimos que as energias entre dimensões são fortemente impressionáveis e formam um espaço neutro, porém capaz de armazenar elementos de informação, servindo para registro de fatos e qualquer tipo de dado. É como se fosse a própria luz, num estado ainda desconhecido, inclusive por nós. Esse espaço interdimensional é também usado para oferecer conhecimento a todos os povos que atingiram a etapa da astronáutica, ou seja, aqueles que conseguem desenvolver viagens para fora de seu sistema planetário, mas que, antes disso, estabeleceram a harmonia em seus sistemas de origem."

— Isso quer dizer — falou Zecharia — que nem todos os povos que dominam a astronáutica têm acesso a essa rede de comunicação?

— Não podemos oferecer determinados conteúdos

a povos que ainda vivem em conflito e promovem a guerra — e os há em grande número nesta galáxia. Imaginem o desastre que seria se certos conhecimentos caíssem nas mãos, por exemplo, de grupos ou nações que vivem em pé de guerra no seu planeta... De que maneira seriam utilizados a fim de amealhar poder, riquezas e domínio sobre os demais?

— Diante disso, podemos concluir que não existe riqueza nesses mundos de paz? Que, de alguma maneira, aboliram-na?

— Não é exatamente isso que queremos dizer. Contudo, pelo menos nos mundos aqui representados, há muitos séculos, o objetivo de vida deixou de ser acumular dinheiro e riquezas materiais. Nossas metas e nossos desafios são de ordem mental, de conquista de conhecimento e sabedoria e, sobretudo, visam formar parcerias entre povos estelares, de modo a erradicar a ignorância, o medo e a guerra dos mundos com os quais estabelecemos contato. A riqueza como a conhecem, para nós, é somente qualidade de vida e nada mais. Com efeito, temos nossos desafios, imensos, na verdade, mas são de outra natureza.

Em seguida, apontou para um ser de aparência humanoide, porém de estatura bem menor, de cerca de

40cm. Tinha aparência quase de criança, não fossem as barbatanas abaixo dos braços e alguma coisa que lembrava uma crista sobre a cabeça. Disse, então:

— Vejam, por exemplo, estes nossos amigos de um mundo da constelação conhecida por vocês como Lira. Sua especialidade e a maior riqueza para eles é o campo da medicina, de salvar vidas. Em todas as nossas naves, os temos como auxiliares, pois eles entendem de fisiologia astral e energética mais do que quaisquer outros povos que conhecemos, numa dimensão e num nível de profundidade e abrangência que lhes causaria espanto. São exímios estudantes de todo método ou sistema de cura, incluindo até cirurgias em seres dos tipos físicos os mais diversos. Têm uma habilidade mental incrível para, em pouco tempo, apreender o funcionamento dos organismos mais incomuns entre as humanidades do espaço e são éticos ao extremo. Por outro lado, são incapazes de lidar com números, cálculos matemáticos ou questões filosóficas, que, para eles, constituem-se em problemas quase insolúveis. Na prática, não visitamos nenhum mundo sem o concurso deles, devido aos elementos patogênicos insuspeitos encontrados em cada planeta, muitos dos quais poderiam nos afetar e contaminar em alguns casos.

"Portanto, fizeram-se absolutamente indispensáveis, por sua competência e seu rigor. Não são de uma riqueza incalculável? Sendo assim, a riqueza a que aspiram é a compreensão de organismos naturais humanoides e não humanoides. Vivem numa situação que, para o habitante da Terra, seria inconcebível, considerando os valores ali vigentes."

Depois de ouvir o filho das estrelas, cada um tomou seu lugar na sala de navegação da nave, onde fomos convidados a ficar. Dali dava para ver o espaço à frente, em telas realmente grandes. Sentimos um leve movimento quando a nave se levantou do solo lunar. Nada muito intenso, pois a baixa gravidade da Lua facilitava o desprendimento sem que fosse necessário um sistema de propulsão complexo.

Abaixo avistávamos o planeta Terra, que mais parecia, para nós, uma pérola cintilante. Zecharia chorou ao ver a cena. Não havia como não se comover. A face da Terra que avistávamos estava nimbada de luz. A nave deu uma volta em torno do planeta, e logo avistamos a parte escura, onde era noite. À nossa visão, porém, era uma noite muito diferente daquela que os homens observavam na superfície. Muitas luzes espalhavam-se ao redor do mundo terrestre. Eram cidades espirituais, cujo brilho lembrava o de constelações a cobrir o planeta. Era muito mais do que supunham os espiritualistas. Num relance, pude observar feixes iluminados, como se fossem fios de luz rasgando o globo de um lugar a outro, em mil filamentos, segundo observamos rapidamente, pois a nave não parou para examinarmos detalhes. Aprendemos que se tratava de rastros deixados pelas caravanas e pelas legiões que partiam das cidades astrais e se dirigiam às cidades dos homens, a fim de darem força e socorro a quem necessitasse. Um verdadeiro espetáculo visto de cima, de fora da Terra.

Logo a velocidade aumentou, e dirigimo-nos para longe do planeta. Pensei que iríamos direto para fora do Sistema Solar, mas um dos visitantes do espaço falou com Jamar e Watab:

— Vamos mostrar-lhes o planeta vermelho, aquele mesmo onde os cientistas terrenos dizem não ter vida.

A nave descreveu uma volta completa em torno de Marte, depois de um tempo de voo que eu não soube precisar. Dentro do equipamento voador, nem sequer percebíamos o deslocamento, muito menos sentíamos algum impacto brusco. Alguns tripulantes caminhavam de um lado a outro. Parecia que a falta de gravidade do espaço não atingia os espíritos, nem mesmo alguns encarnados de outros povos cuja estrutura material era menos densa, conforme nos havia sido explicado. Após algum tempo circulando em torno de Marte, pudemos observar que o planeta vermelho aparentava algo diferente daquilo que as fotografias realizadas pelos satélites mostravam.

— Representantes dos governos autorizam uma breve escala no planeta — pronunciou um dos seres ali presentes.

Representantes do governo? Como assim? Marte não era desabitado, completamente desabitado? Não deu tempo de ouvir qualquer resposta à minha indagação mental. A nave mergulhou abruptamente na atmosfera marciana e atravessou nuvens de coloração diferente. O que vimos me impressionou muito. Antes que pudesse expressar minha curiosidade e meu espanto, Zecharia deu o veredicto:

— Matéria etérica, matéria de densidade diferente... Eis por que não encontram vida em Marte!

Uma cidade enorme estava abaixo de nós. Era em tudo diferente de nossas cidades, mas era uma cidade soberba. Equipamentos de voo passavam abaixo de nós, porém, não se via nenhuma movimentação frenética. Não conseguimos ver nenhum dos supostos marcianos.

— Vamos mostrar algo interessante a você, meu

amigo guardião — falou o ser das estrelas a Jamar.

De repente, a nave mudou seu percurso dentro do planeta. Divisamos algumas pirâmides e, nitidamente, uma construção — embora maior que a da Terra. Era uma esfinge.

— São obra dos *annunakis* — falou o ser à nossa frente.

As telas mostravam algo surpreendente. Sobrepunham-se uma camada física, aparentemente não muito distinta da constituição física do planeta Terra, e outra menos material, embora física também. Etérica, talvez... Zecharia levantou-se para observar melhor e, mais uma vez, sentenciou:

— Agora entendo melhor os textos que traduzi dos antigos sumérios. Eis a base de Marte dos *annunakis*. Eles ainda estão por aqui.

— Isso mesmo, meu amigo, e, há bem pouco tempo, a base foi reativada. Funciona plenamente.

A nave continuou sua trajetória em torno do planeta, todavia, não vimos nenhuma outra cidade. Não significava que não existiam outras, mas somente que não as vimos.

— Trata-se de uma cidade estruturada em matéria que vocês diriam ser quintessenciada, embora essa palavra seja arcaica para exprimir a natureza material dos elementos do planeta. Contudo, acredito serem capazes de entender a ideia.

Jamar e Watab permaneciam calados, somente observando. Só mais tarde soubemos que ambos estavam conectados mentalmente ao ser do espaço, que lhes transmitia muito mais dados pelo processo mental do que éramos capazes de perceber.

Explicou o *annunaki* de estatura menor que nos acompanhava:

— Esta é uma cidade construída por técnicos remanescentes de uma civilização antiga, lugar há muito compartilhado com os *annunakis* e outros povos que aqui vivem e observam a Terra de perto. No interior do planeta, vivem seres que construíram uma verdadeira civilização. Entretanto, dificilmente os humanos da Terra se encontrarão com eles, pois os terráqueos concebem vida apenas segundo seus padrões estreitos; estão fechados em seu sistema estanque. Não aceitam nem imaginam que pode existir vida ou florescer vida em matrizes diferentes das que existem na Terra, e vida inteligente. As pirâmides que vocês observaram também foram obra de nosso povo. Ali trabalham representantes de nossa civilização e de outras espécies também. Com o passar do tempo, realizaram-se diversas modificações na estrutura das pirâmides, até porque, nossas naves não mais dependem dessas estruturas para seu abastecimento; hoje, dispomos de meios mais eficazes.

A nave que nos conduzia subiu velozmente ao céu do planeta vermelho e, então, dirigiu-se às bordas do Sistema Solar. Como ainda não havíamos atingido o local onde adentraríamos as trilhas energéticas, pouco a pouco, passamos por regiões do espaço as quais só víramos mencionadas em estudos e relatórios. Passamos pelo primeiro cinturão, uma espécie de anel de proteção que envolvia os planetas interiores, para, logo após, os pilotos fazerem uma manobra e sobrevoarem o cinturão de asteroides, o que restou do quinto planeta do sistema na contagem a partir do Sol. O comandante da nave fez questão de diminuir a velocidade a fim de observarmos os escombros daquele mundo. Certa angústia tomou conta de alguns de nós, algo semelhante ao que acontece quando alguém visita, nos dias atuais, lugares que foram campos de concentração nazista ou memoriais nas cidades destruídas por ocasião do lançamento de bombas atômicas, entre outros monumentos. Havia história ali, exalada por aquelas ruínas siderais, e irradiavam-se vibrações no entorno. Era como se ouvíssemos, mesmo tanto tempo depois, os gritos e os gemidos de milhões de pessoas, a agonia de seres cujas vidas foram ceifadas no passado, há muitos milhares de anos.

— Ainda nos dias atuais — comentou um dos seres do espaço —, determinados povos de nosso convívio fazem excursões a esta região do seu Sistema Solar. É como visitar o passado. Além da simples reflexão, algumas comunidades desenvolveram tecnologia capaz de produzir fenômeno semelhante ao que vocês denominam psicometria, isto é, o conhecimento sobre o passado a partir de objetos que "testemunharam" os acontecimentos. Durante a investigação, experimentam algo similar ao que ocorre com certos sensitivos, ou seja, percebem em cada escombro, em cada pedaço de pedra que se transformou em asteroide, um clamor, uma identidade energética que ficou registrada na história, indelevelmente. Assim, relatam com mais propriedade o que pode se suceder com povos que não desistem de suas guerras.

Depois de um silêncio que incomodava, o *annunaki* resolveu comentar:

— Ocorre um fato que merece cuidado especial por parte de vocês, terrestres, e também por parte dos guardiões. Muitas ondas de rádio, originadas sobretudo desde a Primeira Guerra Mundial, e com intensidade crescente ao longo dos demais conflitos sangrentos que vêm ocorrendo na Terra, são captadas no espaço. Emissões de outros meios de comunicação que também se propagam através de ondas são rotineiramente interceptadas. Existem bases próximas à Terra que operam como torres transmissoras, retransmitindo os eventos que lá se desenrolam. Portanto, inteligências alienígenas não só ouvem, mas veem imagens do que ocorre.

— Imagino até que podem ser interceptadas por inteligências que não saberão se tais mensagens ou imagens ocorrem no tempo atual ou advêm do passado — falou Watab, preocupado.

— Esse é um risco muito grande a que nos expomos, meus amigos. Alguns povos são muito imprevisíveis em sua conduta. Existem planetas inteiros de povos guerreiros que atingiram um avanço tecnológico notável, mas que ainda possuem um ímpeto conquistador.

— O que ocorre embaixo ocorre em cima, numa proporção maior... — comentou Jamar, pensativo.

— Exatamente, amigos! Tudo o que se passa na Terra também se passa numa proporção mais ampla na galáxia, no universo. Tememos que, em futuro não muito distante, devido às vibrações emitidas pela Terra, possam ser atraídas para lá criaturas de semelhante índole.

— Certamente, seria um desastre para a civilização — falou Albert, também pensativo.

Sobrevoamos o cinturão de asteroides, e, logo em seguida, a nave tomou a direção dos planetas exteriores. Avistamos Ganimedes e Europa, duas das luas de Júpiter, e, mais ao fundo, apareceu Titã, satélite de Saturno. Assim que passamos pelo cinturão, a nave que nos transportava aumentou a velocidade, e só pudemos observar de longe as luas dos planetas gigantes. Não obstante, o ser de estatura pequena e pele acinzentada comentou:

— Nos satélites avistados por vocês e conhecidos como Europa, Ganímedes, ou Ganimedes, e Titã, existem bases siderais. Digamos que, para quem vem de fora do Sistema Solar, são as primeiras bases onde se pode abastecer e programar a aproximação à Terra. Por isso, têm grande importância. Principalmente Ganimedes e Titã, que abrigam laboratórios de duas raças auxiliares. Dedicam-se a estudar como prestar ajuda a seu mundo na eventualidade de uma hecatombe nuclear, sobretudo considerando-se o cenário de destruição do planeta. Titã apresenta algumas peculiaridades que favorecem essa investigação. Ganimedes, em certa ocasião, já foi utilizado por uma ou outra raça de seres interessados exclusivamente em pesquisas científicas.

Chegaram até a levar pessoas de seu mundo, que foram abduzidas. Com o tempo, conseguimos desarticular esses laboratórios, pois julgamos uma atitude impensável ou inadmissível da parte de inteligências desenvolvidas. Alguns de sua espécie, conseguimos resgatar e reencaminhá-los ao seu mundo, depois de eliminarmos de suas mentes boa parcela do que recordavam. Tal raça, que assim procede ainda hoje, conta com dois ou três representantes em seu planeta; um deles mantém contato com um dos governos terrenos, trocando informações e tecnologia — lamentavelmente.

A nave modificou inteiramente a forma como se deslocava no espaço. Atingiu altíssima velocidade, e, logo em seguida, ultrapassamos o cinturão de Kuiper, para além da órbita de Netuno. A uma distância de mais de 30 mil UA[22] em relação ao Sol, rompemos esse cinturão de asteroides externo, num plano superior. A visão era estonteante. Jamar fixou sua visão no entorno, como que absorvendo tudo. Albert e Zecharia levantaram-se ao mesmo tempo, aproximando-se de Jamar; pareciam ex-

---

[22] A unidade astronômica (UA ou AU) é uma unidade de distância. Refere-se aproximadamente, à distância média entre a Terra e o Sol.

tasiados. Juntamente com o cinturão de detritos cósmicos, poeira e rochas, que vagava formando um tipo de proteção a bilhões de quilômetros do Sol, divisávamos uma radiação que envolvia o perímetro do Sistema Solar. Algo provavelmente de difícil detecção por meio de aparelhos feitos pelo homem no século atual. Essa radiação, de natureza hiperenergética, fazia com que todo o Sistema Solar ficasse envolto numa aura dourada, reflexo das energias poderosas ali presentes. Era algo admirável de se ver e, como não podia deixar de ser, atraía a atenção dos dois cientistas a bordo.

Mas tudo se passou um pouco rápido demais. Logo à frente, foi avistado um fenômeno que canalizou todas as atenções. Era como um redemoinho feito de pura energia; aos nossos olhos, parecia sumamente perigoso, pelo menos para os que nunca havíamos observado tal acontecimento. O redemoinho lembrava uma cobra gigante. Revolvia-se, serpenteava em torno de si próprio, embora no comprimento parecesse fixo, imóvel. Irradiava um tipo de energia diferente de tudo o que conhecíamos e havíamos visto até então. Via-se somente uma borda, como a abertura de um funil, enquanto o outro lado perdia-se na escuridão do espaço, formando uma espécie de rasgo no universo talvez, através do qual o fenômeno desaparecia repentinamente. Seria aquilo um buraco negro? Fato é que engolia, por assim dizer, o próprio redemoinho e absorvia igualmente a matéria finíssima dispersa no espaço à volta. À medida que nos aproximávamos, os neófitos sentíamos um calafrio na barriga. Era algo maravilhoso e descomunal. Relâmpagos pareciam emergir da fenda que constituía a abertura daquela estrutura absolutamente intrigante. Uma espécie de vento, provocado pelo constante movimento de energias titânicas e ignotas, vinha de encontro à nave dos seres que nos convidaram para a excursão por mundos desconhecidos. Confesso que, por um instante, esqueci-me de já não possuir um corpo físico e tive medo de morrer em meio a tantas forças inauditas. Era algo completamente indescritível pelo vocabulário terrestre, de maneira técnica.

Zecharia e Albert aproximaram-se dos instrumentos de medição da nave etérica e, junto com cientistas do outro mundo, começaram a observar e ponderar os valores apresentados pelos painéis daquele veículo.

— Desliguem todos os motores! — veio a ordem do comandante *annunaki*. — Devemos penetrar com tudo desligado e, ao sairmos do outro lado, iniciar automaticamente o programa que nos levará ao destino final. Sentem-se todos e fechem os olhos.

Mirando um dos condutores do veículo, falou apressadamente:

— Feche todas as escotilhas. Escuridão total!

Era necessário esse procedimento, devido à extrema luminosidade provocada pelo fenômeno, principalmente assim que o adentrássemos. Estávamos diante do tão falado buraco de verme ou de minhoca; para aqueles seres, apenas trilhas energéticas.

— Como sabem que esse fenômeno nos levará exatamente ao local aonde pretendem ir? — perguntou Jamar repentinamente, enquanto a nave se movimentava cegamente e balançava suavemente na entrada do redemoinho de energias poderosas.

— Há séculos, existem pesquisas nesse sentido, guardião. Muitos cientistas de diferentes povos mapearam diversos fenômenos, diversas trilhas energéticas, e, assim, dispomos de uma espécie de guia, que nos indica para onde aponta o funil cósmico. Isso permite a locomoção entre mundos quando é necessário utilizá-la.

Jamar calou-se, pois, tão logo a nave adentrou definitivamente o redemoinho, assistimos a um fato extraordinário, ao menos para nós, os iniciantes naquele processo. Então era assim que se sentiam os espíritos transportados pelo espaço em processos de transmigração?

O sacolejar suave da nave etérica pareceu eterno. Uma eternidade em apenas alguns minutos, mas, em nossa mente, a impressão era de muita demora. Imagens e nuvens de energia trespassavam a nave velozmente, de um lado para outro. Tudo aquilo assemelhava-se a um sonho, porém, com imensos e coloridos véus indizíveis, que faziam balançar a estrutura etérica do comboio que nos transportava. Sons estranhos advinham de nossa mente, mas, ao mesmo tempo, de todos os lugares. Tudo demorou não mais do que alguns minutos. Não soube precisar, pois estávamos absortos no fenômeno. Em meio a tudo, pairava o silêncio. A nave como que se desmaterializou por completo, e todos nos sentíamos como que transparentes. Havia um quê de respeito no ar, quase um sentimento de reverência ante um fenômeno tão inusitado quanto inexplicável, tanto para nós como para os seres que nos conduziam. De súbito, fomos efetivamente catapultados a outro recanto do universo. Em altíssima velocidade, víamos passarem estrelas, nebulosas e planetas de poeira cósmica, até que outra configuração de estrelas agora se tornava visível a todos.

— Ligar telas de popa! — determinou o comandante *annunaki*.

Assistimos a uma verdadeira fornalha de energias

pipocar em forma de relâmpagos, num rasgo dimensional de grande proporção.

— A abertura do funil cósmico, da trilha energética, tem alguns milhares de quilômetros de diâmetro. É possível passar de uma só vez com uma verdadeira frota de veículos físicos e etéricos, incluindo asteroides e outros objetos capturados no entorno, que é imediatamente arremessada a outra área do espaço.

— Isso não pode ser perigoso para alguns mundos? — perguntou Albert.

— O universo não é exatamente um mar de tranquilidade, meu amigo. Ao contrário daquilo em que muitos querem crer, as evidências não deixam margem à dúvida: a natureza é violenta; existe perigo por todos os lados. Depende de cada povo a maneira como enxerga esse perigo. Para nós, constitui um desafio à inteligência não apenas entender o funcionamento das trilhas de energia, mas constatar que até mesmo luas inteiras e pequenos planetas às vezes são tragados gravitacionalmente por esses buracos no espaço, sendo lançados a outras dimensões e outros universos. Isso que vocês chamam de perigo consiste num dos objetos de estudo dos mais cobiçados pelos seres que se debruçam sobre o compêndio da ciência sideral. É um atrativo particular para quem quer entender as leis universais, as leis da natureza e como elas operam além dos limites dos mundos e dos planetas.

A nave dos filhos das estrelas deslocava-se em velocidade alucinante espaço afora.

— Estabelecer rota determinada — falou à equipe o comandante *annunaki*, mudando de conversa repentinamente. — Rumo à nuvem escura, à região de poeira cósmica.

Dirigindo-se novamente a Jamar e aos demais convidados, esclareceu:

— Estamos muito mais na periferia da galáxia do que se encontram seu planeta ou o nosso. Quase no limiar entre a Via Láctea e o nada teórico, o vazio aparente do espaço que existe entre as ilhas cósmicas ou galáxias. Isso quer dizer que nos encontramos a mais de 30 mil anos-luz de distância de seu mundo natal.

Um sentimento estranho me dominou por completo. Olhei para os demais, e, talvez com exceção de Dimitri, Watab e Jamar, os demais espíritos comuns talvez tivessem a mesma sensação diante do desconhecido. Realmente, não havia como o homem comum do nosso planeta aceitar de imediato a existência de seres do espaço, de outros mundos e de viagens a distâncias inconcebíveis, a bordo de naves que, na Terra, não passavam de ficção. A ciência terrena estava para a ciência daqueles seres assim como os aparatos tecnológicos do século XVI estavam para os do século XXI: a diferença era abismal.

A nave continuou se deslocando, agora, mais devagar. Podíamos sentir alguma coisa, algum impacto de elementos diferentes na estrutura externa da nave etérica.

— São partículas de matéria dispersas nesta região do espaço. Trata-se de um tipo de poeira que se choca contra a estrutura da nave. Ao mesmo tempo, essas partículas têm uma natureza material, física e também etérica e astral. O que sentimos resulta do impacto de ambas, por isso, temos de reduzir nossa velocidade aos poucos, até adentrarmos o sistema dos proscritos.

Meu coração batia forte, e somente olhei para Jamar, como que procurando ajuda. Ele estava de pé junto a Watab e olhou-me de volta, fazendo um gesto significativo com o olhar. Acalmei meu espírito, mas confesso que não era nada fácil enfrentar aquele mundo desconhecido e rumar a um espaço totalmente diferente daquele a que estava habituado; mais, diferente de tudo quanto concebera até então. Locomover-me em meio ao plano extrafísico de meu planeta de origem era uma coisa, entretanto, aventurar-me em mundos outros — em outra galáxia! —, a dezenas de milhares de anos-luz, ou fosse lá qual distância fosse, era uma reviravolta que custava à minha mente aquiescer.

— Vamos conhecer o futuro lar de alguns dos degredados da Terra — disse Jamar, cheio de emoção. — Isso facilitará muito para os guardiões no momento em que vivemos.

Uma aula prática como essa jamais pensei ser possível, ao menos por ora. Conhecer de perto tanto o meio de transporte quanto o destino dos espíritos da Terra fazia com que pudéssemos conhecer intimamente os medos, os desafios e o que aguardava esses irmãos nossos de humanidade.

A nave aproximou-se de um sistema solar de apenas cinco planetas. Pelo menos, era o que conseguíamos ver nas telas de proa da nave. Era um sistema singular, em quase nada semelhante ao nosso conhecido Sistema Solar. A estrela central era vermelha, de um vermelho forte, carmim. A luminosidade projetada deixava aquela região do espaço imersa numa mescla de luzes que lhe dava uma aparência estranha. Foi localizado um dos mundos, o qual estava envolto numa atmosfera espessa. De longe, era possível ver relâmpagos e algum tipo de ventania, que soprava as compactas nuvens de um lado para outro.

— Este é um dos mundos dos proscritos — falou um dos cinzentos. — Vocês devem se preparar, pois a atmosfera é muito pesada, dificultando-nos a locomoção. Vestiremos trajes de proteção dotados de equipamentos de voo artificiais. Vejam os instrumentos de medição.

Evidentemente, não entendi nada do que lia. Eram letras e números escritos num idioma que jamais vira, expressando cálculos que ultrapassavam em muito a minha modesta aritmética. Para minha surpresa, pareceu que Jamar já havia recebido algum ensinamento a respeito daquilo. Foi ele que nos explicou:

— Rajadas de ventos de mais de 150km/h em determinados lugares da superfície. Clima de estufa, semelhante ao do planeta Vênus de nosso sistema. Montanhas e pântanos espalhados por todos os continentes; existem sete massas de terra que podemos chamar de continentes. Vegetação uniforme nos polos, mas, na maioria, é de tipo que nos é desconhecido. A fauna é extremamente perigosa, com grande variedade de feras selvagens. Enfim, um inferno vivo para os padrões da Terra, embora repleto de vida.

— Não obstante, existe aqui uma população de mais de um milhão de habitantes, que vive próxima aos pântanos e em dois continentes, abrigada em algumas cavernas — falou um *annunaki*. — Não se assustem com eles; não nos poderão ver.

Pensei que pousaríamos na nave ovalada, mas o comandante resolveu que ela ficaria em órbita no planeta, pois poderia sofrer alguma avaria se descesse naquele mundo. Fomos conduzidos até um hangar, onde havia mais de 20 pequenos veículos. Partimos todos no maior deles.

Ao descermos entre as nuvens, nunca havia sentido tamanho desconforto. Ao mesmo tempo, uma angústia me dominava, a ponto de Jamar colocar a mão direita no meu ombro e no dos outros companheiros mais inexperientes, dando-nos maior tranquilidade. A pequena nave balançava em meio ao vendaval. Aterrissamos com sensível dificuldade, bem próximo a um dos pântanos de um continente escolhido aleatoriamente.

Assim que saímos da nave, o espanto foi geral entre os espíritos da Terra. Um odor horrível tomava conta de todo o lugar, e, acima de nós, as nuvens eram vermelhas, e não brancas como em nosso mundo. Montanhas cobertas de uma espécie de poeira vermelha ou ferrugem faziam contraste com uma vegetação primitiva. Havia rastros no chão, como se animais caminhassem arrastando-se, sem rumo claro.

Não me senti confortável, de modo algum. Era um mundo verdadeiramente selvagem, primitivo; ao mesmo tempo, era como uma viagem ao passado geológico da Terra, ao menos, não havia como não traçar o paralelo. Gritos horríveis se ouviam no meio de algo que se assemelhava a uma floresta, porém com árvores que em nada lembravam as terrenas. Os troncos eram ressequidos, apesar da umidade do pântano; erguiam-se serpenteando à nossa frente e pareciam sugar todo o líquido acumulado no solo. Espinhos pontiagudos, bem maiores que os de cactos, faziam parte de quase todas as espécies vegetais que víamos ali. Havia folhas, mas eram grotescas, de uma cor que se aproximava da mistura do verde-musgo com o lilás.

Tudo soava de extremo mau gosto; a estética horripilante era um choque sem precedentes. Meu ímpeto era fugir, ver-me livre daquela paisagem o quanto antes. Inevitável não imaginar o que se passaria no íntimo daqueles que, em um futuro não tão distante, seriam banidos da Terra, quando se vissem confinados àquele lugar.

Uma espécie de líquen parecia cobrir o chão. Gritos e urros provinham de animais selvagens. De repente, uma criatura enorme pulou entre nós, causando espanto e assustando-nos, os espíritos da Terra. Pulei alto e dei um grito de horror. O cinzento me socorreu, enquanto os demais riam de mim. Albert inadvertidamente saltou para o tronco de uma árvore estranha, e esta reagiu rapidamente, envolvendo-o com galhos que, agora, pareciam ter vida própria, como se a árvore também tivesse autonomia de movimentos e uma vida que dificilmente entenderíamos. O *annunaki* liberou o cientista terreno. Fiquei grudado em Jamar e Watab e mal me mexia. Ambos analisavam tudo e coletavam dados para futuros estudos.

Embora estivéssemos em dimensões diferentes, o animal que avançara sobre nós, uma verdadeira fera, era capaz de nos enxergar, mas sem entender o que éramos. Aliás, aquele mundo parecia obra de um louco; nada combinava ali. Tudo era absolutamente bizarro e de uma selvageria incomum. A fera tinha oito patas. Isso mesmo, oito patas, com pés que lembravam os de macacos terrenos, mas num nível muito mais grotesco. O conjunto não combinava. A cabeça era algo descomunal. Dois olhos dispostos assimetricamente pareciam olhar não para frente, mas para os lados, e, no meio deles, algo estranho, como se fosse outro olho em formação, inacabado. Dentes? Meu Deus! Aquilo era uma cria dos dragões, com certeza. Duas fileiras de dentes pontiagudos e um líquido horripilante e gosmento que vertia da boca bizarra completavam a imagem de um monstro para qualquer filme de terror. Mas não parou ali o *show* de horrores. Outros animais apareceram e ficaram em nosso entorno; pareciam nos sondar. Eram todos ainda muito mais estranhos que a primeira fera. Não sei qual era mais surreal.

— Não esperam encontrar neste sistema e neste mundo nada que se assemelhe ao que conhecem na Terra, certo? — perguntou o cinzento, olhando para mim, Albert e Zecharia. — Estamos a mais de 30 mil anos-luz de lá, e, de modo análogo, nada neste quadrante do universo se compara ao que temos em nenhum dos nossos orbes... Não se esqueçam de que estão num mundo selvagem. E mais: os animais aqui são extremamente sensíveis; alguns deles desenvolveram até um tipo de sexto sentido, que lhes permite perceber o perigo, bem como coisas que os seres, digamos, humanoides deste planeta ainda não conseguem detectar.

Caminhamos juntos, saindo dali e deixando os animais ao longe. Somente nos seguia um deles, a fera que apareceu primeiro, rosnando e babando, embora não nos atacasse. Todos usávamos um traje de proteção, de acordo com a espécie de cada um, ou seja, o mundo de origem ditava a cada indivíduo a proteção adequada à sua configuração física.

— O cheiro que o incomoda, Sr. Ângelo — disse-me o *annunaki* —, é de gases expelidos do interior do planeta. Trata-se de uma mistura daquilo que vocês conhecem como amoníaco com outros gases alheios à natureza terrena. A superfície do planeta é composta, na maior parte, por óxidos de ferro, o que proporciona a coloração vermelha do relevo, combinados a um mineral que desconhecem, pois não há similar em seu mundo. Esse elemento emite permanentemente um tipo de radiação que afeta de modo acentuado a fauna e a flora no planeta. Além disso, encontram-se em abundância o silício e alguns metais pesados, embora não haja ouro nem prata, por exemplo, tampouco rochas que são abundantes na Terra, como o basalto. Mais ao sul, existem grandes vulcões em atividade. Mas deixemos a natureza física para depois. O que mais importa vocês estão prestes a conhecer.

Caminhamos com imensa dificuldade, como se nosso peso houvesse aumentado sensivelmente.

— É a gravidade do planeta — falou Jamar, olhando um instrumento que lhe fora dado pelo *annunaki*. — Aqui parece que as leis da natureza conforme as conhecemos não têm validade.

De repente, vimos saindo de algumas cavernas e, mais tarde, de alguns buracos próximos aos pântanos seres que mais pareciam répteis. Lembravam nossas lagartixas, mas em proporção gigante. Tinham mais ou menos de 1,50m a 1,70m de altura e caminhavam sobre duas patas, enquanto duas outras pareciam atrofiadas; quem sabe fizessem o papel de mãos ainda em desenvolvimento. Os olhos eram protuberantes, e as cabeças, proeminentes, sem haver nenhum pelo sobre o corpo. Andavam em bandos, com movimentos coordenados, mais ou menos como se dá com certos cardumes. O ser cinzento nos explicou:

— Eis aqui o tipo humanoide deste planeta, a espécie na qual se desenvolveu a inteligência. Ou seja, eles são os humanos deste orbe.

Arregalei os olhos desmesuradamente. Olhei para Zecharia, e ele não esboçou qualquer reação. Albert e Watab aproximaram-se de uma das criaturas, interessados em observá-la. Jamar trazia um aparelho na mão, que mais parecia um *scanner*, e começou a passá-lo em torno do corpo do ser reptiliano.

— São ovíparos; reproduzem-se de maneira diferente da dos humanos terráqueos — observou.

Os seres eram muito esquisitos. Comunicavam-se numa linguagem que soava bastante rudimentar, entretanto, era preciso considerar que não os conhecíamos profundamente. Imagino como nossa linguagem era vista pelo cinzento ou pelos *annunakis*; também éramos primitivos para eles. Jamar ficou pensativo por um longo tempo, enquanto observávamos os seres humanos reptilianos. Não havia nada similar em nosso mundo, na Terra. Foi um choque para mim. O *annunaki* socorreu-me com alguma explicação:

— Não nos deparamos em todos os mundos com a mesma escala evolutiva. Em cada um, a evolução elegeu uma espécie diferente. Quer dizer, existem mundos em que o quadro é muito semelhante, mas isso não é a regra; a regra é a diferença. São forças cegas da natureza, coordenadas apenas pelos semeadores de vida, que retornam de tempos em tempos àqueles orbes que são úteros cósmicos a fim de verificar quais espécies são compatíveis com o desenvolvimento da vida inteligente. Neste planeta, foram os répteis que se sobressaíram no processo de seleção das espécies. Todavia, para as consciências cósmicas e os semeadores, o que importa não são a forma, a aparência ou mesmo nosso modelo de beleza ou nossas referências estéticas. Ao contrário, é a alma, a consciência elaborada neste ou naquele corpo, a qual fomentará o crescimento da civilização planetária e, depois, o sideral. Isso é tudo no universo. O próprio nome *universo* já aponta nesse sentido: unidade na diversidade.

Fiz que tinha entendido e fiquei calado. De repente, Jamar se pronunciou, depois de algumas reflexões:

— Dá para entender agora por que, no processo de degredo, os espíritos advindos da Terra não podem ser alojados todos em um único mundo. Em função da necessidade de interprisões cármicas, a localização dos espíritos deportados será ditada por grupos de sintonia, com necessidades semelhantes, isto é, seres afins, que serão conduzidos, em conjunto, a planetas distintos.

Olhamos todos para ele, enquanto seguíamos o grupo de répteis humanoides até o lugar onde pareciam se reunir em bandos ou criar uma comunidade. Era uma aldeia, uma protocidade; formada por construções feitas com uma espécie de barro moldado em troncos de árvores, erguia-se com relativa organização. Algo primitivo, mas organizado. Um dos répteis, todo adereçado, fazia o papel de líder daquela comunidade, segundo nossa impressão. Havia um senso de disciplina, e todos os seres humanoides ali pareciam reverenciar aquele que exibia o adereço envolvendo o corpo.

O *annunaki* falou, depois de algum tempo:

— É a reunião do clã deles. Evoluíram a ponto de formarem comunidades inteiras, e esta é apenas uma delas. Em alguns lugares do planeta, existem construções e vilarejos maiores, que, em certa medida, se assemelham a cidades da época medieval terrestre.

Jamar observava e tudo registrava em seu equipamento, enquanto Watab e os demais se achegavam às criaturas, procurando analisar seu psiquismo, conforme instrução do guardião.

— Nosso grande desafio, neste momento especial que antecede o degredo dos espíritos da Terra — falou ele —, é exatamente determinar os grupos cármicos, ou famílias espirituais, de seres com afinidades entre si ou, quem sabe, com necessidades semelhantes de aprendizado. Conhecer alguns mundos para onde serão transferidos os seres terrestres nos facilitará identificar quais tipos de experiências e quais processos reeducativos cada grupo de espíritos deverá encontrar. Não podemos correr o risco de enviá-los todos para o mesmo endereço sideral, uma vez que existe grande variedade de seres, de crimes contra a humanidade e de necessidades cármicas. Com efeito, conhecer este e outros mundos em semelhante processo evolutivo nos será extremamente favorável, a fim de concluirmos a seleção compatível com cada grupo espiritual. Ajudará até mesmo a determinar qual tipo de transporte será utilizado na condução de milhões de almas para cada qual desses mundos primitivos.

Após mais algumas observações, antes de regressarmos à nave para visitar outro mundo, Jamar acrescentou, após uma breve conversa com dois dos extraterrestres que auxiliavam os guardiões:

— É possível entender, a partir da observação deste planeta, que os exilados ou imigrantes demorarão vários e vários milênios para se adaptar à forma de sobrevivência neste ambiente, que lhes será hostil. Afinal, a atmosfera compõe-se de gases pesados e é bastante densa, o ambiente da crosta é úmido em demasia, primitivo em todo sentido, e com animais de uma selvageria desafiadora. Não terão tempo suficiente, durante milênios, para o desenvolvimento da inteligência e das faculdades do pensamento, pois estarão ocupados, em tempo integral, com a luta para sobreviver. O cerne de suas vidas serão a sobrevivência e a segurança, que lhes consumirão todos os esforços. Por vários milênios, terão de lutar arduamente para se alimentar. Embora a fauna e a flora sejam abundantes, segundo as observações de nossos aparelhos, a maioria das plantas é carnívora, e boa parte apresenta grau de toxicidade capaz de envenenar os seres reptilianos. Então, restarão a eles muito trabalho e o esforço hercúleo de desbravar seu próprio mundo a fim de conservar e fazer florescer sua civilização. Sem dúvida, é um mundo apropriado a espíritos que trataram o meio ambiente de maneira desrespeitosa, provocando larga destruição ao sistema de vida na Terra, tenha sido para fazer fortuna a qualquer preço, tenha sido envenenando paisagens inteiras em nome de guerras e conflitos diversos.

— Assim como para os políticos e os governos que, podendo fazer algo para preservar ou recuperar o ambiente físico do planeta, omitiram-se e consentiram, em troca de negociatas com corporações, indústrias e magnatas que visavam apenas ao ganho, ao arrepio de qualquer ética, em detrimento do ambiente onde viviam e de tudo quanto há. Ver-se na iminência de reencarnar em seres de forma reptiliana deverá produzir um impacto formidável em suas mentes e em seu psiquismo, pois tendem a se julgar os melhores, os mais espertos e inteligentes do planeta. Seus valores serão revolvidos, dos pés à cabeça — acentuou Watab.

Jamar olhou para o *annunaki*, dando a entender que já dispunha dos elementos necessários ao estudo daquele mundo. Retornamos lentamente para o lugar onde a pequena nave nos aguardava. Assim que saímos da comunidade de seres reptilianos, duas feras semelhantes às primeiras nos farejaram e nos seguiram; detinham uma visão extrafísica muitíssimo acurada, semelhante ao que se vê em alguns animais na Terra.

Entramos na câmara da pequena aeronave e deixamos o estranho mundo carmim e fétido para trás. Do alto, ainda pudemos observar ao longe aquilo que o ser das estrelas mencionara, isto é, outras cidades maiores espalhadas no pequeno continente. Vapores escuros e avermelhados subiam na atmosfera, e, ao nos despedirmos do ar pesado daquele mundo, lembramo-nos uma vez mais dos muitos espíritos da Terra que, num futuro próximo, teriam de aprender a chamar aquele orbe de lar.

Partimos do planeta exatamente alguns minutos antes de um dos espíritos das estrelas transmitir um alarme. Duas naves alienígenas aproximavam-se do local. O planeta fora detectado por outros visitantes do espaço. O que viria a seguir era uma incógnita. O cinzento nos falou, alertando para os eventos próximos:

— Seres de um sistema binário próximo detectaram vida neste mundo. Detêm relativo desenvolvimento intelectual e científico, porém são pesquisadores sem nenhum escrúpulo. Felizmente, ainda não dominam as viagens estelares através das trilhas energéticas, senão, poderiam muito bem alcançar sistemas mais distantes. Com certeza, interferirão no sistema de vida da humanidade de reptilianos. O que sucederá somente os terrestres deportados conhecerão quando aqui chegarem, oportunamente. Talvez tenham de conviver com um mundo colonizado, com uma nova cultura imposta pelos invasores. Mas isso só o tempo dirá.

— Navegador — ordenou o *annunaki* —, tire-nos deste sistema urgentemente. Não queremos nenhuma espécie de contato com os irmãos das estrelas que se aproximam. Vamos para nosso próximo alvo.

A nave acelerou e deixou para trás um rastro energético que aquele povo recém-chegado ao sistema ainda não tinha condições de detectar. A aceleração nos levou para longe de Lagar, como apelidamos aquele orbe, em alusão ao aspecto de lagarto dos seres vivos inteligentes que o habitavam — um mundo onde um terráqueo encarnado provavelmente não conseguiria sobreviver. A nave envolveu-se num tipo de energia para nós desconhecido. Pensei que fosse um campo de força, mas não.

— Dispomos de um recurso, já há alguns milênios de seu tempo, que nos faculta envolver a nave etérica em energias de uma dimensão superior. Isso permite que ultrapassemos a velocidade da luz, embora ainda fiquemos muitíssimo aquém da velocidade desenvolvida no interior das trilhas energéticas. Entretanto, como evitamos o uso destas perto de mundos povoados, somente por meio dessa tecnologia podemos nos deslocar entre sistemas próximos, senão, levaríamos séculos ou milênios do padrão de tempo terreno.

— Pelo jeito, vocês se encontram a anos-luz, em matéria de conhecimento, em relação ao que temos na Terra, não é mesmo? — perguntou Albert, interessado.

— Se você considerar que, há vários milênios, mais de 500 mil dos seus anos terrestres, nosso povo já viajava entre os mundos... Já naquela época, mantínhamos contato regular com povos de 11 planetas diferentes. Imagine, então, o desenvolvimento tecnológico e espiritual acumulado desde a ocasião. Basta analisar o progresso de sua civilização até o fim do século XIX e, por outro lado, o que conseguiram evoluir somente no século XX. Este último período representou um salto significativo, num ritmo inegavelmente muito maior do que o que se tinha visto até ali. Algo equivalente ocorre com todas as civilizações da galáxia, guardadas as devidas proporções.

O *annunaki* calou-se repentinamente, dando maior atenção ao período de viagem pela frente. Passou alguns escritos para o navegador, que era de uma raça diferente — um ser muitíssimo magro, com mãos terminando em três dedos, porém de uma destreza física extraordinária. Quando andava, seus joelhos movimentavam-se em posição contrária à dos *annunakis* e dos humanos da Terra, isto é, as pernas dobravam-se para trás, como as de canguru. Com isso, era capaz de dar saltos impressionantes, embora, ao caminhar, conservasse extrema elegância.

O navegador programou o veículo e seguimos adiante rumo ao novo mundo, não muito distante. Aproximamo-nos mais vagarosamente desta vez do que ao chegarmos ao planeta dos reptilianos. O cinzento nos explicou os motivos:

— Este mundo já está em franco desenvolvimento industrial, e já conseguem detectar objetos no espaço com sua tecnologia. Embora ainda não dominem a navegação espacial, seus instrumentos são relativamente sensíveis. Não nos atacariam, mas nossa presença, uma vez revelada, poderia causar certo tumulto nas comunidades deste mundo. Por isso, buscaremos ser discretos.

A nave parou ao dobro da distância que ficara antes, em relação ao planeta Lagar. A forma como descemos ao mundo também foi diferente. Enquanto vestíamos os trajes de proteção, o comando da nave entrou em contato com os guardiões daquele globo requerendo permissão para estudos daquele ambiente físico. O *annunaki* teve de dar muitas explicações antes de obtê-la, pois se tratava de um orbe com uma estrutura política deveras complexa. Sob a condução de um comando local de guardiões, fomos levados dentro de um comboio oferecido por eles.

Descemos à atmosfera extremamente rarefeita do planeta. Um dos guardiões, ali chamados apenas de vigilantes, explicou:

— Há milênios, segundo a contagem de tempo terrena, os habitantes deste orbe atravessam uma situação altamente complexa neste recanto da galáxia. Foram colonizados, ou melhor, convertidos por um povo alienígena que se julga dono da verdade. Timidamente, no início, seus representantes vieram visitar esta comunidade planetária, mas o objetivo real era pregar sua versão de uma verdade religiosa. Consideram-se missionários de um suposto deus a quem adoram em seu mundo e arrogam-se a missão de convencer tantas civilizações quanto possível, amealhando adeptos para submeterem-se à deidade que os rege. Na verdade, já pesquisamos o que se passa em seu planeta de origem. A suposta deidade não passa da união de seres com enorme poder de persuasão, a qual subjuga a população há milênios, fazendo-a crer que se trata de um poder superior, supremo e transcendental. Por meio da adoração e do fanatismo religioso, o qual embota o raciocínio, obtém sujeição ao governo teocrático e exige tributos constantes de seus súditos. Obriga-os a pagar ou entregar, a título de oferenda, elementos preciosos de seu mundo, principalmente determinado metal precioso e certo cristal capaz de ampliar as forças mentais. Trata-se de toda uma civilização planetária sujeita a um ardiloso processo de hipnose coletiva.

Continuou o sentinela:

— Aqui onde estamos, o desenvolvimento industrial ficou paralisado por milênios, pois a casta de sacerdotes repudia e, no limite, impede qualquer desenvolvimento científico mais expressivo. Naturalmente, os dirigentes que se dizem sacerdotes do "deus charlatão" não querem o desenvolvimento intelectual da população, pois manter o povo na ignorância é a melhor forma de dominar suas consciências. Esse mecanismo, aliado à liderança carismática e à manipulação emocional da massa, é capaz de acarretar enormes prejuízos e protelar indefinidamente o progresso. É lamentável. No mundo inteiro, a religião única é a própria lei imposta pelas autoridades teocráticas. Uma vez desobedecidas as diretrizes desse sistema de crenças, a punição imediata é a morte inapelável, sem qualquer direito de defesa ou contestação. À menor ameaça, condenações exemplares asseguram a obediência e a servidão por meio do medo, fantasiado de reverência ao seu deus e fidelidade religiosa. É uma tirania de consternar qualquer um. A boa notícia é que tem ganhado corpo, nos dois continentes do planeta, a formação de grupos de resistência contra essa situação política extrema em que vivem. Sobre essas consciências, de uma lucidez incipiente, é que as forças superiores têm tentado atuar, mas sabemos que a semeadura será bastante longa.

Engoli a seco. Nem nos piores sonhos poderia cogitar algo assim em proporções planetárias. Aquele mundo era um pouco maior do que o nosso planeta Marte, porém com uma atmosfera pobre, pois o desenvolvimento industrial inconsequente, do ponto de vista ambiental, e, principalmente, as guerras em nome da conversão da população afetaram seriamente sua camada de proteção.

Tão logo ultrapassamos as nuvens negras que cobriam as cidades — aliás, que cidades estranhas eram aquelas! —, avistamos os acampamentos, os tumultuados aglomerados de construções em meio a fábricas que despejavam, diretamente na atmosfera do planeta, fumaça tóxica e espessa de suas chaminés, conforme deduzi serem aquelas torres imensas. Havia fuligem por todo lado. Pousamos próximo a um amontoado de casas e pavilhões que não pareciam obedecer a qualquer projeto urbanístico; ao contrário, tudo lembrava a ocupação irregular das cidades terrenas, fruto de invasão, porém era algo ainda mais caótico e generalizado.

Como nossa nave era de uma matéria mais rarefeita — embora do próprio planeta —, cedida pelos vigilantes do sistema, não pôde ser vista. Descemos e nos dirigimos a um ajuntamento de pessoas, de seres daquele mundo. Meu Deus! E eu pensando que já havia visto coisa estranha no planeta Lagar. Os seres quase todos usavam máscaras. Respirar ali era um luxo. O ar era por demais poluído, com partículas pesadas suspensas na atmosfera, a despeito de ser rarefeita, o que tornava o ato de respirar quase doloroso para aquelas criaturas.

— Aqui, todos têm de pagar tributo pelo ar que respiram. É a lei imposta pelos donos do planeta. Ao mesmo tempo, obedecem a uma rígida lei que estabelece um toque de recolher a fim de evitar muito movimento e desperdício de ar, segundo postula a norma vigente. O povo quase não conhece o que significa lazer; muito trabalho, o tempo todo, sob o pretexto de manterem um ambiente viável à preservação da vida. A taxa de fecundidade foi reduzida drasticamente, devido ao controle da população que os dominadores do sistema julgaram instituir. Todas as cidades têm um sistema de governo forjado pela casta religiosa, e, acima desses governos locais, existe um tipo de priorado que coordena tudo, uma espécie de cúria sagrada a qual define os destinos do povo nos mínimos detalhes. Esse priorado determina desde o que as pessoas podem ter ou usufruir e a quantidade de mantimentos necessários para cada ser até quanto e em que período podem viajar em seu próprio mundo, além de regular o investimento de cada um em sua qualidade de vida. Enfim, é uma escravidão consentida e ministrada em nome de um sistema religioso incompreensível; uma tirania em elevado grau, na qual um supergoverno centralizador concentra toda a riqueza e a autoridade e cassou, há muito, tudo que se assemelhava a liberdades individuais. O estado aqui é a culminância do povo, a razão de ser dos cidadãos — não que a ideia de cidadania seja difundida —, e não o contrário, isto é, o princípio de que o estado é remunerado pelo indivíduo, por meio dos tributos, para lhe servir. A elite desse partido teocrático ensandecido é o único núcleo que conhece a realidade por trás do mito do suposto deus. Eles guardam há séculos o segredo neste mundo.

A aparência dos seres, em linhas gerais, lembrava a silhueta dos humanos da Terra no que tange à forma humanoide. Entretanto, o aspecto era muito diverso do dos seres humanos terrestres no que concerne à disposição dos membros inferiores e superiores. Algo não combinava ali. Não havia harmonia no conjunto, principalmente na região da cabeça, muitíssimo achatada, com olhos dispostos de maneira lateral, e não na frente, embora conseguissem se mexer constantemente e enxergar por quase todos os lados. A boca era apenas um rasgo fino, com alguns poucos dentes à mostra, e exalava um hálito desagradabilíssimo. A estatura média era de cerca de 1,30m, mas notamos alguns seres um pouco maiores. As pernas eram arqueadas para os lados. Algo semelhante a escamas cobria a pele grossa, de onde minava um líquido que nos pareceu pegajoso.

Acima de tudo, importava notar que o tipo humano da Terra não é, de modo algum, o padrão de vida e de beleza do universo. Para eles, nós, talvez, fôssemos as criaturas mais bizarras que poderiam conhecer. Não consegui distinguir seres masculinos e femininos. Aliás, eu próprio não conseguia diferenciar claramente um habitante do outro, embora devessem existir diferenças básicas entre eles. Para nós, no entanto, perceber isso era absolutamente impossível; todos se pareciam.

Não obstante o conhecimento técnico conquistado, em certa medida, como o da Terra no início da revolução industrial, a sociedade parecia parada no tempo. Ainda utilizavam animais os mais exóticos, segundo nossa ótica, como principal meio de transporte.

— Aqui — falou um *annunaki* —, a reprodução, como todo o resto, é estritamente regulada. Os dominadores do sistema não desejam que a população passe de certo número. O controle torna-se mais fácil, entre outras razões, porque desde cedo a prole é tirada de seus pais por um período mais ou menos longo, sendo submetida por mestres a rígida educação padronizada. Mais tarde, as crias "adestradas" são devolvidas. É incrível o poder de coerção social alcançado a partir do aniquilamento de uma das mais elementares instituições humanas: a família. Aqui, em nome do "bem da sociedade", esmaga-se o individualismo, massifica-se a ideologia religiosa e escravocrata e, assim, assegura-se o domínio perene da tirania estatal. Os mais velhos, aqueles que não prestam mais serviços à comunidade, são obrigados a entrar nas câmaras de transformação. Para a multidão ignorante, eles são transferidos a regiões distantes do planeta, onde são cuidados pelos educadores do povo. Realmente, acreditam mesmo que assim se dê o destino deles. Porém, na verdade...

— Na verdade — assumiu a conversa o vigilante —, são cremados, ou “higienizados”, como se diz neste mundo. Nunca mais veem os seus parentes os que deixaram de ser produtivos na comunidade.

— Meu Deus, isso é uma aberração abominável!... — exclamei.

Albert arrematou com um pensamento que definia muito bem as coisas mais aterradoras que nossa mente podia conceber:

— Tudo que a mente imagina existir realmente existe, em algum lugar do universo. A mente humana é incapaz de imaginar aquilo que não existe.

Respiramos fundo ao percebermos o que acontecia ali, naquele mundo dominado por um povo estranho, manipulador — e manipulado — e, sobretudo, dotado de um poder hipnótico incrivelmente grande, cuja elite era de assassinos sanguinários, genocidas maquiavélicos e tiranos por natureza, campeões da crueldade.

Jamar suspirou e colocou os braços em torno dos ombros dos amigos Watab e Dimitri, que permaneceu calado por longo tempo, talvez chocado por demais com tudo o que via à sua volta. Aquele era um mundo onde a loucura predominava sobre a sensatez, onde o governo prevalecia sobre o indivíduo. Mesmo com tudo sendo de um primitivismo bárbaro e de uma vilania aterradora, entreolhamo-nos os terráqueos por um instante, porque o quadro tinha evidente par na história terrena do século XX. Era impossível não estabelecer o paralelo e contemplar a sabedoria divina — ainda que às vezes amarga —, uma vez que restara evidente o gênero de afinidade que fizera com que aquele planeta, sujeito a uma forma de estatismo tão diabólica, fosse eleito para receber uma parte dos degredados. Jamar chorou de verdade ao presenciar a situação daquele povo e por saber que boa parcela da população de espíritos da Terra viria a compor aquela humanidade.

— Ah! Se pudessem saber da realidade que os aguarda! — pronunciou o guardião, com lágrimas nos olhos. — Se tributassem sequer o mínimo de credibilidade à lei de ação e reação, uma simples lei da física, talvez alcançassem, por dedução, o que inevitavelmente os aguarda num futuro bem próximo.

Depois de pouco tempo, Jamar falou para nós, enquanto os filhos das estrelas aguardavam em silêncio nossa reação:

— Meus amigos, reparem que, segundo podemos inferir a partir do que vimos e dos relatos do sentinela, este planeta tem uma sociedade mais desenvolvida do que o mundo anterior que visitamos, que Ângelo apelidou de Lagar. Contudo, existe aqui uma situação grave, intricada, complexa. Temos uma formação cultural servil, imposta por um sistema teocrático; uma casta sacerdotal que se vale do misticismo religioso; um sistema forjado e manipulado por uma suposta deidade, criada e mantida por uma cúpula de interesses os mais escusos. A população, que pouco a pouco desperta, aspira à liberdade, que mal concebe, e começa a se agrupar em movimentos de resistência contra o domínio das consciências e a manipulação da fé da multidão em prol dos interesses de uma elite que se perpetua no poder. Estão longe, muito longe de respirar a liberdade dos povos mais desenvolvidos.

"Trata-se de um mundo estagnado, que paralisou a marcha do progresso e gira em torno de uma pseudoverdade imposta. Não se trata propriamente de um mundo primitivo ou primário, mas de uma civilização de seres escravizados pela pior forma de dominação: o sequestro do livre-arbítrio e da capacidade de raciocinar livremente. São verdadeiros manipuladores e falsos profetas que governam essa nau de amargura e brutalidade. Quão caros são valores como a liberdade de se expressar em conformidade com seus anseios mais íntimos? Aqui, não se conhecem nem sequer os rudimentos da liberdade verdadeira, que terá de ser conquistada, nem mesmo a liberdade de se expressar através dos meios mais comuns, que está assegurada na maior parte das nações da Terra, embora não ao abrigo de ameaças. Assistimos a um regime de escravidão total, mas no qual a escravidão física é apenas um componente, uma consequência; a escravidão mais perversa e duradoura é de ordem mental, espiritual."

Jamar respirou fundo e parece que não teve forças para concluir a síntese que fazia. Watab assumiu a palavra:

— Justamente para este mundo, é provável que venham aqueles humanos que abusaram do poder religioso, os fundamentalistas, os dominadores de mentes através de dogmas religiosos, que promoveram a morte de consciências e a morte de milhares de pessoas devido a suas convicções religiosas eivadas de fanatismo. Do mesmo modo, os religiosos que não admitem ser questionados e aproveitam sua versão da verdade para desmerecer aqueles que pensam diferentemente, para espalhar mentiras sobre os representantes do bem ou os que patrocinam o progresso e a evolução. Ainda, aqueles que levaram multidões à loucura e ao suicídio físico ou espiritual; aqueles que se mataram em nome da religião, como os homens-bomba, suicidas conscientes que, ao detonarem a própria alma, ceifaram a vida de outras pessoas. Como não mencionar os ditadores e os tiranos, que se arvoraram a determinar aspectos da vida privada e íntima, como o exercício da sexualidade, a educação da prole, o acesso à cultura, entre tantos assuntos, punindo severamente a transgressão a seus desmandos. Acima de tudo, virão os que impuseram um regime ou religião de medo e terror, patrocinando as formas de terrorismo mais perversas no mundo. Como se vê, a estrutura espiritual e social deste planeta condiz com as necessidades de aprendizado de muitos habitantes do nosso planeta Terra.

— Como fica claro, pode-se perceber que nem todos irão para o mesmo mundo e por que assim se dará. Há diversas moradas na casa do Pai, porém, cada uma delas guarda peculiaridades próprias ao estágio evolutivo de seus habitantes e suas necessidades de aprendizado. Neste orbe, a duras penas, as pessoas aprendem a respeitar o direito de liberdade e expressão, o direito de cada um adorar a divindade que escolher da forma como escolher. Ou seja, reaprendem a valorizar a liberdade real.

Jamar não quis prosseguir mais.

— Vamos, amigos das estrelas. Precisamos visitar pelo menos mais dois mundos. Essa excursão muito me auxiliou e a meus amigos guardiões a sabermos direcionar, com muito mais propriedade, os espíritos degredados de nosso mundo. Esse conhecimento nos auxiliará a separar o joio do joio, ou seja, a fazer uma seleção dos espíritos da Terra de acordo com a afinidade de grupos e pessoas.

Antes de adentrarmos a aeronave dos sentinelas do planeta, um deles ofereceu a Jamar:

— Conservamos muitas informações gravadas em nossos bancos de dados e gostaríamos de ofertá-las a vocês, espíritos da Terra. Acredito que terão muitos elementos para estudar, o que os ajudará no momento de avaliarem o tipo psicológico daqueles que serão deportados para cá. Certamente, o estudo psicológico dos que aqui convivem, tanto entre os viventes quanto entre a população extracorpórea, dará a vocês bastantes elementos para os momentos de triagem e seleção.

— Ficamos gratos, vigilante. Ao mesmo tempo, transmitiremos a vocês a relação dos tipos humanos de nosso mundo, oportunamente. Assim, não serão pegos de surpresa quando eles aqui aportarem. Estabeleceremos, assim, uma parceria que muito nos auxiliará.

— Se desejar, meu amigo guardião da Terra, ofereço-me para ir com vocês a seu mundo ou à sua base a fim de auxiliá-los no processo seletivo desse tipo psicológico especial que virá para cá. Ao mesmo tempo, trarei informações preciosas para os vigilantes deste mundo, a fim de que se preparem para receber os proscritos.

Jamar olhou significativamente para o *annunaki* e para Watab.

— Por nós, está tudo bem, amigo da Terra — informou o *annunaki*. — Nossa nave comporta mais alguns tripulantes, e será uma honra conhecer mais uma cultura de nossa ilha cósmica.

Com tudo preparado, o vigilante apenas certificou-se da permissão de seus superiores, que, seguramente, já sabiam da breve onda migratória com destino a seu planeta. Assim, a partir daquele momento, o vigilante passou a ser um membro da expedição.

Os apontamentos e as experiências a respeito daquele mundo de ordem social teocrática foram todos armazenados no banco de dados da nave dos viajantes das estrelas para, depois, serem transferidos para o supercérebro artificial incrustrado na base lunar. Com a presença do vigilante daquele sistema, por certo, mais dados seriam coletados. Assim, os técnicos e os cientistas do espírito que estagiavam na Lua, sob o comando de Anton, oportunamente poderiam estudá-los, com calma.

A NAVE PARTIU PARA UM NOVO ALVO. Naquela região da periferia da Via Láctea, os sistemas solares eram mais afastados uns dos outros. As estrelas, mesmo as solitárias, ficavam distantes entre si, o que, por um lado, facilitava a navegação, pois a nave estaria naturalmente ao abrigo ou menos suscetível à atração gravitacional potentíssima dessas estrelas. Por outro lado, havia uma dificuldade real: é que os sistemas da periferia da galáxia não estavam todos devidamente catalogados. Isso se mostrava um empecilho efetivo, pois, sem os mapas siderais acurados, procurar o novo destino era como procurar agulha num palheiro — um palheiro de poeira estelar, detritos cósmicos, cometas, asteroides, entre outros corpos estelares, o que exigia todo o cuidado possível. Por essa razão, a presença a bordo de um sentinela que vivia ali, na zona periférica, revelou-se uma excelente oportunidade. Além do mais, ele cedeu diversos outros arquivos aos guardiões e aos tripulantes da espaçonave. Esse foi um fator decisivo para a localização do próximo alvo, um planeta cujas características eram indicadores favoráveis à recepção de certa classe de espíritos degredados. Para lá rumou a expedição, com a ajuda do novo amigo.

O planeta Illil, como era conhecido pelos sentinelas daquela região, era o segundo mundo de um sol alaranjado. Esse segundo planeta tinha um diâmetro de quase 16 mil quilômetros, portanto, era razoavelmente maior que a Terra. Com sua rotação excêntrica e extraordinariamente rápida, possuía uma superfície quase sem montanhas, se assim se pudesse dizer. As poucas montanhas que existiam não chegavam a 500m de altura, e todas pareciam sofrer a pressão de algum objeto pesado, ou seja, eram achatadas. Logo soubemos que isso se devia à pressão atmosférica e à força gravitacional dali, ambas elevadas. As temperaturas médias eram igualmente muitíssimo elevadas para os padrões terrenos: chegavam a 40°C. Em função dos vastos e extensos reservatórios de água, principalmente marítima, a umidade do ar também era alta na maior parte dos lugares.

Apenas três continentes relativamente pequenos formavam a porção seca daquele mundo; todo o restante aparentava ser um oceano sem fim, quase sem ilhas. Não encontramos cidades, nem tais como as conhecemos nem mesmo como as vimos no planeta de regime teocrático. Os habitantes viviam em construções espalhadas a esmo, como se alguém brincasse de dados e lançasse construções exóticas aqui e acolá, sem nenhum critério, tampouco sentido estético. Em suma, tratava-se de um mundo bastante primitivo, pouco desenvolvido.

O aspecto dos habitantes lembrava de longe, muito longe, a forma humana. Mediam mais de 2m de altura, em sua maioria, mas com corpos esguios, quase frágeis. Tinham duas pernas, porém o dobro de braços do homem do nosso mundo. A aparência geral era algo desarmônica, tal como a disposição de suas habitações. A cabeça diminuta soava desproporcional ao corpo, embora um e outro a ostentassem maior, e, por isso, se salientassem em meio à massa. A pele era escamosa, e, apesar da aparência frágil, eles pareciam extremamente ágeis. Três olhos distribuíam-se pela têmpora, de maneira que tinham uma visão bastante ampla do derredor. Vestiam-se com algo que lembrava pele animal, no entanto, processada de alguma maneira, pois as peças eram finas, quase esvoaçantes. Mesmo assim, não perdiam o aspecto selvagem ou primitivo. Chamou-nos a atenção um órgão estranho na nuca, uma protuberância que o vigilante nos disse ser um emaranhado de terminações nervosas, que vez ou outra inchava, relacionando-se à comunicação e à detecção de perigo, embora não apresentassem faculdades paranormais nem qualquer dom parapsíquico relevante.

Aproximamo-nos com certo cuidado de um ajuntamento de seres dessa espécie curiosa. Não fomos notados plenamente, porém, com o tal órgão cheio de nervuras localizado em sua nuca, parece que identificavam algo que não podiam explicar. A tal protuberância intumescia à nossa presença, mas era só. Apenas ficavam desorientados, sem saberem explicar o fenômeno.

Um *annunaki* e um dos cinzentos nos conduziram a um local onde se mantinha o gabinete central de governo. Ali, notamos, mais detidamente, que aqueles seres apresentavam dificuldade ao respirarem o ar de seu próprio mundo. Traziam algum órgão próximo às aberturas em seu rosto, que julgamos fazer o papel de nariz. Foi o vigilante, então, quem nos deu as devidas explicações:

— Este mundo e alguns outros da periferia da Via Láctea possuem uma sociedade mais organizada, porém, todo o sistema de vida deles depende da tecnologia, uma tecnologia, aliás, ainda muitíssimo atrasada, mas que lhes proporciona qualidade de vida. Uma qualidade muito baixa, por assim dizer.

— Por que isso acontece assim? Como dependem

de um sistema de manutenção de vida artificial no planeta todo? — perguntou Zecharia, interessado e, ao mesmo tempo, impressionado.

— A atmosfera é muito preciosa para eles. Houve uma catástrofe natural, o impacto de um astro contra seu mundo, na fase inicial de seu processo evolutivo. Isso fez com que parte da atmosfera se esvaísse no espaço. Alguns seres, que haviam progredido um pouco mais em termos científicos, auxiliaram a raça nascente, ensinando-lhe rudimentos de uma tecnologia que lhe facultaria a manutenção da vida. Entretanto, a inteligência da espécie era por demais limitada, e, ainda hoje, eles têm imensa dificuldade em aprender equações matemáticas e disciplinas como física, química e outros ramos da ciência necessários para que pudessem recuperar a qualidade do ar que respiram. Há milênios, vivem esse tipo curioso de existência. Sua vida depende de trabalho constante, de manterem em funcionamento os aparatos que lhes foram concedidos e cujo funcionamento nunca conseguiram entender. De tempos em tempos, os mesmos seres que lhes concederam o benefício regressam. A população julga serem deuses. Apenas obedecem, pois sabem que, se não trabalharem, não mantiverem em funcionamento os equipamentos, correrão o risco de morrer, de ver sua civilização desaparecer na poeira do tempo.

— Portanto — comentou Jamar —, aqui o preço da vida é altíssimo.

— Exatamente — respondeu agora o cinzento. — Asseguro-lhe, guardião da Terra, que existe bom número de mundos na mesma situação. Alguns, devido a guerras que destruíram seu sistema ecológico; outros, porque foram alvo de situações externas, como este, as quais foram atraídas, de alguma maneira, pela postura mental de seus habitantes.

— Esta gente aqui não é nada pacífica; não se enganem com as aparências — falou o vigilante, o recente amigo. — É impossível relacionar-se com eles sem que queiram destruir tudo e todos que aqui vêm. Pode-se dizer que se comportam quase como vampiros, sugando as reservas de energia de quem quer que cruze seu caminho. É um comportamento realmente primitivo, embora com certo progresso social alcançado.

— A necessidade premente é aprender a valorizar a vida — comentou Jamar, atento às explicações dos amigos das estrelas. — O trabalho incessante, a necessidade de disciplina constante para manterem a própria vida... Talvez seja o ambiente ideal para aqueles espíritos que desprezaram todos os recursos naturais de um mundo maravilhoso como a Terra.

— Isso mesmo, amigo guardião — respondeu o cinzento. — Muito embora aqui também existam belezas, ainda que a natureza deste mundo seja um paradoxo. O ambiente parece acolhedor, mas isso é somente durante o dia. À noite, têm de se revezar para enfrentar os perigos naturais do seu mundo, desde feras indomáveis até elementos naturais, como vendavais, furacões e erupções repentinas, que surgem aqui e ali, ameaçando o pouco que conseguiram construir. É um mundo selvagem com aparência de civilizado.

— É mesmo adequado a um tipo específico de espíritos que virão da Terra — acentuou Watab.

Não havia como discordar. Muita gente de nosso mundo tinha endereço certo em alguma estrela da Via Láctea.

Após ligeira observação, a nave levantou voo. Não ficamos muito tempo ali, pois a população parecia incomodada; algo se esboçava no ar. Não queríamos promover nenhum tipo de confusão, pois já lidavam com problemas demais. Até o ar que respiravam lhes era caro demais.

Depois de mais três etapas de voo desviando-se de concentrações de poeira cósmica e detritos de antigos asteroides, além de alguns elementos etéricos altamente daninhos, a nave aproximou-se do novo destino, outro planeta estranho.

Cadeias de montanhas revelavam despenhadeiros incrivelmente grotescos. Era como se algum vulcão houvesse cuspido sua lava em todas as montanhas e ela tivesse escorrido lentamente, produzindo estranhas reentrâncias e saliências, semelhantes às da borra da vela quando a parafina escorre durante a queima. Uma tempestade violenta soprava por todos os lugares. Cristais de amoníaco mostravam curiosas formas, como se fossem produto de brincadeira de alguma criança cósmica. Alguns desses cristais ajuntavam-se, formando bolas semelhantes às de neve terrena, mas, antes de caírem ao solo, rodopiavam em meio ao vento forte, algumas das bolas, desfazendo-se logo em seguida.

“Anarquia da natureza”, pensou alguém de nossa equipe. De fato, era um tipo de desordem geral, causada talvez por uma grande violência. Haviam padecido horrores com um período incrível de guerra, a qual quase dizimou toda a população dos sete continentes. Todo aquele orbe parecia ser radioativo, pois notávamos algo muito perigoso no ar, algo fisicamente perigoso. Com uma fúria descomunal, a tempestade lançava tudo para longe e, ao mesmo tempo, trazia de volta em meio a um tornado, o que, aliás, era algo muito comum naquele planeta, o quinto de uma estrela que se esfriava lentamente. Desenhava uma órbita muito diferente em torno da sua estrela, de sorte que, durante a maior parte do ano solar, equivalente a mais ou menos 196 anos terrestres, aquele mundo ficava bem distante do seu sol. No período seguinte, em que o planeta se aproximava deste, a espessa atmosfera fazia o papel de um cobertor, impedindo que os raios solares chegassem à superfície de maneira a aquecer os habitantes. Assim, havia uma quase-penumbra o tempo inteiro.

Ao se verem as tempestades quase constantes, pelo menos ali, naquele hemisfério onde havíamos pousado com a nave dos nossos amigos estelares, parecia que as rajadas moveriam as próprias montanhas, de tão intensas que surgiam e, ao mesmo tempo, desapareciam, carregando quase tudo em seu caminho. Vários picos montanhosos erguiam-se ao longe; além de pedras extremamente pontiagudas, lembravam alguém que haveria lascado tais pedras, talhando-as como dentes. Talvez devido mesmo às tempestades constantes, não era possível observar a vegetação; apenas alguns animais, tão estranhos e exóticos, viam-se sendo carregados pelo vento, enquanto outros, mais robustos, pareciam fixar-se no chão, à semelhança de colunas inamovíveis.

Mas onde os homens, as pessoas daquele lugar?

O sol em torno do qual orbitava aquele mundo — cuja atmosfera, composta por amoníaco e outros gases, seria efetivamente venenosa para os seres do planeta Terra — distava mais de 38 mil anos-luz de onde vínhamos. O hidrogênio e o metano associados naquela atmosfera espessa dificultavam qualquer visão das estrelas, bem como dos três satélites, somente vistos do espaço externo. Se houvesse alguém ali, jamais admiraria, em toda a sua existência, a visão abençoada das estrelas ou das belezas de suas luas. Era como se uma colcha tecida de pura nuvem envolvesse todo o planeta, como um manto, e apenas luminosidade chegasse à superfície.

A estranha configuração da órbita do planeta, associada às energias hiperfísicas irradiadas do sol — duas vezes maior que o sol da Terra —, talvez dificultasse inclusive o ato de raciocinar das criaturas daquele condomínio espacial. Era um tipo de irradiação tão estranha e, ao mesmo tempo, tão poderosa que não imagino ilesa qualquer criatura que vivesse ali. A despeito de toda característica exótica para os padrões terrícolas, havia selvas em todos os continentes, embora as árvores não guardassem nenhuma semelhança com as do nosso orbe. Nem sei como conseguiam sobreviver respirando aquela composição química venenosa... Venenosa ao menos para o tipo humano terrestre, quero dizer.

A distância daquele globo em relação a seu sol era de um pouco mais de 800 milhões de quilômetros, e a média da temperatura do mundo era em torno de 69ºC. Absolutamente impossível manter o tipo de vida tal como conhecíamos em nosso planeta, porém, ali não era a Terra, e a provável humanidade ali existente não era composta por homens conforme os conhecíamos em nosso mundo.

Foi depois de umas duas voltas em torno do planeta nebuloso que avistamos sua humanidade. Ai, meu Deus, que seres! Nada que se assemelhasse ao homem da Terra. Eram atarracados, e havia mais olhos na criatura do que tentáculos num polvo. Era algo bizarro.

— Não pertencem ao tronco humano cuja origem une os nossos povos — informou o *annunaki*.

Os *noomarg*, como o vigilante os chamou, algo intraduzível em nossa língua, não eram nada civilizados, pelo menos no sentido que dávamos à palavra *civilização*.

— Para conhecermos melhor este povo, teremos de descer. Estacionaremos a nave numa caverna localizada próximo à entrada do planeta.

— Entrada? Não entendi — indaguei.

— Esses seres não são nada diplomáticos com outros povos, pois pensam que somente eles têm o direito de existir no seu universo bem restrito. Ao longo dos milênios, conseguiram escavar seu planeta; primeiramente, para conseguir aparecer aqui e acolá, a fim de surpreender seus inimigos, pois queriam dominar a todo custo rivais de outra nação. Logo descobriram que poderiam viver no subsolo, uma vez que, na superfície, enfrentariam a fúria brutal da natureza. Mesmo assim, ainda existem cidades em certas regiões, espalhadas em dois continentes. No entanto, o grosso da população vive nesse labirinto cravado no subsolo deste mundo infernal — explicou-nos o sentinela.

Fiquei imaginando o que seria melhor: viver sobre a superfície, sem nunca poder ver a luz das estrelas, porém enfrentando os rigores da natureza e sua fúria indomável; ou no subsolo, em meio a um emaranhado de túneis, um labirinto de cavernas. Não tive tempo de chegar a nenhuma conclusão. A nave já estava parada dentro de uma caverna natural, rasgada em meio às rochas daquele mundo. Perto dali, iniciamos a descida para o interior do planeta inóspito. Logo durante a descida, inúmeros fenômenos, naturais naquele mundo, começaram a acontecer em torno de nós. Eram relâmpagos ou algo semelhante, os quais deixavam uma estranha luminosidade, como se fosse uma aurora boreal, à medida que descíamos. Porém, deixavam também sombras fantasmagóricas no entorno dos túneis, bem largos, que levavam para o interior do planeta. Jamar avançou na frente, juntamente com Watab e o sentinela, e, atrás de nós, permanecia, sempre silencioso, nosso amigo Dimitri, o guardião.

Lenta e ininterruptamente, os guardiões rompiam a escuridão, na qual os fenômenos luminosos vez ou outra davam uma tonalidade especial à penumbra ambiente. Logo atrás dos guardiões, três dos seres das estrelas que nos convidaram àquela excursão para os mundos para onde seria deportado pelo menos um terço da população terrena. Quando acabamos de descer, depois de algum tempo, algo penoso demais para nós, havia uma espécie de planície, coberta de limo e vegetação, que lembrava as descrições da vegetação no período do homem das cavernas.

Água corrente, mas não a água com a estrutura molecular que conhecíamos. Ou melhor, havia um rio com uma substância líquida, provavelmente amoníaco ou outra coisa parecida. O céu do lugar, isto é, a região onde deveria estar o céu, mas que era a parte inferior da superfície e a superior daquele lugar escavado no solo do planeta, refletia uma baça luminosidade de coloração violácea e, vez ou outra, uma amarelidão incomum. Com certeza, era uma luz artificial. Algumas montanhas interiores, muito mais baixas que as da superfície, pareciam concentrar em seus píncaros a luz de cor amarela. Era um cenário exótico com certeza. O que estávamos vendo não era a superfície do planeta, mas o seu interior, onde a maior parte da população vivia. Foi aí que avistamos as feras daquele mundo.

— Vamos chamar este planeta de Caos — me aventurei a dizer.

— Você tem um talento enorme para inventar nomes, não é, Ângelo?

— Você teria um nome melhor, amigo Watab?

Ele silenciou, talvez procurando algo que definisse melhor aquele mundo.

— Não! Absolutamente nenhum — ambos rimos, embora aquele mundo não inspirasse nada que se assemelhasse a um sorriso.

Éramos humanos, entretanto, essa característica se ampliara ao máximo possível ao observarmos aquela civilização. Naquele momento, tínhamos de acentuar nossos atributos humanos, de humanos do planeta Terra.

Os seres, que vinham num grande bando, pareciam uma mistura de elefante, gordinhos, extremamente pesados, embora ágeis dentro do sistema de túneis. Tinham uma pele extremamente grossa e um tipo de cabeça muito grande para o tamanho de seus corpos, que mediam, no máximo, 1,60m de altura. No lugar dos braços, havia órgãos que mais pareciam tentáculos, mesmo que na terminação se pudessem observar mãozinhas diminutas, as quais pareciam ser suficientes para fazerem suas tarefas, pois alguns carregavam estranhos equipamentos.

— Os seres deste mundo vivem há milênios num regime ditatorial sem precedentes. São selvagens demais, e há muitos povos que acreditam que, se tivessem maior liberdade, certamente se autodestruiriam. São antropófagos por natureza. Julgam não poderem desperdiçar absolutamente nada, por isso, aproveitam da carne de seus mortos e a consomem, considerando-a uma iguaria. Existe, no entanto, um movimento entre eles — acentuou o *annunaki* — que tem conseguido fazer com que parte da população adquira novos hábitos alimentares.

Observamos os seres estranhos, e seus olhos pareciam perdidos nas órbitas. Não notamos cílios nem alguma dobra ou pálpebra que pudesse preservar os olhos.

— Os ditadores costumam passar o poder àquele que mostrar maior grau de crueldade em relação aos inimigos e aos predadores da superfície. Mas não é um sistema ditatorial localizado, restrito a um continente; ele abrange todo o planeta. Alimentam crenças radicais, e há mandamentos sagrados sobre o que apregoam; são fundamentalistas e extremistas. O regime de governo obriga os cidadãos a viverem um tipo de escravidão mental e emocional, usando o medo e o terror como ferramentas para manter a mesma facção no poder indefinidamente. Embora os habitantes usufruam de alguma liberdade em termos sociais, não há liberdade de se expressarem abertamente, e jamais concebem aquilo que, na Terra, se chama liberdade de expressão, liberdade de imprensa e liberdade religiosa. Simplesmente aceitam o que lhes é imposto ou são convidados a se abster do direito de viver. Por isso mesmo, estão paralisados no tempo, e não há indícios de que cogitem a existência de seres em outros mundos. Toda a comunicação é centralizada nos dirigentes do planeta, e somente eles determinam a que a população terá acesso em termos culturais, em regime de rígida censura.

— Imagino o tipo psicológico capaz de ser deportado para este mundo — falei para Jamar, que me olhou significativamente.

Antes que prosseguíssemos, recebemos um sinal da nave, que nos convocava de volta, urgentemente. Havia chegado um chamado do planeta Terra, diretamente da base lunar. Nem havíamos nos dado por satisfeitos com as informações colhidas no planeta Caos.

Assim que adentramos a nave, Jamar e Watab foram direto para a sala de comando, junto com o *annunaki* e o cinzento. Cheguei logo depois. Anton chamara, pois havia situações emergenciais em nosso mundo. Estourava o chamado ISIS ou Estado Islâmico. Havia muitas forças em jogo em nosso planeta.

— Nosso esforço neste momento, meus amigos — falou Anton, através de um videofone —, não é mais para evitar a guerra, mas, sim, para evitar que usem armas nucleares e outras de destruição máxima.

Resolvemos interromper nossa excursão por outros mundos, deixando para logo mais, em outra ocasião, a colheita de dados mais acurados sobre os demais mundos para onde os habitantes da Terra seriam deportados. O sentinela iria conosco, e também os demais filhos das estrelas. De todo modo, já havíamos feito muito. Jamar e Watab colheram farto material; os guardiões teriam muito trabalho para decifrar tantas informações e, em paralelo, fazer as devidas conexões com o momento em curso: a reurbanização geral da Terra, a separação entre o trigo e o joio.

Ao retornarmos, depois de passarmos pelas várias etapas de transporte dentro do conhecido buraco de verme, a nave foi literalmente lançada do emaranhado de energias justamente para as bordas do Sistema Solar. De lá, avistamos ao longe, através das telas de projeção, a pérola divina em que consiste o planeta Terra. Ali, homens, *annunakis*, cinzentos — ou *grays* — e uma multidão de seres do espaço haviam se miscigenado para, dessa mescla, nascer o novo homem, a nova humanidade. O que nos esperava no futuro?

Ao nos aproximarmos do planeta, voando em torno dele, avistamos a morada dos homens terrenos. Foi um *annunaki* quem falou, olhando o planeta azul abaixo de nós:

— Homens da Terra, nossos irmãos, nossos filhos, estamos de volta. Regressamos para colher as sementes plantadas e ver se a colheita humana está preparada para continuar vivendo no solo deste mundo. Silenciosamente, enquanto dormem, chegam os filhos das estrelas. Como o relâmpago que sai do oriente e se mostra no ocidente, vêm à Terra aqueles que patrocinaram sua civilização. Entre as luas de Júpiter ou escondidos nos anéis de Saturno, outros, já estacionados nas crateras da Lua, também aguardam o momento propício para descermos à Terra e oferecermos o resgate àqueles que merecerão continuar no labor de suas lutas evolutivas. Mas também, a fim de retirarmos da Terra aqueles que o próprio mundo haverá de expelir de seu interior. Aguardamos vocês, irmãos da Terra... Breve, chegaremos a seus céus.

REFERÊNCIAS BIBLIOGRÁFICAS

BÍBLIA Sagrada. Tradução de João Ferreira de Almeida Revista e Atualizada. Barueri: Sociedade Bíblica do Brasil (SBB), 2000.

KARDEC, Allan. *A gênese, os milagres e as predições segundo o espiritismo.* 1ª ed. esp. Rio de Janeiro, FEB, 2005.

____. *O livro dos espíritos.* 1ª ed. esp. Rio de Janeiro, FEB, 2005.

PINHEIRO, Robson. Pelo espírito Ângelo Inácio. *A marca da besta.* Contagem: Casa dos Espíritos, 2010. (O reino das sombras, v. 3.)

____. Pelo espírito Ângelo Inácio. *Os guardiões.* Contagem: Casa dos Espíritos, 2013. (Os filhos da luz, v. 2.)

____. Pelo espírito Estêvão. *Apocalipse:* uma interpretação espírita das profecias. 5ª ed. rev. Contagem: Casa dos Espíritos, 2005.

OUTRAS OBRAS DO AUTOR

PELO ESPÍRITO ÂNGELO INÁCIO

Tambores de Angola

Aruanda

Encontro com a vida

Crepúsculo dos deuses

O próximo minuto

Antes que os tambores toquem

SÉRIE CRÔNICAS DA TERRA

O fim da escuridão

Os nephlins

O agênere

Os abduzidos

TRILOGIA O REINO DAS SOMBRAS

Legião: um olhar sobre o reino das sombras

Senhores da escuridão

A marca da besta

TRILOGIA OS FILHOS DA LUZ

Cidade dos espíritos

Os guardiões

Os imortais

SÉRIE A POLÍTICA DAS SOMBRAS

O partido

A quadrilha

ORIENTADO PELO ESPÍRITO ÂNGELO INÁCIO

Faz parte do meu show

Corpo fechado (pelo espírito W. Voltz)

PELO ESPÍRITO PAI JOÃO DE ARUANDA

Sabedoria de preto-velho

Pai João

Negro

Magos negros

PELO ESPÍRITO TERESA DE CALCUTÁ

A força eterna do amor

Pelas ruas de Calcutá

100 frases escolhidas por Robson Pinheiro

PELO ESPÍRITO FRANKLIM

Canção da esperança

PELO ESPÍRITO ALEX ZARTHÚ

Gestação da Terra

Serenidade: uma terapia para a alma

Superando os desafios íntimos

Quietude

PELO ESPÍRITO ESTÊVÃO

Apocalipse: uma interpretação espírita das profecias

Mulheres do Evangelho

PELO ESPÍRITO EVERILDA BATISTA

Sob a luz do luar

Os dois lados do espelho

PELO ESPÍRITO JOSEPH GLEBER

Medicina da alma

Além da matéria

Consciência: em mediunidade, você precisa saber o que está fazendo

A alma da medicina

ORIENTADO PELOS ESPÍRITOS

JOSEPH GLEBER, ANDRÉ LUIZ E JOSÉ GROSSO

Energia: novas dimensões da bioenergética humana

COM LEONARDO MÖLLER

Os espíritos em minha vida: memórias

PREFACIANDO

MARCOS LEÃO PELO ESPÍRITO CALUNGA

Você com você

Os direitos autorais desta obra foram cedidos gratuitamente pelo médium Robson Pinheiro à Casa dos Espíritos Editora, que é parceira da Sociedade Espírita Everilda Batista, instituição de ação social e promoção humana, sem fins lucrativos.

Compre em vez de copiar. Cada real que você dá por um livro espírita viabiliza as obras sociais e a divulgação da doutrina, às quais são destinados os direitos autorais; possibilita mais qualidade na publicação de outras obras sobre o assunto; e paga aos livreiros por estocar e levar até você livros para seu crescimento cultural e espiritual. Além disso, contribui para a geração de empregos, impostos e, consequentemente, bem-estar social. Por outro lado, cada real que você dá pela fotocópia ou cópia eletrônica não autorizada de um livro financia um crime e ajuda a matar a produção intelectual.